CODE NOUVEAU
DES RENTES
CRÉÉES POUR CESSION DE FONDS

OU

A PRIX D'ARGENT,

PRÉCÉDÉ

D'UNE INTRODUCTION,

Suivie d'un Précis historique sur le système territorial français, avant le régime féodal; l'origine et les principes de ce régime, et en quoi il a consisté.

LIVRE PREMIER.

Quelles rentes foncières sont féodales ou entachées de féodalité, suivant les lois des 17 juillet et 2 octobre 1793, 8 pluviôse, 7 et 11 messidor an 2, le décret du 7 ventôse de la même année, l'avis du Conseil d'état du 30 pluviôse an 11, et le décret impérial du 23 avril 1807 ?

« Les lois les plus sages et les plus claires n'empêcheront jamais » qu'il n'y ait des erreurs ou des injustices dans leur application. » On a toujours regardé comme une garantie politique que la » même autorité qui fait la loi ne soit pas chargée de l'exécuter. »

Décret impérial du 18 août 1807.

OUVRAGE dédié à SA MAJESTÉ l'Empereur des Français, Roi d'Italie, Protecteur de la Confédération du Rhin,

PAR M. MARIETTE, *Avocat*, ancien Capitaine - Commandant d'artillerie, membre du Collège électoral du dép'. de la Manche, Chef et Directeur propriétaire de l'Agence des rentes nationales qui étaient ignorées ou abandonnées de l'Administration des Domaines, au 21 nivôse an 13.

A PARIS,

Chez MM. RONDONNEAU, libraire, au Dépôt des Lois, rue St.-Honoré, et LENORMANT, rue des Prêtres-St.-Germain-l'Auxerrois, n°. 17.

AN 1807.

AVERTISSEMENT.

Il y a long-temps que le Public désirait que quelqu'un voulût s'exercer sur la matière des rentes.

Je ne me flatte point de l'avoir traitée à fond ; mais les Propriétaires, les Débiteurs de rentes ne seront plus obligés de chercher la loi éparse dans des milliers de volumes. Le lecteur la trouvera dans ce livre.

Deux exemplaires ont été déposés à la Bibliothèque nationale. Les lois nous garantissent la propriété exclusive : elles portent que « tout contrefacteur sera tenu de payer au véritable pro- » priétaire une somme équivalente au prix de trois mille exem- » plaires de l'édition originale, et que tout débitant d'édition » contrefaite, s'il n'est pas reconnu contrefacteur, sera tenu » de payer au véritable propriétaire une somme équivalente au » prix de cinq cents exemplaires de l'édition originale ».

Tous les exemplaires seront signés par l'auteur.

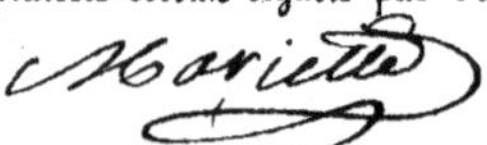

INTRODUCTION.

La rente constituée à prix d'argent n'est pas très-ancienne, puisqu'elle était inconnue aux Romains, et que long-temps dans le christianisme, on douta si ce contrat était licite, d'après ses rapports avec le prêt à intérêt.

Mais la rente, *qui est une prestation relative aux fruits d'une propriété territoriale*, est de la même origine, de la même nature et de la même qualité.

Les premiers propriétaires ne furent pas tous des cultivateurs : De là le bail à rente et le bail à ferme.

Le bail à rente est plus précieux pour la société que le bail à ferme, car il double le nombre des propriétaires et il anime l'industrie. Le preneur est excité davantage à améliorer sans cesse l'héritage, les améliorations étant pour lui et les siens.

La co-propriété du bailleur et du preneur à rente resserre les liens sociaux que le bail multiplie. Elle profite à la patrie par un rapprochement plus intime des villes et des campagnes, une association heureuse et respectivement agréable du cultivateur et du citoyen, que ses occupations ou ses goûts tiennent éloigné de la culture des terres.

Il n'existe vraiment point de convention plus favorable à la liberté, à la tranquillité publique, au bonheur général.

La loi des rentes foncières a toujours été dans tous les pays la loi qui régit et qui garantit la propriété territoriale. *Ea quæ sunt ejusdem naturæ, eodem jure reguntur.*

PRÉCIS HISTORIQUE

*Sur le Système territorial français avant le régime féodal ;
l'origine et les principes de ce régime, et en quoi il a consisté.*

Lès anciens habitans de la France, alors dite *les Gaules*, avaient vu leur langue et leurs lois céder à la puissance de la langue et des lois romaines , sous César et les Empereurs qui en possédèrent les provinces pendant quatre siècles.

« Tenons pour certain que quand les nations germaines (les Bourguignons,
» les Visigots et les Francs) assujettirent les Gaulois , ils les trouvèrent tous
» Romains, parlant latin, et vivant sous les lois romaines. » M. l'abbé Fleuri.

En ce temps-là , par le droit de la conquête, *le premier , le plus fort de tous les droits , et celui devant lequel tout se tait*, la raison souveraine des peuples, toutes les propriétés étaient acquises aux vainqueurs.

La partie orientale des Gaules , la Gaule narbonaise et presque tout le midi capitulèrent avec les Bourguignons et les Visigots, pour le maintien des lois romaines et le mode de la distribution nouvelle des terres...... *Terrasque cum gallicis senatoribus diviserunt..... Populus noster mancipiorum tertiam et duas terrarum partes accepit.... Statutum est medietatem silvarum ad Romanos generaliter præcipimus pertinere.*

Celui à qui il ne fut donné que des terres cultivées, ne put rien prétendre sur les forêts ni sur les terreins incultes. *Si tantummodo alicui ager sit datus , et si data silva vel campus non fuerit, nil de silvâ vel campo usurpet.*

Entre les co-propriétaires nouveaux soit d'une terre , soit d'une forêt , soit d'un terrein inculte , dès que l'un d'eux eut séparé et renfermé sa portion , en laissant intacte celle de son consort , il n'y eut plus de co-propriété. *Qui sortem suam totam invadit , sine pascuario non præsumat.*

Le domaine public comprenait celui de l'ancien gouvernement Gaulois et les réunions très-considérables qui y avaient été faites lors de la conquête des Romains et pendant leur domination. Il était composé des plus belles terres du pays et des plus productives.

Les Empereurs romains en avaient fait une infinité de démembremens dont ils avaient gratifié leurs officiers et soldats.

Ces gratifications avaient été d'abord amovibles, ensuite à vie, puis il avait été permis aux pères de les faire passer à leurs enfans, sous la condition que ceux-ci serviraient l'Etat avec le même zèle.

Les possesseurs ne pouvaient jamais les aliéner que dans le cas de *nécessité jurée. Si quis decurionum vel rustica prædia vel urbana venditor necessitate coactus addicit, interpellet judicem competentem, omnesque causas sigillatim quibus strangulatur exponat, et ita demùm distrahendæ possessionis facultatem accipiat, si alienationis necessitatem probaverit.*

Il y avait dans chaque Province, entre les mains du Gouverneur, un registre où s'inscrivaient les concessions domaniales et les noms des donataires ou bénéficiers.

Les généraux et capitaines qui remplacèrent les officiers Romains, n'eurent aucune part dans le partage des propriétés particulières. *A nobis emissa præceptio ut quicumque agrum cum mancipiis, seu parentum nostrorum, sive largitate nostrâ perceperat, nec mancipiorum tertiam nec duas terrarum partes..... requireret.*

Les peuples de la Gaule septentrionale et de la Gaule occidentale n'obtinrent point de composition de la part des Francs, leurs vainqueurs. Les lois françaises furent substituées aux lois romaines.

Elles symbolisaient avec les anciennes lois gauloises. Ce fut une circonstance heureuse, quoique sans influence. Les Francs étaient persuadés que l'adoption de leurs lois importait essentiellement à la consolidation de leur établissement.

Ces lois consistaient principalement en des statuts de police. Nos ayeux n'avaient pas besoin d'autres lois, avec leurs mœurs et leur esprit public, comme on peut s'en convaincre en lisant Tacite.

Toutes les terres se trouvant la propriété du vainqueur, il en fut fait deux parts, celle des capitaines et celle du roi et de ses grands officiers. *Cœpit metiri terram suis comitibus atque largiri fidelibus.*

Sur ces deux parts on préleva dans chaque arrondissement en faveur des habitans autant de portions particulières qu'il y avait de familles. *A rege tunc in proprietatem prædia data.*

Les compagnies appartenaient aux capitaines qui les entretenaient, les équipaient, les armaient et les payaient.

« Les capitaines, *en leur qualité d'officiers du roi*, avaient non-seulement » le commandement au fait de la guerre, mais aussi l'administration.

» Et tout ainsi qu'ils s'aidaient de *leurs vassaux* en la guerre, c'est-à-dire

» de *leurs soldats*, aussi faisaient-ils en la justice. Ils jugeaient par leurs
» avis, et pour cette raison ils les appellaient *pares curiæ*, pairs et com-
» pagnons de leur cour de justice. » Loiseau, *Traité des seigneuries*, n°. 73.

« La charge de ces capitaines était office et fief tout ensemble. *Office*, en
» tant qu'ils avaient l'administration et des armes et de la justice ; *fief*, en
» tant qu'ils étaient seigneurs de leur territoire, lequel ils tenaient en fief
» du prince souverain, à la charge de l'assister en guerre. » *Idem, n°. 74.*

La subordination était la même dans les villes, dans les campagnes, que
dans le camp. Chaîne sans interruption de toutes les classes de citoyens au
souverain, elle dirigeait au service de l'état l'obligation de l'obéissance gra-
duelle ; elle était considérée comme une suite de la dépendance où l'on
était du roi également partout et en tout temps.

Les Francs avaient confiance les uns dans les autres. Ceux qui obéissaient
respectaient quiconque tenait du prince le pouvoir de commander et ils en
étaient aimés. L'application de chacun à s'acquitter respectivement de ses
fonctions produisait l'ordre, et l'ordre la félicité commune. La France était
un tout dont les parties avaient des rapports intimes entre elles.

La juridiction civile de l'officier français, qui, chargé d'un commandement, était en même temps *legatus regalis* pour la justice et l'administration,
ne déplût pas.

C'était un retour à un régime que les Gaulois regrettaient encore. Les esprits
étaient familiarisés à l'idée d'un *juge unique*, et que ce juge ne devait être
que *le prince. Principes regionum atqui pagorum inter suos jus dicebant,
controversiasque minuebant.* Jules César.

La justice française était moins dispendieuse, plus impartiale, plus
prompte, plus évidente au peuple, que la justice romaine.

L'instruction était faite sur l'heure par les échevins ou *référendaires* attachés à chaque commandement, sous la surveillance immédiate du grand réfé-
rendaire ou archi-chancelier, *un des convives du roi.*

Le seigneur jugeait sur l'avis des prud'hommes, ses conseillers. S'ils le
conseillaient mal, ils étaient sujets à l'amende.

Le seigneur était à son tour jugé par les seigneurs dominans, et ceux-ci
par le roi.

Les seigneurs inférieurs et tous les citoyens sans distinction avaient *ad
curiam regis jus appellandi*, *à quo judicato* TANQUAM FALSO *et* PRAVO.

Le peuple vaincu oublia donc bientôt ce que l'exercice rigoureux du droit
de la conquête avait eu de fâcheux pour lui.

De plus, les Francs l'exemptèrent du service militaire. Ils abolirent la taxe par arpent et la taxe par tête. Ils ne conservèrent que la contribution exactement nécessaire pour l'entretien des comtes (*officiers d'arrondissement*) et la dépense des *missi dominici* (*Officiers inspecteurs qui faisaient leurs visites quatre fois l'an.*)

Dans le nouvel ordre de choses, les propriétés de toute espèce furent garanties à chacun, et toutes les ventes, toutes les acquisitions établies par chartres ou témoins. *Quidquid vendiderit homo aut comparaverit* QUALEMCUMQUE REM, *omnia sint firmata aut per chartas, aut per têtes qui hoc probare possint, hoc est de mancipiis, de terrá, casis vel silvis,* UT POSTEA NON SIT CONTENTIO.

Conquerant de Fréd. *des lois antiques. Livres de Lindembrock et de Baluze. Formules de Marculphe.*) la loi française, mais il laissa le choix . . . . maine. Clovis y publia

C'est cette nouvelle politique qui, suivie par tons les rois ses successeurs, avait partagé la France jusqu'à la révolution de 1789, en pays de *coutumes* et en pays de *droit écrit.*

Chez les Francs, comme chez les Romains, on appelait MILITAIRE, *miles quasi ex mille electus,* tout homme qui se dévouait absolument à la défense, à l'accroissement de la patrie et au service du prince. *De rusticis factus miles, cingulo militiæ decoratus.*

On appelait NOBLE le militaire que le prince distinguait dans le nombre des braves. *Ecce vir dei in civitate,* VIR NOBILIS. *Cæsar nobiles fecit et conservat.* HONORABITUR QUEM VOLUERIT REX HONORARI.

La noblesse, a dit Cicéron, *nihil aliud est quam* COGNITA *virtus.*

LE PREMIER QUI FUT NOBLE, AVAIT ÉTÉ SOLDAT.

L'honneur des Francs consistait à se surpasser en valeur et en discipline, les deux vertus qui fondèrent la monarchie. Les Francs l'affermirent en maintenant leur organisation militaire comme organisation constitutionnelle politique et civile.

Pour perpétuer le sentiment de l'honneur et s'assurer que la nation conserverait son esprit militaire, Clovis *le Grand* et *Auguste,* créa l'ordre de la noblesse personnelle. Il le composa de quiconque s'était signalé par des actions d'éclat les plus multipliées, les hauts faits d'armes les plus honorables, et dévoué par le serment de fidélité à son service.

Les chefs de l'ordre furent les barons, les ducs, les comtes, les capitaines, illustres descendans de pères non moins illustres , tous chevaliers et gentils-hommes sans peur et sans reproche.

Il fallait de tels hommes pour chefs aux Français. Clovis voulut que les hommes qui leur ressembleraient, eussent seuls le privilége, 1°. d'occuper dans les assemblées générales une place distinguée, de posséder les charges publiques, et d'entrer au Conseil toujours subsistant de la nation , Cour suprême de justice dont le Roi était le président, et qui réformait les jugemens rendus par les ducs et les comtes ; 2°. de n'être jugé que par le prince et d'obtenir une réparation plus ample , lorsqu'on les avait offensés.

La qualité de *noble* était le cercle qui renferme toutes les vertus guerrières et civiles. Le titre donné par le prince montrait l'homme qu'il en avait reconnu possesseur.

Tous les biens situés dans un territoire, *à l'exception* [illegible] commandait pour anciens *habitans* [illegible] *seigneur*, et les biens, *seigneuries , bénéfices militaires , fiefs.*

La noblesse française scella de son sang l'inamovibilité et l'hérédité des fiefs, sous Charles Martel , Pepin et l'empereur Charlemagne , qui , dans tous les genres de gloire, *fecit quod nunquam anteà à Francis factum fuerat.*

Elle les avait possédés *jure beneficii , * elle les posséda *jure proprietatis....* *pro suo et non nomine alieno.*

Chargée de rendre et de faire rendre la justice au peuple , il lui était ordonné de savoir la loi. *Capitulaire de* 78g.

Mais , sous les successeurs de Charlemagne , la noblesse cessa de s'instruire dans les lettres, en même temps qu'elle se formait au métier des armes. L'état militaire devint le seul état honorable. Il procura seul de l'illustration et des riche-ses.

Les seigneurs eurent des secrétaires qui jugeaient pour eux , et comme ils prononçaient toujours les jugemens, le peuple et l'empereur ne s'en appercevaient pas.

Louis le Débonnaire renouvela dans ses capitulaires , que l'on était toujours sous la juridiction du comte sous la puissance militaire duquel on se trouvait. *Unusquisque comitum placitum suum habeat et justicias faciat* ubi imperare potuit.

Toujours on n'exigeait des anciens habitans , *homines liberi , ingenui , in puletico publico non censiti , viventes quietè et liberè ,* ni le service militaire

taire , ni l'impôt de remplacement (*census*). Toujours ils ne payaient que les droits et les frais de justice (*fredum*). Leurs propriétés étaient véritablement le *solum italicum.*

Quand ils embrassaient le parti des armes, ce n'était jamais que volontairement et ils étaient commandés par le roi en personne , ou les comtes ses lieutenans.

Défendre son prince et sa patrie est un acte du devoir et non de la volonté. Charles le Chauve requit tous les anciens habitans de s'enrôler soit sous ses drapeaux, soit sous ceux des seigneurs qui lui avaient prêté le serment de fidélité.

Nul ne fut plus exempt du service militaire. Quiconque était assez riche *en propriétés territoriales* pour s'armer , s'équiper et s'entretenir à ses frais , en était tenu personnellement. Ceux qui n'étaient pas assez riches , on les unissait ensemble deux , ou trois ou quatre, qui contribuaient à la dépense de celui d'entr'eux qui devait porter les armes. *Volumus.... ut homines liberi exercitare secundùm qualitatem proprietatis debeant.... volumus etiam ut unusquisque liber homo in nostro regno seniorem qualem voluerit in nobis et nostris fidelibus accipiat.* Constitution de 847.

Les soldats qui étaient les vassaux des seigneurs étaient si avantageusement traités, que, dans une infinité d'endroits, les hommes libres vinrent se ranger sous les mêmes bannières.

L'amour de la gloire parla à leur cœur. Les riches qui avaient de la bravoure demandèrent à prêter le serment de fidélité et à lever des compagnies dans leurs terres à leurs frais suivant l'usage ; et pour en obtenir la permission , ils firent l'hommage de ces mêmes terres, et les reçurent *en vassalité,* c'est-à-dire , sous la condition du service militaire. *Ce fut leur engagement.*

Ainsi s'effaça d'elle-même la ligne de démarcation qui avait été élevée entre les anciens habitans et les Francs.

Les habitans n'avaient pas attendu la constitution de 847. Dans tous les temps, les braves se sont joints aux Français.

Ils se recommandaient pour un fief, et, gardant leurs biens nuement sous la puissance du roi, restaient ses justiciables directs , ne dépendant des seigneurs que pour le fief qu'ils en avaient reçu.

Les évêques, les abbés exerçaient la profession des armes, quand ils avaient des fiefs.

« *Le gouvernement ayant attaché des priviléges sans nombre à la qualité*

B

» *de* VASSAL , *la plupart de ceux qui possédaient des terres en franc-aleu* (*)
» *s'empressèrent de renoncer à une indépendance onéreuse et méprisée pour*
» *devenir vassaux.* MM. DE MONTESQUIEU et VILLARET.

Les Francs ne voyaient dans l'agriculture que la source et le magasin des subsistances. Les chefs distribuaient, tous les ans, à chaque famille, en tel lieu qu'ils jugeaient à propos, la quantité de terre qu'elle pouvait cultiver. L'année suivante, les familles passaient ailleurs , dans la crainte que , s'attachant trop au même lieu, elles ne quittassent l'exercice des armes pour l'agriculture.

On la nomma ROTURE, du mot latin *ruptura ;* et dans ces premiers temps où la culture des terres était le seul commerce , la seule profession avec l'état militaire, on appella *roturiers* les hommes qui n'étaient pas *militiæ cingulo vel equestri ordine decorati.*

Mais l'agriculture n'en souffrait point. Le roi lui-même , dans ses immenses domaines, y donnait l'attention la plus suivie. Les capitulaires de Charlemagne nous l'apprennent.

Et les seigneurs n'en prenaient pas un moindre soin dans leurs terres. Ils y étaient assez intéressés. C'était pour eux un point d'honneur d'avoir un plus grand nombre d'hommes de guerre , et c'était un avantage auprès du roi , parce que sa force militaire en était augmentée.

Tant que les fiefs avaient été des bénéfices amovibles ou à vie, les capitaines investis d'un territoire en faisaient valoir la partie principale et ils confiaient l'exploitation et l'usage de l'autre partie à leurs soldats.

Cela ne fut point changé par les lois qui consacrèrent l'inamovibilité et l'hérédité des fiefs. Les capitaines, aux yeux du roi et à son égard, demeurèrent seuls possesseurs de la totalité de l'enclave. Ils ne pouvaient aliéner sans sa permission expresse. *Nec vassalus feudum alienabit, in feudum tamen rectè dabit.*

« Les mêmes lois qui autorisaient les sous-inféodations, défendaient
» l'aliénation *sans approbation du prince.* La vente d'un fief n'était permise
» que dans une grande nécessité, pour pauvreté jurée, pour dette connue et

---

(*) Le mot d'*aleu* est composé de l'*a* privatif et de *leude* (*sujet*). Il présente l'idée d'une propriété libre de toute sujétion *militaire.*

Alaudium est terra salica, seu sacrum domanium domini nostri Francorum regis, suæque coronæ patrimonium quod est verè, simplissimè et absolutissimè alaudium, nativâ suâ naturalis juris libertate, originaliter et perpetuò gaudens ; nullius unquam hominis servituti aut recognitioni subditum. DUMOULIN.

» prouvée en justice , de l'avis de ses pairs et avec les proclamations usitées
» dans le pays où il était assis. »   M. *l'abbé* VELLY.

Venditor et emptor qui illicitas alienationes reperti fuerint contraxisse ,
feudum amittant, et ad dominum liberè revertatur ; scriba vero qui hoc ins-
trumentum sciens conscripserit , post amissionem officii cum infamiæ periculo
manum amittat.

Il y avait effectivement alors attentat à la souveraineté, usurpation de la
puissance publique , abus de confiance, violation de la loi constitutionnelle,
désorganisation de l'état militaire.

« *Les rois approuvèrent les arrière-fiefs , à condition que la fidélité des-*
» *cendrait, comme par degrés jusques aux derniers rangs de leurs sujets ,*
» . *et que la foi des vassaux immédiats se réunirait toute entière en leur*
» *personne, et remonterait par eux jusqu'au souverain, le premier degré étant*
» *garant de la foi du second. Lorsque cette condition était violée par*
« *l'infidélité d'un arrière-vassal , le possesseur du fief en était responsable*
» *envers le prince qui lui redemandait un dépôt qu'il ne lui avait pas confié*
» *pour le remettre entre des mains indignes et capables de faire des bien-*
» *faits de son maître la matière de leur révolte et de leur infidélité. »*
M. D'AGUESSEAU.

« Mais rien n'est si bien établi dans un temps , qui ne puisse dégénérer en
» abus dans un autre....

» Les maximes qui forment une nation ne sont pas celles qui peuvent la
» faire subsister dans les siècles. » *Dom* LOBINEAU.

Triste attribut de l'humanité ! Les passions des hommes sont semblables
à ces fleuves rapides que souvent un torrent dévastateur précipite hors de
leur lit. Les descendans des fondateurs de la monarchie la déchirèrent ; les
enfans des serviteurs des rois détrônèrent les fils de leurs maîtres. Les
plus puissans, les plus hardis ne relevèrent plus que *de Dieu et de leur*
épée. Ils fai-aient la guerre et la paix, ils envoyaient et recevaient des am-
bassadeurs , ils contractaient des alliances avec tous les princes de l'Europe.
La monnaie était marquée à leur empreinte et ils défendaient d'appeler de
leurs jugemens.

La nation était partagée en une infinité de portions dont chaque chef
devenu souverain avait un intérêt visible à favoriser une division qui entre-
tenait l'indépendance au préjudice de l'autorité royale.

De là la féodalité qui renversa l'empire de Charlemagne , et fit roi de
France le comte de Paris , Hugues Capet.

Les titres et les emplois furent attachés aux biens. *Dùm dominus submisit se regi Franciæ , jura regalia et aliæ nobilitates fuerunt sibi reservatæ. Rex juravit se servaturum consuetudines terræ illius.*

Philippe-Auguste cependant donna à l'armée une organisation plus mobile, plus conforme à son objet, moins indépendante du roi, beaucoup plus forte.

Il dispensa du service militaire personnel tous les propriétaires qui n'étaient pas possesseurs de fief, et il convertit le service qu'ils devaient, en une contribution réelle en argent (*la taille*).

Au moyen de cette contribution, il entretint des troupes réglées, véritable cause du rétablissement de la puissance royale et de l'abaissement des grands.

Les nobles, c'est-à-dire, *les officiers de guerre*, possesseurs de fiefs, ne durent pas la payer, par la raison qu'ils continuèrent de servir *à leurs frais.*

Les dépenses extraordinaires que les croisades occasionnèrent aux seigneurs avaient produit et produisaient un mouvement proportionnel dans la circulation des propriétés.

Le besoin d'argent forçait de vendre les fiefs, mais les capitalistes ne voulaient pas de la condition du service militaire. On était obligé de séparer la glèbe d'avec les droits, le chef-lieu et les appartenances qui furent réservés pour remplir le service, à la satisfaction des seigneurs dominans, et à la volonté du roi.

Les vassaux qui s'étaient enrichis dans le commerce, les arts et l'industrie, et qui les préféraient à la gloire militaire, achetèrent aussi leur congé.

Déjà, depuis 864, les habitans des seigneuries n'étaient plus pour la vie les soldats des seigneurs. Après un certain nombre d'années, ils pouvaient les quitter et aller s'établir ailleurs. L'engagement perpétuel (*manus mortua*) était proscrit *ut exactio consuetudinis pessimæ.*

Louis VI avait proclamé la liberté, institué les officiers municipaux, et créé la garde nationale.

Les affranchissemens, les bourgeoisies, les communes, le parcours et le pariage généralisés avaient préparé la nation à un nouvel état des choses. Les trois ordres parurent, le clergé, la noblesse et le tiers état.

Louis IX concilia leurs intérêts respectifs. Ses *établissemens* sont tout ce que l'on pouvait faire de mieux dans son siècle et dans la situation où se trouvait la France.

Ce saint roi acheva de ressaisir le sceptre et il rendit un culte égal à la religion, aux armes et à la justice. On reconnut une nouvelle fois que plus

LES ROIS SONT PUISSANS , PLUS LES PEUPLES SONT HEUREUX. *Potestas regis libertatem civium non minuit , sed auget. Ad eorum etenim protectionem et communem utilitatem introducta est.*

Tous les fiefs étaient toujours fiefs de dignité. Ils imposaient rigoureusement à leurs possesseurs le devoir d'être aussi braves, aussi fidèles que les premiers Francs.

Qui ne le remplissait pas, *ly sire se peut bien regarder par jugement qu'il a le fié perdu.* SAINT-LOUIS.

La terre ni l'argent n'anoblissaient point. *Non domo dominus, sed domino domus honestanda est.*

Si burgenses emant baroniam , ut plures faciunt , non tamen per hoc sunt barones , nec inter barones sedere debent, nisi id habeant à principe.

Quand la loi ne donne pas , à mérite égal , la préférence au descendant d'un héros , c'est qu'elle a cru devoir laisser à son concurrent l'honneur et la satisfaction de la lui offrir. Le grand homme qui commence sa famille, lui acquiert, par ce procédé , la même justice. PAR PARI REFERTUR.

« *Nobilitatem eam tueor , eam orno, quæ virtus dicitur generis , quæ à*
» *majoribus veluti per gradus ad nos delata , et avos et proavos in memoriam*
» *revocat.* » PLUTARQUE.

La taille , en 1444 , sous Charles VII , ayant été décrétée contribution publique *annuelle et perpétuelle* , on sentit la nécessité , 1°. de reconnaître les terres qui en étaient exemptes ; 2°. de bien fixer les droits et les priviléges des seigneurs. C'était le grand intérêt du peuple. C'était l'intérêt non moins grand du Gouvernement.

Les terres exemptes étaient aisées à reconnaître; les droits et les priviléges des seigneurs ne l'étaient point. Chaque province , et même chaque seigneurie , avait des dispositions particulières qu'il était nécessaire de rapprocher des affranchissemens dont les conditions nous ont été transmises dans le grand recueil des ordonnances du Louvre.

On rédigea donc les coutumes. Le droit romain fut enseigné , comme raison écrite , dans tous les pays où il n'était pas loi.

Et on appliqua aux droits et priviléges des fiefs les principes du droit politique et du droit civil. La série des applications a composé la législation féodale.

« Le fief, considéré comme une obligation au service militaire , tenait au
» droit politique; et considéré comme un bien qui était dans le commerce ,
» il tenait au droit civil. » M. de MONTESQUIEU.

Les possesseurs des fiefs faisaient tout le service dont les droits et les priviléges étaient la récompense.

« Je parle au nom d'un ordre qui sait mieux agir que discourir : Sire, nous » vous offrons la moitié de nos biens. Si la moitié ne suffit pas, la totalité, » et par dessus, nos épées et jusqu'à la dernière goutte de notre sang. » *L'orateur de la noblesse aux états généraux de 1527.*

« Les droits seigneuriaux, les rentes féodales, et les priviléges dont la » noblesse est décorée, lui sont donnés sous la condition qu'elle demeurera » chargée de la défense de l'état, à la décharge des autres classes de la société. » *Etats généraux de 1561.*

« Par la faveur du ciel, par les conseils de mes fidèles serviteurs, et par » l'épée de ma brave et généreuse noblesse de laquelle je ne distingue point » mes princes, la qualité de gentilhomme étant le plus beau titre que nous » possédions, j'ai tiré la France de la servitude et de la ruine, je désire main-» tenant la remettre en sa première force et en son ancienne splendeur. Par-» ticipez, mes sujets, à cette seconde gloire, comme vous avez participé à la » première. » HENRI IV, à l'ouverture des états généraux de 1596, à Rouen.

Peu à peu, d'après les changemens qui se sont opérés dans le gouvernement de la France, on n'a plus exigé les devoirs de fief, et ils ont insensiblement cessé d'être remplis.

Les seigneurs n'en ont pas moins conservé tous les mêmes droits et priviléges, jusqu'à l'abolition du régime féodal, décrétée le 4 août 1789.

LE CODE NOUVEAU
DES RENTES.

LIVRE PREMIER.

Quelles rentes foncières sont féodales ou entachées de féodalité, suivant les lois des 17 juillet et 2 octobre 1793, 8 pluviôse, 7 et 11 messidor an 2, le décret du 7 ventôse de la même année, l'avis du Conseil d'État du 30 pluviôse an 11, et le décret impérial du 23 avril 1807 ?

L'ANCIEN Gouvernement avait créé la féodalité. Le nouveau a été le maître de la détruire.

Il en est des terres comme des hommes. C'est la loi qui avait fait les nobles.

Le régime féodal était une institution. Il a subsisté, tant que le sacrifice n'en a point été nécessaire à l'union intime de toutes les parties de l'Empire.

Les Assemblées constituante et législative se sont occupées de le détruire. Leur ouvrage n'était pas achevé quand la Convention nationale leur a succédé.

Que la Convention nationale, emportée par un torrent affreux de circonstances terribles, ait souvent rendu des lois d'horreur et de trouble, de vengeance et de colère : ces lois ne sont plus ; il en a été fait justice.

Mais celles qu'elle a rendues sur le régime féodal subsistent, et plus elles ont été examinées aux années 4 et 5, dans le sein des deux Conseils, et en l'an 8, par le Corps législatif, plus il a été parfaitement reconnu que, *dans ces lois*, la Convention n'a point dépassé les bornes établies par l'Assemblée constituante ; qu'elle n'est point allée au-delà de la volonté nationale.

L'article II de la loi du 17 juillet 1793 prévient tout abus de l'art. Ier., ruine toutes les fausses interprétations, oppose une digue insurmontable à l'intérêt personnel, à l'esprit de cupidité et d'injustice, sépare les émanations du régime féodal d'avec celles du *régime territorial éternel*, et conserve précieusement ces dernières.

Cet article est un hommage éclatant rendu à la justice la plus impérieuse, et à la foi des conventions libres ;

Au droit naturel et imprescriptible de la propriété, dont la jouissance libre et paisible est la base de la liberté publique, le principe *unique* du bonheur commun, le but de toute institution sociale, la règle des devoirs du magistrat, l'objet de la mission des législateurs et la volonté des rois ;

Et à cette maxime solemnelle de tous les siècles et de toutes les nations : *N'usurpe point la propriété d'autrui, et ne lui fais pas ce que tu ne veux point qui te soit fait.*

Par cet article, la Convention nationale a répété toute la pensée sublime de l'Assemblée constituante : LA NATION FRANÇAISE, NI SES REPRÉSENTANS, EN ABOLISSANT LE RÉGIME FÉODAL, N'ONT PAS ENFREINT PAR LA LES DROITS SACRÉS ET INVIOLABLES DE LA PROPRIÉTÉ.

Les redevances ci-devant seigneuriales, droits féodaux, censuels, fixes ou casuels, ne provenaient point de conventions *libres*.

Le vassal ne pouvait les refuser. Sa dépendance, l'asservissement de son héritage étaient écrits dans la loi féodale.

Les ci-devant Seigneurs, les Possesseurs de fiefs n'ont jamais dû voir des droits réels de propriété dans les redevances seigneuriales.

(15)

riales et les droits féodaux. L'origine de la féodalité leur était
connue.

Consultons les monumens les plus célèbres et l'histoire de la
France. L'esprit des Lois, *tome 2*, *livre* 31, *chap.* 8 , 9, 10,
le recueil des Ordonnances du Louvre, les coutumes et même
les titres de chaque seigneurie, nous trouverons partout que le
régime féodal avait été élevé, dans des siècles d'un esprit différent de celui du nôtre, sur le régime territorial *éternel.* Il
avait ajouté *à la propriété* UNE QUALITÉ ACCIDENTELLE , les
prérogatives des seigneuries, les avantages des fiefs qu'il avait
érigés.

Ces fiefs, ces seigneuries étaient des dignités, des suprématies,
des privilégés , des impôts.

Rien de tout cela n'a été de sa nature, et n'a pu devenir
propriété.

La propriété n'est point de la création des lois, elle existait
avant elles. Elle en est indépendante, elle est immuable, comme
la société *qui elle-même repose sur elle.*

Les lois ne sont faites que pour la protéger , en garantir la
jouissance paisible , la libre disposition, et maintenir *que nul ne
puisse être privé de la moindre portion de sa propriété,* SANS
SON CONSENTEMENT, *si ce n'est lorsque la nécessité publique ,
légalement constatée , l'exige ,et sous la condition d'une juste
et préalable indemnité.*

Aussi la Convention nationale, le 17 juillet 1793, à l'instant
même où elle pulvérisait jusqu'aux derniers restes, tant de la
féodalité, que de tous ses effets, et en dissipait la poussière, a
marqué son respect pour les rentes et prestations qui sont le
prix de la concession des terres ou bâtimens dont la pro-

C

priété , pour avoir été décorée à la mode féodale , et
ensuite dépouillée de ce décor factice , n'a rien perdu de ce
qu'elle était auparavant , *propriété purement foncière et non
féodale.*

Toutes les rentes et prestations qui sont le prix de la concession
libre de terres et bâtimens qui appartenaient *patrimonialement*
aux seigneurs et possesseurs de fiefs, quand ils les cédèrent
moyennant lesdites rentes et prestations , n'ont rien de commun
avec le système féodal , elles lui sont parfaitement étrangères.
*La loi , en proscrivant le régime féodal , n'a dû ni pu les
proscrire :* ENFIN ELLE NE LES A POINT PROSCRITES. Ces
rentes sont nées du droit *souverain , sacré , inaltérable , in-
corruptible* , de la propriété. C'est la foi des conventions,
c'est une puissance supérieure à celle des lois, c'est la nature,
c'est la garantie sociale qui ordonne de les servir ou de les
racheter.

LA FÉODALITÉ N'A ÉTÉ ABOLIE QUE POUR L'AVANTAGE DE
LA NATION , dans un principe de justice. L'Assemblée constituante , l'assemblée législative et la Convention nationale s'en
sont également bien clairement expliquées. Toutes trois elles
n'ont voulu , toutes trois elles n'ont fait que détruire *entièrement* le régime féodal.

C'est une vérité *de fait ;* et quoique cette vérité ait été contestée, à l'égard de la Convention nationale, il n'est *évidemment*
pas possible de la méconnaître, lorsque , le livre de l'ancienne
législation territoriale sous les yeux , on suit à la fois l'historique
de la législation nouvelle.

L'Assemblée constituante a commencé par supprimer une
partie des droits seigneuriaux et déclarer le surplus rachetable.
Puis elle a renvoyé, *après la constitution ,* pour le dévelop-

pement définitif, c'est-à-dire les détails, les conséquences de l'abolition de la féodalité.

L'état de la France a permis à l'Assemblée législative de faire sortir de la classe des droits rachetables, et de jeter dans celle des droits supprimés, tous ceux qui, par la représentation de l'acte primordial *d'inféodation*, *d'accensement* ou *de bail à cens*, n'étaient point justifiés avoir POUR CAUSE une concession primitive de fonds.

Le 7 décembre 1792, la Convention nationale fit un pas de plus. Elle décreta que : « Toutes servitudes réelles ou con-
» ditions portées par les actes d'inféodation ou d'accensement,
» et QUI TIENNENT A LA NATURE DU RÉGIME FÉODAL ; sont
» anéanties par le rachat opéré, conformément aux lois exis-
» tantes. »

Cependant encore, le 17 juillet 1793, « *tous les droits féodaux*
» *ou censuels utiles*, fixes et casuels, et tous ceux qui en étaient
» représentatifs, connus sous les noms de quint, requint,
» treizième, lods et trezains, lods et ventes, ventes et issues,
» milods, rachats, venterolles, reliefs, relevoisons, plaids,
» acapte, arrière-acapte,..... et d'autres dénominations; *toutes*
» *les redevances seigneuriales* annuelles en argent, grains,
» volailles, cire, denrées ou fruits de la terre, appelées
» cens, censives, surcens, capcasal, rentes seigneuriales et em-
» phythéotiques, champart, tasque, terrage, arrage, agriers,
» complant, soëte, dîmes inféodées, en tant qu'elles tiennent
» de la nature des redevances féodales ou censuelles, et con-
» servées indéfiniment par l'article 2 du titre 3 du décret
» du 15 mars 1790; *tous les droits* connus sous la dénomi-
» nation de feu, cheminée, feu allumant, feu mort, fouage,
» monéage, bourgeoisie, congé, chiénage, gîte aux chiens,

» guet et garde, stage ou estage, chassipolerie , entretien
» des clôtures et fortifications des bourgs et châteaux, pulvé-
» rage, banvin, vêt du vin, étanche, cens en commande, gave,
» gavène ou gaule, poursoin, sauvement ou sauve - garde,
» avouerie ou vouérie, étalonage , minage, muyage , ménage,
» leude, leyde, pugnière, bichenage, levage, petite coutume,
» sextérage, coponage, copal, coupe, cartelage, stellage, sciage,
» palette, aunage, étal, étalage, quintalage, poids et mesures,
» bannalités et corvées; *tous les droits* conservés par le décret
» du 13 avril 1791, et connus sous les noms de droits de trou-
» peaux à part, de blairie ou de vaine pâture, *les droits* de
» quête, de collecte, de vingtain ou de tâche, et généralement
» *tous les droits seigneuriaux, tant féodaux que censuels*, con-
» servés ou déclarés rachetables par les lois antérieures, quelles
» que fussent leur nature et leur dénomination, même ceux qui
» pouvaient avoir été omis dans les lois précédentes, ainsi que
» tous les abonnemens, pensions et prestations quelconques qui
» les représentent; TOUT CELA ÉTAIT RESTÉ EXIGIBLE, AUTANT
» QU'IL EN ÉTAIT CLAIREMENT *énoncé* DANS L'ACTE PRIMOR-
» DIAL D'INFÉODATION, D'ACCENSEMENT OU DE BAIL A CENS.

Les propriétés foncières étaient donc toujours sous l'empire du
régime féodal, quoiqu'il eût été détruit *à compter de la publication des lettres patentes du 3 novembre* 1789. Les ex-
seigneurs étaient seulement dans la nécessité de faire la preuve
requise par les lois des 20 juin et 28 août 1792, preuve qui était
à leur disposition, si leurs archives et titres n'avaient pas été
brûlés ou pillés dans les troubles.

Preuve non moins aisée pour ceux qui avaient souffert de l'incendie et du pillage ou des violences révolutionnaires , puisqu'ils

avaient en leur faveur les articles *non abrogés* 6, 7 et 8 du titre 3 de la loi du 28 mars 1790.

S'il n'appartient qu'à une sagesse *lente* et *impénétrable* de gouverner avec succès un grand peuple, c'est particulièrement lorsqu'il s'agit d'améliorer son système territorial.

Nos ancêtres avaient multiplié à l'infini les effets du régime féodal; ses principes étaient généralement répandus, quoique diversement, et dans la France coutumière, et dans la France du droit écrit; ses racines étaient profondes, sa liaison enfin avec toutes nos lois et même nos mœurs, était intime depuis huit siècles.

Il a fallu, 1°. donner aux possesseurs des ci-devant fiefs qui en profitaient, le temps de reconnaître que les droits féodaux et censuels n'étaient point une propriété, mais une grâce *temporaire* du souverain, un *bénéfice toujours révocable* de la législation, et que partant, ils n'avaient point à se plaindre de la suppression qui en était prononcée; 2°. contenir et éclairer les ex-vassaux, les ex-censitaires, chez lesquels les aveugles ou irréfléchis et trop ardens amis de la révolution, et ses ennemis publics on cachés propagaient, les uns, *sans s'en douter,* et les autres, *à dessein,* UN ESPRIT véritablement CONTRE-RÉVOLUTIONNAIRE , CELUI DE LA CUPIDITÉ ET DE L'INJUSTICE.

Voilà pourquoi et comment le régime féodal déclaré détruit *entièrement* le 4 août 1789, ne l'a réellement été que le 17 juillet 1793.

A cette époque, et le 2 octobre de la même année, et le 7 ventôse, et le 6 messidor an 2, la Convention nationale, animée de l'esprit des deux premières assemblées, et inspirée par le même génie, a soigneusement séparé d'avec les rentes et prestations foncières , celles ci-devant seigneuriales et les droits féodaux que les Assemblées constituante et législative y avaient réunis par les lois des 28 mars 1790 , 20 juin 1791 et 28 août 1792. ELLE A SUPPRIMÉ LE SEIGNEURIAL ET CONSERVÉ LE FONCIER.

Comment la Convention nationale n'aurait point supprimé par ses décrets des 17 juillet et 2 octobre 1793, 7 ventôse et 6 messidor an 2 , les rentes foncières qui ont été créées au profit des ex-seigneurs dans l'enclave des ci-devant fiefs PAR DES INFÉODATIONS OU DES BAUX *à cens ?*

Elle n'aurait donc point ordonné le brûlement des actes d'inféodations et baux à cens ?

Eh ! non, certes. Disons davantage : LA CONVENTION NATIONALE S'Y EST OPPOSÉE AU CONTRAIRE, et sitôt qu'elle a appris que les articles VI, VII, VIII et IX de la loi du 17 juillet 1793 , étaient interprétés d'une manière à exposer les titres fonciers qui étaient simultanément des titres féodaux, ELLE A , PAR DES LOIS FORMELLES, comme on va le voir dans un instant , FAIT CESSER TOUT BRULEMENT QUELCONQUE DEPUIS LE 10 AOUT 1793.

Avant d'ouvrir le recueil des procès-verbaux de la Convention nationale , réfléchissons un peu.

Si les décrets des 17 juillet, 2 octobre 1793 , 7 ventôse et 6 messidor an 2, confondaient *réellement* avec les rentes et droits féodaux, les rentes et droits fonciers, les débiteurs eux-mêmes ne nieront point qu'elles seraient un attentat à la propriété , une rébellion à la première loi sociale , une injustice absolue.

De bonne foi, le gouvernement impérial , *qui est fondé sur les lois sociales , dirigé par la plus éminente justice , et le protecteur de la propriété de tous* INDISTINCTEMENT, aurait-il pu trouver de quoi s'autoriser à ne point abroger ces lois-là ? N'A-T-IL PAS EFFACÉ DU CODE DES FRANÇAIS TOUTES CELLES QUI LE DESHONORAIENT ?

N'en doutons point. Les lois des 17 juillet, 2 octobre, 7 ventôse et 6 messidor an 2, ne sont pas des lois destructives des rentes qui sont le prix de la propriété cédée sous la condition desdites rentes, puisque Sa Majesté l'Empereur et Roi vient d'en commander la publication dans les départemens nouveaux de l'Empire.

Maintenant examinons et discutons la question, en nous attachant aux seuls textes régulateurs de la matière.

Pour bien entendre une loi, a dit M. le conseiller d'état Merlin, *il faut la rapprocher du rapport sur lequel elle a été rendue.*

Rapprochons les procès-verbaux des 3 juin et 17 juillet 1793, et nous reconnaîtrons, *en faisant attention et à l'objet et aux termes de la loi*, que : LA CONVENTION NATIONALE N'A TOUCHÉ PAS PLUS AUX RENTES FONCIÈRES QUI SONT ÉTABLIES DANS LES INFÉODATIONS OU BAUX A CENS, qu'à celles créées par de simples contrats.

3 JUIN 1793. « *Un membre propose de décréter que les* » *titres ci-devant féodaux seront brûlés, le* 14 *juillet pro-* » *chain.*

» *Un autre demande* UNE LOI GÉNÉRALE QUI COMPLETTE » LA DESTRUCTION DE LA FÉODALITÉ, *et applanisse toutes les* » *difficultés élevées sur l'application des lois précédentes,* » *d'après les diverses pétitions et adresses à la Convention* » *nationale.*

» *Ces propositions sont renvoyées au comité de législation* » *pour en faire son rapport.* »

17 JUILLET 1793. « Un membre du comité de législation
» fait lecture du projet de décret SUR LES DROITS FÉODAUX,
» *(il n'est jamais question des droits fonciers)*, qui avait
» été renvoyé à la rédaction.

» Un autre membre propose un article additionnel qui est
» adopté.

» Le projet est mis aux voix et est décrété ainsi qu'il suit :

» La Convention nationale décrète :

Art. Ier. « *Toutes redevances ci-devant seigneuriales , droits féodaux ,*
» *censuels , fixes et casuels ,* MÊME *ceux* conservés par le décret du 25
» *août dernier , sont supprimés sans indemnité.*

Art. II. » *Sont exceptées des dispositions de l'article précédent , les rentes*
» *ou prestations purement foncières et non féodales.*

Art. III. » *Les procès civils et criminels intentés , soit sur le fonds , soit*
» *sur les arrérages des droits supprimés par l'article Ier. , sont éteints sans*
» *répétition de frais de la part d'aucune des parties.*

Art. IV. » *Dans le cas où le tout ou partie des* DROITS *supprimés par*
» *l'article Ier. auraient été mis en séquestre , soit volontairement , soit par*
» *ordonnance de justice , les objets séquestrés seront remis par les dépositaires*
» *à ceux qui les auront consignés.*

Art. V. » *Ceux qui se sont rendus adjudicataires de domaines nationaux*
» *dans lesquels seraient compris des droits supprimés par l'article Ier. , ne*
» *pourront réclamer aucune indemnité ; ils pourront néanmoins renoncer*
» *à leur adjudication , à la charge par eux d'en faire leur déclaration*
» *au Directoire du District , dans le mois de la publication du présent*
» *décret.*

» *En cas de renonciation , le Directoire du District fera la liquidation*
» *des sommes payées par l'adjudicataire , en principal et intérêts , et des*
» *frais par lui perçus.*

Art. VI. » *Les ci-devant seigneurs , les feudistes , commissaires à terrier ,*
» *notaires ou tous autres dépositaires des titres constitutifs ou récognitifs*
» DE DROITS SUPPRIMÉS *par le présent décret ou par les décrets antérieurs*
» *rendus par les assemblées précédentes , seront tenus de les déposer dans*
» *les trois mois de la publication du présent décret , au greffe des munici-*
» *palités des lieux. Ceux qui seront déposés avant le 10 août prochain ,*

» *seront*

» *seront brûlés ledit jour en présence du conseil général de la Commune et*
» *des citoyens ; le surplus sera brûlé à l'expiration des trois mois.*

Art. VII. » *Ceux qui seront convaincus d'avoir caché , soustrait , ou recelé*
» *des minutes ou expéditions des actes qui doivent être brûlés aux termes de*
» *l'article précédent, seront condamnés à cinq années de fers.*

Art. VIII. » *Sont compris dans les dispositions de l'artice VI , 1°. les*
» *jugemens ou arrêts qui porteraient reconnaissance des* DROITS *supprimés*
» *par le présent décret, ou qui les renseigneraient ;* 2°. *les registres qui*
» *contiennent la déclaration des droits de franc-fief précédemment sup-*
» *primés ;* 3°. *les titres des domaines nationaux qui sont déposés au secré-*
» *tariat des Districts.*

Art. IX. » *Les receveurs ou préposés comptables déposeront, dans le*
» *mois de la publication du présent décret, les registres , cueillerets et pièces*
» *de comptabilité, au secrétariat de leur District. Les comptes seront apurés*
» *dans les deux mois de la présentation , et aussitôt l'apurement , les registres ,*
» *cueillerets et pièces seront aussi brûlés publiquement , à la diligence du*
» *procureur-syndic du District.*

Art. X. » *Les plans et arpentages* QUI PEUVENT DONNER DES RENSEI-
» GNEMENS SUR LES PROPRIÉTÉS TERRITORIALES , *seront déposés au secré-*
» *tariat du District de la situation des biens , pour y avoir recours au*
» *besoin.*

Art. XI. » *Le décret du* 25 *août dernier continuera d'être exécuté en ce*
» *qui n'y est pas dérogé par le présent décret.*

Art. XII. » *Le ministre de l'intérieur est chargé de faire parvenir di-*
» *rectement aux municipalités le présent décret , et elles restent chargées de*
» *son exécution , sans l'intermédiaire des Corps administratifs.* »

Reprenons chacune des dispositions de la loi.

Que porte l'article premier ? *Il supprime sans indemnité....*
MÊME *les droits conservés par le décret du* 25 *août* 1792.

On voit que la Convention nationale se réfère, *pour le* NEC
PLUS ULTRA *des suppressions qu'elle prononce ,* au décret
du 25 août 1792.

Le mot, MÊME, qui est employé dans la loi, prouve, a dit
M. le conseiller d'état Merlin, procureur général impérial en la

D

Cour de cassation, que les suppressions ne s'étendent pas au-delà.

D'où il suit que la Convention nationale n'a point changé la législation sur le régime féodal.

Car ce régime ayant été, le 4 août 1789, déclaré entièrement détruit, toutes les rentes qui étaient seigneuriales, tous les droits tant féodaux que censuels, ont, *ipso facto*, été supprimés *eâdem die*. L'EFFET PÉRIT TOUJOURS AVEC SA CAUSE.

Les seigneurs, les possesseurs de fiefs ont lu le décret du 17 juillet 1793, dans la loi du 4 août 1789.

Ce fut ce qui porta le Conseil du roi à différer jusqu'au 3 novembre les lettres patentes qui ont consacré l'abolition *pure et simple* de la féodalité.

« *J'invite* (écrivit le roi, le 18 septembre,) *l'Assemblée* » *nationale à réfléchir si* L'EXTINCTION DES CENS ET DES » DROITS DE LODS ET VENTES *convient véritablement au bien* « *de l'Etat.* »

Le lendemain, l'assemblée chargea son président de se retirer pardevers sa majesté.

Dans la conférence et dans celles qui précédèrent la promulgation du 3 novembre, Louis XVI a reconnu et il approuva les sentimens généreux et patriotiques qui ont dicté les décrets des 4, 6, 7, 8 et 11 août 1789. « *La nation y verra*, dit-il » en les sanctionnant, *l'intérét dont nous sommes animés* » *pour son bonheur et l'avantage de l'Etat.* »

— Comme l'article XXIX ajournait, *après la constitution*, le développement du principe de l'abolition du régime féodal, l'assemblée, après avoir assimilé les rentes et droits seigneuriaux

aux simples rentes et charges foncières, a autorisé la continuation de leur perception.

Si la constitution de 1791 avait pu s'affermir, l'Assemblée
législative n'aurait point appelé la Convention nationale pour
en faire une autre. Alors elle n'aurait pas prorogé , par son
décret du 25 août 1792, l'art. XXIX de la loi du 4 août 1789.

La suppression des rentes seigneuriales et des droits féodaux
a été dans sa pensée et sa volonté, de même qu'elle l'avait été
dans celles de l'Assemblée constituante. L'Assemblée législative,
pour que l'on n'en doutât pas, a rédigé, à l'avance, le préambule de la loi du 17 juillet 1793. Le voici :

« L'ASSEMBLÉE NATIONALE , *considérant que le régime*
» *féodal est aboli , que néanmoins il subsiste dans ses effets,*
» *et que* RIEN N'EST PLUS INSTANT QUE DE FAIRE DISPA-
» RAITRE DU TERRITOIRE FRANÇAIS CES DÉCOMBRES DE LA
» SERVITUDE , QUI COUVRENT ET DÉVORENT LES PROPRIÉTÉS,
» DÉCRÈTE QU'IL Y A URGENCE. »

Ce préambule et ce décret d'urgence mis en tête d'une loi
qui conservait et les rentes seigneuriales et les droits féodaux, ont
sans cesse averti que leur conservation n'était que momentanée.

Nous reviendrons sur cette loi. Passons à l'article II de celle
du 17 juillet.

Il excepte de la suppression prononcée par l'article Ier.,
les rentes ou prestations purement foncières et non féodales.

Elles sont le prix des terres , maisons et bâtimens , *reditus
fundiarius, jus reale in genere , non autem jus dominicum ,*
dans les inféodations et dans les baux à cens, tout comme dans
les contrats ordinaires.

On y trouve de la même manière et en conséquence AVEC LE

MÊME PRINCIPE DE CONSERVATION PERPÉTUELLE *sauf le rachat,* RES, PRETIUM ET CONSENSUS.

C'était donc effectivement le cas de ces maximes fondamentales de la société : *Una eademque res non potest diverso jure censeri. Ubi eadem ratio, idem jus. Bona non intelliguntur, nisi soluto œre venditoris ;* et de cette règle du droit commun, *AUT SOLVE, AUT CEDE.*

Le régime féodal et le régime foncier ont toujours été deux régimes distincts. Les seigneurs, les possesseurs de fiefs jouissaient des avantages des deux régimes.

Tout l'objet et tout le résultat de l'abolition du régime féodal ont été de les réduire aux droits du régime foncier.

Personne n'ignore que les droits féodaux et les rentes *que depuis les lettres patentes du 23 juin 1790,* ON NOMMAIT CI-DEVANT SEIGNEURIALES, étaient dus au titre de seigneurie et AU DELA DES BORNES DE LA PROPRIÉTÉ PRIVÉE. *Debebantur in signum superioritatis et reverentiœ.*

Attributs et profits de cette portion de la puissance publique qui avait été unie à des héritages POUR LES ANNOBLIR, (*Feuda prœrogatam habent dignitatem et auctoritatem, propter jura et commoda dominicalia,* QUÆ PERPETUO SECUM TRAHUNT, *et jurisdictionem etiam contentiosam.* DUMOULIN.) la féodalité les avait imposés, et au seigneur pour les recevoir, et au vassal pour les payer.

Ils avaient bien POUR CAUSE une concession *primitive* de fonds, par la raison qu'IL ÉTAIT DE LEUR ESSENCE D'Y ÊTRE ATTACHÉS. Mais ils n'en représentaient ni le domaine utile ni le domaine direct proprement dit.

Ils n'étaient absolument que DU FAIT de la loi, ce qui les rendait *incessibles* et *imprescriptibles.*

Un propriétaire de fief, qui aurait voulu en dispenser, n'en avait point le pouvoir. Il ne lui était pas permis de soustraire son héritage à la dépendance ni à la hiérarchie féodale. L'héritage serait passé dans la mouvance du seigneur dominant.

« *An comes vel baro possit feuda reducere in rem burgen-*
» *saticam et illa affrancare ?* CERTÈ NON. *Nam* SOLUS REX
» *potest novas nobilitates constituere* .... *Rex potest facere*
» *rem feudalem burgensaticam* ET NULLUS ALIUS BARO. »

MATHŒUS, de usibus feudorum.

Nous lisons, *dans la jurisprudence du Conseil, par* DUBOST, que le seigneur qui aliénait son héritage à rente foncière était obligé de déclarer expressément qu'il retenait la directe seigneurie, sans quoi il y aurait eu mutation à relief en cette partie, attendu que la création de toute rente foncière a toujours été celle d'un simple devoir patrimonial, et partant l'acte d'un propriétaire, et non d'un seigneur.

L'assemblée constituante l'a professé dans la loi du 28 mars 1790, lorsque, voulant autoriser la continuation de la perception des rentes et droits seigneuriaux jusqu'à l'époque du développement *entier* de l'abolition du régime féodal, elle a déclaré qu'A CET EFFET, elle les assimilait aux rentes et charges foncières.

Et elle l'a consacré par la loi du 29 décembre de la même année, loi qui embrasse dans son texte, son esprit et son objet, TOUTES les rentes foncières, QUELLE QUE SOIT LEUR ORIGINE, A QUELQUES PERSONNES QUELLES SOIENT DUES, *id est* qu'elles aient été créées dans des actes d'inféodation, dans des baux *à cens,* ou par des contrats ordinaires, N'IMPORTE. Qu'elles soient dues à des ex-seigneurs, à des possesseurs de ci-devant fiefs, ou à des propriétaires ni ex-seigneurs ni anciens possesseurs de fiefs, N'IMPORTE ENCORE. La loi dit TOUTES, elle n'en excepte aucune. *Qui dit tout, n'excepte rien.* Voici l'article premier de la loi.

« TOUTES *les rentes foncières perpétuelles, soit en nature,*
» *soit en argent,* DE QUELQU'ESPÈCE QU'ELLES SOIENT,
» QUELLE QUE SOIT LEUR ORIGINE, A QUELQUES PERSONNES
» QU'ELLES SOIENT DUES....... *seront rachetables : Les*
» *champarts de toute espèce et sous toute dénomination le*
» *seront pareillement, au taux qui sera ci-après fixé. Il est*
» *défendu de plus à l'avenir créer aucune redevance fon-*
» *cière non remboursable, sans préjudice des baux à rente*
» *ou emphytéose, et non perpétuels, qui seront excutés pour*
» *toute leur durée, et pourront être faits, à l'avenir, pour*
» *99 ans et au-dessous, ainsi que les baux à vie, même sur*
» *plusieurs têtes, à la charge qu'elles n'excèderont pas le*
» *nombre de trois.* »

Les autres articles règlent la perception, la reconnaissance et la sûreté des rentes jusqu'au rachat, en fixent le taux, et en déterminent les différens effets, tant vis-à-vis du débiteur qu'à l'égard du propriétaire des rentes et de ses créanciers.

Ecoutons M. le Conseiller d'Etat Merlin.

« *Il n'importe à qui les rentes foncières sont dues......*
» LA LOI DU 25 AOUT 1792 N'EST PAS FAITE POUR LES
» RENTES PUREMENT FONCIÈRES. *L'article XVII a été pro-*
» *posé, non par le comité rédacteur du projet, d'après lequel*
» *la loi a été faite, mais pendant la discussion de ce projet*
» *et par forme de disposition additionnelle; de là même, il ré-*
» *sulte qu'il n'a été proposé que parce qu'il se sera élevé*
» *dans l'esprit de quelques membres du Corps législatif des*
» *craintes sur le sort des rentes foncières, et qu'il n'a été*

» *décrété que pour faire cesser* CES CRAINTES DÉNUÉES
» D'AILLEURS DE FONDEMENT.

» *Cela posé, il est clair qu'on ne peut pas faire dire à*
» *l'article XVII, par une interprétation* FORCÉE *, plus qu'il*
» *n'a dit réellement ; il est clair par conséquent que l'on ne*
» *peut pas en induire par argument* A CONTRARIO SENSU *,*
» *l'abolition des rentes purement foncières dues à des ci-*
» *devant seigneurs.*

» *D'une part, en effet, les articles précédens de la même*
» *loi n'abolissent que les rentes seigneuriales ; et de l'autre,*
» *les lois antérieures,* NOTAMMENT CELLE DU 29 DÉCEMBRE
» 1790*, maintiennent expressément* TOUTES *les rentes pure-*
» *ment foncières ,* SANS DISTINCTION A QUI ELLES SONT DUES.

» *Une loi postérieure à celle du 25 août 1792 porte, arti-*
» *cle II :* SONT EXCEPTÉES DE L'ARTICLE Ier*, c'est-à-dire, de*
» *l'abolition sans indemnité,* LES RENTES OU PRESTATIONS
» PUREMENT FONCIÈRES ET NON FÉODALES. *Il n'y a là aucune*
» *distinction entre les rentes foncières dues à telles ou telles*
» *personnes. L'article est général. Il les maintient toutes,*
» *parce que toutes elles sont étrangères au régime de la féoda-*
» *lité ; et pour cela, il n'a pas besoin de déroger à l'ar-*
» *ticle XVII de la loi du 25 août 1792 : car, encore une*
» *fois, l'article XVII de la loi du 25 août 1792 ne faisait*
» *que maintenir les rentes foncières dues à des particuliers*
» *non seigneurs ; il n'abolissait pas celles qui étaient dues*
» *à des ci-devant possesseurs de seigneuries ,* ET EN NE LES
» ABOLISSANT PAS, IL LES LAISSAIT SUBSISTER. »

D'ailleurs, l'article XVII a été abrogé par l'article XI de la
loi du 17 juillet 1793, en tout ce qu'il aurait pu renfermer de

contraire à l'article II, conservateur né de TOUTES les rentes foncières INDISTINCTEMENT.

« *Dans une loi composée de plusieurs articles*, observe » M. Merlin, *chaque disposition doit être entendue et exécutée* » *de manière que son objet ne soit pas éludé par une autre* » *disposition.* »

Ici l'application de cette maxime *de la raison écrite* est d'autant plus nécessaire, que : 1°. refuser l'article II de la loi du 17 juillet 1793, *dans quelque cas que ce soit*, à une rente foncière, ce serait accuser le législateur d'avoir franchi les bornes de sa puissance et commis l'injustice, bornes qu'il n'a point franchies, injustice qu'il n'a point commise.

2°. L'article Ier. n'est pas l'exception de l'article II. Celui-ci, au contraire, est l'exception de l'article Ier., en ce sens que l'article Ier. s'étend à toutes les rentes seigneuriales, et que les titres de plusieurs de ces rentes sont aussi ceux de rentes foncières que la Convention nationale a voulu excepter.

L'étude des articles Ier. et II de la loi du 17 juillet 1793 nous apprend que la Convention nationale a eu en vue de completter la destruction de la féodalité, et RIEN DE PLUS; qu'en effaçant dans les actes d'inféodation et d'accensement les rentes seigneuriales, et les droits féodaux, censuels, fixes et casuels, elle a respecté, *dans ces actes*, les rentes représentatives DU PRIX des inféodations et baux *à cens ;* que le motif de l'article Ier. est que, les ex-seigneurs qui continuaient de recevoir les rentes seigneuriales et les droits féodaux, jouissaient *sans cause*, depuis l'abolition de la féodalité, ce qui répugnait aux principes; et que celui de l'article II est que, les ex-vassaux, de leur côté, jouiraient *sans cause*, si la suppression des rentes seigneuriales avait entraîné celle des rentes foncières, et cela

répugne

répugne aux mêmes principes de la justice et de la raison. *Neminem lædere. Suum cuique tribuere.*

L'article II n'a été fait, et il n'a d'objet que pour les rentes foncières qui sont établies par des inféodations ou baux *à cens*, et qui étaient dues à des ex-seigneurs, à l'époque de l'abolition de la féodalité.

Ces rentes-là, SEULES, étaient dans le cas d'avoir besoin d'être *exceptées* des dispositions de l'article Ier., puisque, SEULES dans la classe des rentes foncières, elles sont créées par des titres par lesquels les rentes seigneuriales ou les droits féodaux frappés par cet article Ier. étaient également établis.

Pas de doute que l'article II garantît toutes les rentes foncières, sa disposition étant générale. Mais il est spécial pour celles dont les titres, sans lui, étaient condamnés au feu, comme constitutifs ou récognitifs de droits supprimés par l'art. Ier.

Avoir excepté les rentes foncières des dispositions de l'article Ier., c'est naturellement et indispensablement avoir excepté du brûlement les titres qui les constituent, et ceux qui en sont récognitifs. *Verba semper sic accipi debent ut lex non sit nulla sed efficax.*

Tout le monde convient que l'article Ier. de la loi du 17 juillet 1793 ne supprime que les rentes qui avaient été conservées par le décret du 25 août 1792; et que c'est dans ces rentes - là que se trouvent celles qui ont été exceptées de la suppression par l'art. II.

Quelles sont donc les rentes auxquelles le décret du 25 août 1792 était applicable?

L'article XVII du décret va nous en instruire, par la désignation des rentes auxquelles le législateur n'a pas voulu que le décret soit applicable.

E

Le procès-verbal des séances de l'assemblée législative, du 20 août 1792, porte que l'article XVII fut proposé en ces termes, et adopté, *sauf nouvelle rédaction.*

« L'assemblée déclare excepter du présent décret les rentes, » champarts et autres droits qui ne tiennent point de la » féodalité, et qui n'étaient pas perçus par les ci-devant sei- » gneurs sur les ci-devant vassaux. »

Le Comité, chargé de la nouvelle rédaction, considéra, d'abord, que le décret n'était aucunement relatif aux rentes foncières qui, QUELLE QUE SOIT LEUR ORIGINE, A QUELQUES PERSONNES QU'ELLES SOIENT DUES, ne tiennent pas de la féodalité, et que conséquemment, dès que l'assemblée avait décrété l'art. XVII, sa pensée ne serait exactement rendue qu'en employant des termes généraux ; ensuite, 1°. que les ex-seigneurs avaient eu, sous le régime des fiefs, un territoire circonscrit hors duquel ils n'avaient été que des particuliers non-seigneurs ni posses- seurs de fiefs, et que quiconque leur devait des rentes, sans être leur vassal, était un particulier à leur égard ; 2°. que, quant aux rentes foncières qu'ils possèdent sur leurs ex-vassaux, elles leur étaient payées en leur qualité de propriétaires et de bail- leurs de fonds, et non en celle de SEIGNEURS, par les débiteurs, comme preneurs ou détenteurs des terres, maisons et bâtimens dont les rentes sont la solution du prix *librement* convenu entre les parties sur la foi et selon les règles du droit commun, et non, comme VASSAUX ; mais que déjà les titres qui les établissent, établissant à la fois les rentes seigneuriales, devaient être exhibés conformément à l'art. V ; que la même exhibition servirait pour toutes ; que le décret conservant les rentes seigneuriales, conservait, à plus forte raison, les rentes foncières ; et qu'enfin, attendu que l'art. II ne répute pas les propriétés franches et libres des droits fonciers, quand même ceux qui réclameraient des droits de cette nature ne prouveraient le contraire, dans la forme prescrite par l'article V, LA LOI NE S'ARMANT DE CETTE RIGUEUR, QU'A L'ÉGARD DES DROITS FÉODAUX OU CENSUELS, il n'y avait lieu à étendre l'article XVII aux rentes foncières dues aux ex-seigneurs, par leurs ex-vassaux, dans l'enclave de leurs fiefs, en vertu des inféodations et baux *à cens*; 3°. qu'en conséquence, l'assemblée, au lieu de dire qu'ELLE EXCEPTAIT, devait uniquement annoncer qu'ELLE NE COMPRENAIT PAS les rentes et droits qui sont dus par des particuliers à des particuliers non-seigneurs ni possesseurs de fiefs.

La rédaction fut arrêtée de la manière suivante, et elle a été convertie en loi, le 25 du même mois.

« *Ne sont point compris dans le présent décret les rentes,*
» *champarts et autres redevances qui ne tiennent point à*
» *la féodalité, et qui sont dues par des particuliers à des*
» *particuliers non seigneurs ni possesseurs de fiefs.* »

Telles sont les rentes que le décret du 25 août 1792 ne concerne pas, et que, par une suite nécessaire, les articles Ier. et II de la loi du 17 juillet 1793 ne concernent point non plus.

Donc, par l'article II, la Convention nationale a excepté de la suppression les rentes *foncières* créées par les inféodations et les baux *à cens*, au profit des ex-seigneurs dans l'étendue de leurs anciennes seigneuries. *Efficax lex debet esse.*

La même raison qui avait déterminé l'Assemblée législative à ne pas faire entrer ces rentes-là dans l'art. XVII, a inspiré à la Convention nationale d'ajouter l'art. II à l'art. Ier. de la loi du 17 juillet 1793.

La Convention, en effectuant la distinction, en déclarant *l'exception*, et en les consacrant par les deux premiers articles de sa loi, a fait précisément ce que l'Assemblée législative aurait fait, le 25 août 1792 , si cette assemblée avait alors éteint les rentes seigneuriales.

Mais , le veut - on encore , oublions l'art. XVII du décret. L'article II de la loi , considéré isolément , conserve TOUTES les rentes foncières , *sans en omettre une seule.*

Car personne n'ignore que le cercle des lois ne peut jamais être rétréci , et que la loi protège toujours , quand elle ne frappe pas.

Ainsi, dès que la loi désigne nominativement, et les rentes seigneuriales, pour les abolir , et les rentes foncières, pour les conserver, la règle est que, partout où se trouve une rente seigneuriale, l'art. Ier. la supprime ; et que, partout où se trouve une rente foncière , l'art. II ordonne de la servir ou de la racheter. *Le texte de la loi est toujours l'expression parfaite de la volonté du législateur.*

La loi ne distingue ni la nature du titre ni la qualité du créancier. Que la rente soit purement foncière et non féodale , il suffit. *Non distinguit lex , distinguere non debemus.*

Qui d'ailleurs pourrait distinguer, sans changer la législation?

— Non seulement la Convention nationale n'a point supprimé les rentes dont nous parlons , mais elle n'a pas voulu les supprimer.

Toujours elle a rejeté les adresses , les motions tendantes. directement ou indirectement à une nouvelle distribution des biens. ELLE A LAISSÉ LES BIENS-MEUBLES ET IMMEUBLES A QUI LES POSSÉDAIT , OU ELLE LES A RÉUNIS AU DOMAINE NATIONAL.

Les fermiers , les débiteurs du clergé et des églises, des émigrés et de leurs ascendans , en cessant de l'être, n'y ont rien gagné. Ils ont reçu l'ordre de s'acquitter en versant *exactement* dans les caisses publiques.

(35)

La Convention n'a-t-elle pas , le 25 du même mois de juillet
1793, rendu les administrateurs , les officiers municipaux et les
commissaires , RESPONSABLES , *s'ils n'y tenaient la main*, et
soupçonnant les fermiers et débiteurs, de cupidité , accordé à tout
dénonciateur le huitième des sommes qu'il les empêcherait de
s'approprier ? *Art. XXII, section II.*

N'avait-elle pas , le 6, mis en séquestre les fiefs réversibles, à
l'extinction des possesseurs , à la ci-devant couronne de France ?

Décret de la Convention nationale , du 6 juillet 1793.

« La Convention nationale décrète que les fiefs réversibles, à
» l'extinction des possesseurs, à la ci-devant couronne de France,
» seront provisoirement mis en séquestre , sauf à restituer ce
» qui pourrait ne pas appartenir à la nation. »

Quand à la même époque , *dans l'excès de sa popularité*,
elle a voté un arpent de terre à chaque chef de famille qui ne
le possédait point. Qu'a-t-elle fait?

Elle a dit que : » Dans les communes qui n'ont pas des
» *terreins communaux* à partager, et où il se trouvera des
» biens appartenans aux émigrés, il sera prélevé un arpent pour
» chaque chef des familles pauvres, A TITRE D'ARRENTEMENT
» SUR LE PIED DU DENIER 20 DU PRIX COMMUN *auquel se*
» *sont vendues les terres labourables dans l'étendue de la*
» *commune, depuis la révolution.* »

Et l'on voudrait qu'au même moment où la Convention refusait aux familles indigentes la valeur d'un *chetif* arpent de
terre, elle aurait gratifié des rentes foncières les familles déjà
riches des rentes seigneuriales et des droits féodaux? Où serait
le motif d'une pareille prédilection et de la plus odieuse violation
de l'égalité des droits ?

(36)

Ne le cherchons pas. La Convention a elle-même fait savoir à
tous les débiteurs qu'ils doivent payer toutes les rentes foncières, tant qu'ils n'useront point de la faculté d'en remettre le
capital. Lisons :

1°. *Le décret relatif à l'exécution des lois sur les biens communaux et l'abolition des rentes féodales, du 8 août 1793.*

« La Convention nationale décrète que le ministre de
» l'intérieur surveillera avec la plus grande exactitude la pu-
» blication de la loi relative aux biens communaux *, et du
» décret du 17 juillet 1793, portant abolition de toutes rentes
» féodales, sans indemnité. Les fonctionnaires publics qui
» auront négligé de faire cette publication en temps utile,
» seront destitués de leurs fonctions. Le ministre lui rendra
» compte de son travail à cet égard. »

* *Loi relative aux biens communaux, du 10 juin 1793.*

Art. Ier., sect. IV. « Les communes ou sections de communes sont fondées
» et autorisées à revendiquer les biens dont elles ont été dépouillées *par l'effet
» de la puissance féodale*, sous les restrictions et modifications portées par
» les articles suivans.

Art. VIII. « La possession de 40 ans, exigée par loi du 28 août 1792, * pour
» justifier la propriété d'un ci-devant seigneur, sur les terres vaines et vagues,
» gastes, garrigues, landes, marais, biens hermes, vacans, ne pourra en
» aucun cas suppléer le titre légitime, et le titre légitime ne pourra être
» celui qui émanerait de la puissance féodale, mais seulement un acte authen-
» tique qui constate qu'ils ont légitimement acheté lesdits biens, conformé-
» ment à l'art. VIII de la loi du 28 août 1792.

Art. IX. « *L'esprit de la présente loi n'étant point de troubler les posses-
» sions particulières et paisibles*, MAIS SEULEMENT RÉPRIMER LES ABUS DE
» LA PUISSANCE FÉODALE ET LES USURPATIONS, elle excepte des dispositions
» des articles précédens, toutes cessions, ventes, collocations forcées,
» partages ou autres possessions, depuis et au-delà de 40 ans jusqu'à l'époque
» du 4 août 1789, en faveur des possesseurs actuels ou leurs auteurs......

Art. X. « Et à l'égard de ceux qui ne possèdent lesdits biens communaux
» ou partie d'iceux que depuis 40 ans jusqu'à ladite époque du 4 août 1789,
» il sera fait cette distinction entr'eux.

» Les citoyens qui posséderont avec un titre légitime et de bonne foi, et
» qui ont défriché par leurs propres mains ou celles de leurs auteurs, les
» terreins par eux acquis et actuellement en valeur, ne seront tenus que de
» payer à la commune les redevances auxquelles ils s'étaient soumis ** envers
» le seigneur ou tous autres, s'ils ne s'en sont entièrement libérés par quit-
» tance publique.

Art. XI. » Par aucune des dispositions des articles précédens, la Conven-
» tion n'entend point préjudicier aux droits des communes ou des ci-devant
» vassaux qui étaient en instance ou litige devant les tribunaux, sans égard
» à aucune péremption à l'époque de la loi du 28 août 1792; ces procès
» seront jugés *sur les mêmes droits et prétentions, et sur les mêmes titres et*
» *preuves*, d'après les principes établis par la présente loi.

Art. XII. « La Convention nationale décrète que la partie des com-
» munaux, possédée ci-devant, soit par des bénéficiers ecclésiastiques, soit
» par des monastères, communautés séculières ou régulières, ordre de Malte
» et autres corps et communautés, soit par les émigrés, soit par le domaine,
» à quelque titre que ce soit, appartiennent à la nation ; et comme tels, ils
» ne peuvent appartenir aux communes ou sections de communes dans le
» territoire desquelles ils sont situés, soit que ces communaux ayent été
» déjà vendus, soit qu'ils soient encore à vendre au profit de la nation.

(*) Art. VIII de la loi du 28 août 1792. « *Les communes qui justifieront avoir*
» *anciennement possédé des biens ou droits d'usages quelconques, dont elles auront*
» *été dépouillées en totalité ou en partie* (depuis 1669) *par des ci-devant seigneurs,*
» *pourront se faire réintégrer dans la propriété et possession desdits biens ou droits*
» *d'usage, nonobstant tous édits, déclarations, arrêts du conseil, lettres patentes,*
» *jugemens, transactions et possessions contraires, à moins que les ci-devant*
» *seigneurs ne représentent un acte authentique qui constate qu'ils ont légiti-*
» *mement acheté lesdits biens* ».

(**) Art. XIII. « *Si les biens mentionnés dans les articles VI, VII et VIII de la*
» *présente loi, ont été vendus par les ci-devant seigneurs, si le prix ne leur en a*
» *pas été payé, ou si lesdits biens ont été par eux aliénés à titre de cens, emphy-*
» *téose, ou à titre de tout autre bail à rente, les droits respectifs des parties*
» *intéressées seront réglés, conformément aux dispositions des articles III et IV du*
» *présent décret.*

L'article III *dit que :* « *si les ci-devant seigneurs ont vendu les portions de bois et*

» *autres biens dont les communes auront été dépossédées* (toujours depuis 1669 seule-
» ment), *les communes ne pourront évincer les acquéreurs.*

Et l'article IV. « *Si les ci-devant seigneurs n'ont pas reçu le prix desdites
» portions de biens vendus dans le cas exprimé par l'article précédent , le prix tour-
» nera au profit des communautés avec les intérêts qui pourraient se trouver dus ;*
» *et* dans le cas où lesdites portions auraient été aliénées à titre de bail A CENS, em-
» phytéose ou de tout autre bail à rente , les rentes stipulées , ainsi que les arrérages
» et le prix du rachat , tourneront également au profit des communautés ».

Ces deux lois des 28 août 1792 et 10 juin 1793 ont été
confirmées par celles des 8 août 1793 , 8 septembre et 2 octobre
de la même année, 20 brumaire, 1er. pluviôse , 28 ventôse et
6 germinal an 2.

2°. *Le décret qui défend à tout Français de recevoir des droits féodaux et des
redevances de servitude , du 7 septembre 1793.*

« La Convention nationale décrète qu'aucun Français ne
» pourra percevoir des droits féodaux et des redevances DE
» SERVITUDE , en quelque lieu de la terre que ce puisse être ,
» sous peine de dégradation civique. »

*Décret additionnel à celui de la veille , sur la défense de recevoir les droits
féodaux , du 8 septembre 1793.*

« La Convention nationale décrète que, dans la loi d'hier,
» qui défend à tout Français de percevoir des DROITS FÉODAUX
» en pays étranger, il sera, après ces mots , *nul Français ne
» pourra*, ajouté ceux-ci : sous peine *de dégradation civique.* »

RENTES FÉODALES , RENTES DE SERVITUDE. Ce ne sont
point là les rentes foncières.

Les rentes foncières tiennent à *la propriété pour laquelle la
liberté*, a dit le député Gayvernon, *commande un respect profond et religieux.*

La Convention nationale, dans la même séance du 8 septembre
1793 , a de nouveau hautement manifesté que la loi du 17
juillet

juillet précédent n'a point aboli les rentes foncières stipulées dans les baux *à cens.*

Extrait du procès-verbal de la Convention nationale, du 8 *septembre* 1793.

« La Convention nationale décrète que le comité des décrets
» remettra sur le bureau, une expédition de la loi du 28 août
» 1792 ; que cette loi sera insérée *en entier* dans le procès-
» verbal de ce jour, et qu'il en sera fait note par les président
» et secrétaires, en marge des procès-verbaux de l'assemblée
» législative des 25 et 28 août 1792.

» Art. IV. Si les ci-devant seigneurs n'ont pas reçu le prix
» des portions de biens vendus, ce prix tournera au profit des
» communautés avec les intérêts qui pourraient se trouver dûs ;
» et dans le cas où lesdites portions auraient été aliénées A TITRE
» DE BAIL A CENS, emphytéose, ou de tout autre bail à rente ,
» LES RENTES STIPULÉES, ainsi que les arrérages et le prix du
» rachat , TOURNERONT également AU PROFIT DES COMMU-
» NAUTÉS. »

Certes , jamais l'intention du législateur n'a été plus expres-sément exprimée.

Si les rentes foncières qui se trouvent dans les baux *à cens* avaient été supprimées par la loi du 17 juillet 1793, la Convention nationale aurait-elle , le 8 août suivant, placé sur la même ligne, et cette loi, et celle du 10 juin précédent ? aurait-elle, le 8 septembre, renouvellé aux ex-censitaires , possesseurs des biens communaux qui avaient été donnés aux ex-seigneurs par l'ordonnance de 1669, et qui leur ont été retirés par la loi du 28 août 1792 , l'ordre de payer aux communes les rentes créées au profit de leurs ex-seigneurs par des baux *à cens* ?

F

3°. *Le décret relatif à des portions de terre abandonnées à des habitans du district de Cusset, du 11 septembre 1793.*

« La Convention nationale, sur la demande de plusieurs
» habitans du district de Cusset, à qui il a été abandonné à
» perpétuité, des portions de terre pour les planter de vignes,
» moyennant la redevance annuelle d'une portion des fruits ;
» cette demande tendante à la permission de faire le rachat de
» cette redevance, et de faire la retenue d'un cinquième, après
» avoir ouï le rapport de son comité de législation, passe à
» l'ordre du jour, motivé sur l'existence des décrets des 18
» décembre 1790 et 10 juin 1791, QUI SONT APPLICABLES
» A TOUTES LES CONCESSIONS DE FONDS à perpétuité, SOUS
» REDEVANCE FONCIÈRE, soit en fruits, soit en argent. »

Puisque le décret du 18 décembre 1790, sanctionné le 29,
et celui du 10 juin 1791, ont été proclamés de nouveau par la
Convention nationale, le 11 septembre 1793, applicables à *toutes*
les concessions de fonds à perpétuité, sous une redevance foncière,
soit en fruits, soit en argent, quelle continuité de preuves déci-
vises de cette grande vérité, *en supprimant les rentes féodales,
les rentes de servitude, la Convention nationale n'a point
supprimé, ni entendu supprimer une* SEULE *rente* imposée
POUR PRIX d'un fonds concédé à la condition de ladite rente !

Le prix de la concession des fonds, voilà la marque particulière qui distingue les rentes foncières d'avec les rentes seigneuriales *supprimées.*

La rente seigneuriale et la rente foncière ont une cause commune, la concession d'un immeuble ; mais la rente foncière, SEULE,
est essentiellement et substantiellement représentative de cet
immeuble ; le seigneur a pu en disposer par vente, cession ou

autrement, *sans perdre les fruits de la directe.* Le vassal a pu, de son côté, s'en affranchir par prescription.

— Aux années 1793 et 1794, on s'imagina qu'il ne fallait plus étudier les lois, ni déterminer la nature des redevances par la substance des titres qui les établissent, et la coutume sous l'empire de laquelle les parties ont contracté.

En conséquence, parce que la Convention n'a pas dit, dans l'article premier de la loi du 17 juillet, qu'elle ne supprimait point les rentes qui n'étaient seigneuriales que de nom, on s'est livré à l'incertitude.

Incertitude qui effraya les créanciers des émigrés. Plusieurs se réunirent et s'adressèrent au comité de législation, dans la persuasion qu'elle était fondée, TANDIS QU'ELLE NE L'ÉTAIT NULLEMENT.

» Les dispositions de la loi, *dirent-ils*, paraissent extrême-
» ment précises : elles sont un grand bienfait; mais, malgré
» cette clarté, LA CUPIDITÉ veut expliquer ce qui peut lui de-
» venir favorable, et l'homme avide, en allant au-delà de la
» la loi, cherche à s'affranchir de la dette même que la loi
» n'a pas éteinte.

» On prétend que la loi supprime les rentes foncières, PAR
» LA SEULE RAISON QUE *le propriétaire, qui en avait alors le*
» *droit, a qualifié sa rente de rente censuelle et féodale,*
» *emportant droits de lods et ventes aux mutations.*

» Ainsi, un domaine aliéné depuis 8, 10, ou 20 ans, moyen-
» nant une rente qui n'est autre chose que le représentatif du
» fermage, tel qu'il existait au moment de l'arrentement, passe-
» rait dans les mains de l'acquéreur, sans qu'il en ait jamais
» payé aucun prix.

» Sans doute, la condition apposée à la concession, de payer

» des droits seigneuriaux à chaque mutation, est entièrement
» abolie. L'héritage est affranchi de ces droits; il est libre dans
» les mains du propriétaire; la loi accorde même la faculté
» de rembourser la rente foncière.

» Mais prétendre que cette rente foncière qui, *malgré sa*
» *dénomination*, n'est ni censuelle, ni féodale, est éteinte;
» prétendre que l'acquéreur d'un héritage ne doit pas cette
» rente ou son capital qui représente le prix de l'aliénation,
» c'est aller évidemment au-delà de la loi; c'est, on le croit,
» trouver dans la loi une intention qui n'y est pas, si l'ex-
» pression *(rentes ci-devant seigneuriales)* semble l'admettre;
» ce serait attaquer le droit de propriété, et la nation y perdrait
» un revenu et des capitaux immenses.

» Dans cette *incertitude*, l'intérêt national, l'intérêt parti-
» culier demandent que le législateur ajoute une nouvelle dis-
» position à la loi, et trace une nouvelle ligne de démarcation
» *bien* sensible entre les rentes qui sont conservées et celles qu'il
» a entendu abolir. Il tranquillisera le propriétaire qui n'ose se
» permettre de recevoir, et fera cesser la mauvaise foi du débi-
» teur qui refuse de payer. »

— Sur ces observations des créanciers des émigrés, observations
qui ont mérité d'être imprimées et recueillies dans le tome 2 du
Code civil de la Convention nationale, pièce 38, l'art. Ier. de la
loi du 17 juillet a été revu avec attention, en présence des pétitionnaires mêmes, et il leur a été facilement démontré que *l'in-*
certitude ne naissait pas de la loi; que la loi éclairait de manière que toute nouvelle disposition pour éclairer davantage était
impossible; et que celui-là fermait les yeux à sa lumière, qui
ne voyait pas dans l'art. II la conservation de toutes les rentes
purement foncières et non féodales, dites ou non seigneuriales.

— En effet , la rente réservée par le bailleur d'un fonds est ou purement foncière et non féodale, ou purement seigneuriale , ou tout à la fois *foncière et seigneuriale*. Cela dépend 1°. de la qualité du bailleur des fonds, 2°. du statut local , 3°. de la manière dont le fonds a été concédé.

L'examen des faits, du titre et de la coutume est donc indispensable. Mais ce n'est point au législateur, c'est uniquequement au juge et à l'administrateur, d'abord à les vérifier, ensuite à les rapprocher de la loi. L'administrateur et le juge ont reçu d'elle le pouvoir de juger dans quels cas elle est ou n'est pas applicable.

» Il est de principe , *a dit M. Merlin* , et tous les féodistes recon-
» naissent qu'il peut être dû à un ex-seigneur des rentes purement
» foncières : une rente constituée à son profit n'est seigneuriale
» qu'autant qu'elle est recognitive de la directe, et qu'elle forme
» ce que *les jurisconsultes* appellent le CENS.

» A défaut de ce caractère , elle est , et rien de plus , une
» charge réelle, une redevance purement foncière. »

— « Si le bailleur n'était point seigneur, ou, ce qui est la même
» chose, s'il ne possédait pas le fonds *noblement*, c'est-à-dire
» comme portion intégrante de son fief; la rente réservée ne
» pouvait être que foncière ; et l'eût-on qualifiée, par l'acte de
» concession, de *rente seigneuriale* ou *de cens*, elle n'en aurait
» pas eu pour cela le caractère....

» Si le bailleur du fonds était seigneur, s'il possédait *noble-*
» *ment* le fonds qu'il avait concédé, on distingue : — Ou la
» rente était recognitive de la seigneurie, ou elle ne l'était pas.
» Lorsqu'elle ne l'était point , on ne peut la considérer que
» comme une prestation purement foncière. » M. MERLIN , *à*
la cour de cassation, le 7 messidor an 12.

— Par le bail d'héritage est-il dû 2 deniers et 3 boisseaux de *cens* (toujours en signe de féodalité) ? ces deux prestations forment ensemble un seul et même *cens* seigneurial. *Utrumque est unus et idem census.*

Ou 2 deniers de cens et 3 boisseaux de froment de rente annuelle et foncière? la première redevance est seigneuriale, mais la seconde est pure foncière.

Ou 12 sous de cens et rente ? L'intention du seigneur n'a point été de donner son héritage simplement à rente, mais encore de retenir *le cens*. La qualité et le privilége du *cens* prévalent, soit que le mot de *cens* précède ou suive celui de rente. *Utroque casu, intentio concedentis non est dare ad merum reditum, sed etiam jus censús retinere. Ratio tamen censús, sive in ordine verborum præcedat, sive sequatur, tanquam potentior prævalet et integras vires obtinet, et mens dictorum verborum est, quòd summa conventa, tam pro censu* DOMINICO*, quam pro reditu* FUNDIARIO*, præstetur.*

Ou enfin un sou et un setier de froment de cens et rente ? « La menue prestation doit passer pour cens, et la grosse pour » une rente; ainsi, dans l'espèce proposée, le sou sera réputé » être le cens, et, comme tel, imprescriptible : le setier de blé, » au contraire, sera la rente, et, à ce titre, il pourra se pres- » crire. » *Poquet de Livoniere. Liv. VI, chap. I*er*., sect. II.* Il ne peut y avoir que trois manières de prononcer sur cette question :

» 1º. Dire que le mot *rente* est superflu ;

» 2º. Que, dans le doute, l'argent et le grain doivent jouir des prérogatives du *cens ;*

» 3º. Que des deux prestations il en est une censuelle, et » une autre qui ne forme qu'une rente pure foncière.

(45)

« Il faut rejeter la première réponse , comme contraire à la
» maxime qui veut que , dans l'interprétation des actes , cha-
» que expression reçoive un sens déterminé et un effet réel.

» Secondement , ce serait s'écarter de l'intention des parties
» que de confondre l'argent et le grain, puisqu'elles se seraient
» contentées d'une seule dénomination, si elles avaient voulu
» n'exprimer qu'un seul devoir.

» Troisièmement , dès que les charges de l'héritage ont été
» divisées en deux prestations , l'une sous la qualité de cens ,
» l'autre avec celle de rente foncière, se borner à ne leur donner
» que la qualité, les attributs du *cens*, ce serait choquer la nature
» des choses. Il est naturel et conforme à l'intention de toutes
» les parties, aux principes de la féodalité, et aux règles de
» l'interprétation des contrats, de diviser les deux prestations,
» *quant à leurs effets*, comme elles le sont par leur nature ,
» d'autant qu'il n'est vraiment pas possible de les considérer
» comme cens et comme rente, par la raison qu'UNE CHARGE,
» QUELLE QU'ELLE SOIT, NE PEUT PAS EXISTER A LA FOIS
» SOUS DEUX RAPPORTS DIFFÉRENS. »

(*Dissertations féodales* , tome Ier., *page* 279.)

— Lorsque le bail d'héritage a été accordé moyennant, 1°. un
denier de chef-cens , 2°. 10 sols de gros cens , il n'y a de cens
seigneurial que le denier ; les 10 sous constituent une rente pure
foncière. *Cùm unum jugerum terræ conceditur ad unum
denarium capitalis aut minuti censûs , et ad decem solidos
gravis seu secundi censûs , denarius est verus, proprius
census ; sed decem solidi non sunt nisi reditus fundiarius.*
DUMOULIN.

— » Une rente , quoique due au seigneur, quoiqu'établie par
» le même acte que le cens, est rejettée dans la classe

» des rentes foncières, lorsqu'elle est distinguée du *cens*, lors-
» qu'elle forme ce que les jurisconsultes appellent *onus sepa-*
» *ratum per se* ; par exemple, si l'acte porte 10 *sols de cens*
» *et* 10 *liv. de rente.* »

—Il n'y a de *rentes foncières et seigneuriales*, c'est-à-dire,
de rentes foncières mélangées de féodalité, que celles qui sont
jointes et unies au cens, qui ne forment avec lui qu'une seule et
même prestation. « Au contraire, toutes les fois que le cens et
» la rente forment deux objets distincts, quoique due au seigneur,
» quoique établie par le bail à cens, la rente est purement fon-
» cière : elle n'a rien de seigneurial ; c'est, et rien de plus ,
» une charge réelle. » *Repertoire de Jurisprudence.*

— » De ce qu'une prestation est qualifiée de *cens*, soit dans
» une loi, soit dans un contrat, il ne s'ensuit point qu'elle soit sei-
» gneuriale.

» Dans les monumens de notre ancien droit, le mot *cens* désigne
» toutes les espèces de redevances, soit foncières, soit personnelles.

» La dénomination de cens s'étendait même, sous la pre-
» mière race des rois de France, jusqu'aux droits qui se payaient
» à l'état pour l'exploitation des mines, et qui consistaient
» dans une quotité fixe du produit de cette exploitation. C'est
» ce qu'on voit dans le recueil de Duchesne, tome 1er., page 585,
» où l'auteur de la vie de Dagobert dit que ce prince donna
» aux moines de St.-Denis, pour l'entretien de la couverture
» de leur église, 8000 livres de plomb, à prendre, tous les deux
» ans, sur le *cens* qu'il levait, en nature, de ce métal.

» C'est de là qu'est venu l'usage d'appeler *cens* la redevance
» recognitive de la directe seigneurie.

» Cette espèce de redevance n'est connue dans les coutumes
» d'Artois, de Flandres et de Hainault, que sous le nom de rente
» seigneuriale

» seigneuriale; et quant au mot *cens* , il y figure perpétuellement
» comme synonyme de *bail a ferme* ou *fermage.* » *M. Merlin* ,
à la cour de cassation , *le 16 ventose an 12.*

— « Le cens est, ou sans aucun domaine de la part de celui
» à qui il est dû , et nous l'appelons foncier ; ou avec le domaine
» direct, et en ce cas il est simplement emphytéotique et indé-
» pendant .de tout fief ; ou (il est) seigneurial et faisant partie
» d'un fief. » DUNOD , *Traité des prescriptions.*

Le même auteur dit , page 356 : « Les termes de *cens* et
» *rentes constituées* sont synonymes parmi nous ; » et il cite
l'ordonnance rendue pour la Franche-Comté, en 1569.

— L'expression *cens* renfermait cinq acceptions différentes.
*Notandum quòd census est dictio æquivoca et variæ signi-
ficationis, et quintupliciter accipitur.*

1°. L'estimation des biens et des facultés personnelles d'après
lesquelles on était imposé , comme il se pratiquait à Rome ;
*pro æstimatione rerum et bonorum cujusque civis, secundùm
quod tributa pendebantur, et cives censiti , in certas classes
distribuebantur.*

2°. Le tribut, ou l'impôt lui-même. *Secundo modo, accipitur
pro tributo ; et hoc modo, census , tributum , publica pen-
sitatio , functio vel collatio idem sunt.*

3°. Dans un sens plus général, et dans le droit canonique , la
redevance qui se payait annuellement, quelle qu'elle fût, même
par un prince à son inférieur, à titre de fondation ou autre.
*Tertio modo , generaliùs , secundùm morem loquendi juris
canonici, accipitur, pro eo quod annuatìm , etiam inferiorì
à principe præstatur , quandoquè ratione et in recognitio-*

G

nem subjectionis, *quandoquè ratione fundationis* , *et propter
alias quascumque justas causas.*

4°. La rente foncière établie lors de la concession ou de
l'aliénation d'un fonds , ABSTRACTION FAITE DE TOUTE IDÉE
DE TOUTE PRÉROGATIVE, ET DE TOUTE RETENUE DE SEI-
GNEURIE. *Quarto modo* , *specialiter accipitur pro canone
debito ci qui prœdium suum et quidquid juris et dominii
in eo habebat* , *concessit et transtulit* , *retentá modicá
annuá pensione* , *sub nomine* censûs.

5°. Enfin la modique rente qui se paye annuellement en
reconnaissance de la seigneurie et des droits y attachés. *Quinto
isto et ultimo modo* , *pro modico canone annuo quod prœstatur
in recognitionem dominii directi* , *et jurium dominicalium ;
indè apud nos. contractus censualis est* , *quando dominium
utile certi fundi transfertur sub annuá et perpetuá pensita-
tione* , *nomine censûs* , *retento dominio directo et juribus
dominicalibus.*

L'expression seule de *cens* ne prouve donc pas la seigneurie.
De plus, cette expression a souvent été très-mal employée dans
les actes , tantôt par vanité, ou dans la vue d'avoir des rentes
pareilles aux rentes seigneuriales, ou par l'ignorance des notaires,
et tantôt par l'ambition des ecclésiastiques.

A Paris même, il y a des rentes purement foncières qui
sont appelées CENS. *Arrêt du parlement* , *du* 20 *mai* 1765.

« Les détenteurs et propriétaires d'héritages chargés , et les redevables de
» cens , rentes , ou autres charges r'elles et annuelles , sont tenus person-
» nellement de payer et acquitter icelles charges , A CELUI OU A CEUX à qui
» elles sont dues , et les arrérages échus de leur temps , tant et si longue-
» ment que , desdits héritages , ou de partie et portion d'iceux , ils seront dé-
» tenteurs et propriétaires. *Art.* 99 *de la Coutume.*

» Si AUCUN a pris un héritage à CENS ou rente à certain prix par chacun

» an, il y peut renoncer, *en jugement*, partie présente ou appelée, en payant
» tous les arrérages du passé, et le terme en suivant. *Art.* 109.

« La raison est que tel *cens* n'est imposé sur l'héritage que
» pour la jouissance et détention, et que celui qui déguerpit
» ne fait aucun tort à celui auquel le cens est dû.

» Le déguerpissement a lieu, quoique le preneur se fût
» obligé par lettres *d'accensement,* de payer le cens ou la
» rente à toujours et perpétuellement.

» Pareillement, le preneur à emphytéose peut renoncer à
» l'héritage, pour se décharger du cens et prestation annuelle
» à laquelle il s'est obligé. » Deferrière.

— En Auvergne, dans la Marche, au pays de Labour, à
Bayonne, à St.-Sever, le cens est ordinairement foncier.

Fief, ressort, et directe seigneurie n'ont rien de
commun.

« Qui acquiert cens ou rente sur fonds quitte et allodial, en acquiert la
» directe seigneurie. »

Propriété et directe seigneurie sont ici synonymes. C'est la
directe particulière et privée. C'est celle à laquelle les lois
n'ont point touché. Le censitaire est le seigneur utile.

« Interpellé, chacun an, par son seigneur direct, durant 7 ans consécutifs,
» de payer le devoir, il perd *la seigneurie utile*, et elle est consolidée avec
» la directe.

» Chacun peut imposer sur son héritage mouvant d'aucun seigneur,
» pension, rière fief, ou autre cens annuel, sans l'avis du seigneur foncier,
» et sans préjudice de ses droits.

» Ce *cens, rière fief*, ou pension, est amortissable.

Le seigneur utile peut gulpir, etc.... *Art.* 26 *du cha-*
pitre des emphytéoses et louages.

A Bordeaux, aliéner son héritage à *cens* et rentes, agriers
et autres droits *fonciers*, était de droit commun. *Art.* 101,

(5o)

A Saintes, à St.-Jean-d'Angely, à la Rochelle, mêmes principes généraux, en matière féodale.

« Le vassal envers son seigneur féodal n'est tenu lui payer aucun devoir,
» mais seulement lui faire les foi et hommage et rendre aveu de son fief,
» et dénombrement. »

A Limoges. *Si aliquis concedit et tradit terram suam ad CENSUM.....
» In isto casu, ille cui traditur taliter de dictâ terrâ non debet solvere
» vendas. Ille etiam potest ipsam terram aliis accensare sine requisitione
» domini à quo ipse accensaverat.... Nec vendœ sunt persolvendœ.* » Art. 61.

Les emphytéotes et tous autres débiteurs de *cens*, en retard
de payer, *non sunt, ex hoc, de esgagio puniendi.* Art. 69.

En Bearn, la directitat deu senhor deu loc est féodale, mais
celle deu gentiu ne l'est point.

« Lò fivater pot lexa la terra qui tien en fiu DEU GENTIU, pagan doble fiu,
» et s'eis soos morlaas per l'aneya qui là deleixa.... *Art.* 26.

Au pays de Soule, on a souvent appellé *cens* les rentes emphytéotiques non féodales, soit perpétuelles, soit temporaires.
Les débiteurs sont les *senhors* utiles.

« Se pot par la cession, vendition ou aliénation des causes feudales, ET
» AUSSI des causes tengudes en CENS, *irrequisito domino*, sans congit du
» senhor feudal, ou direct, par coutume. » *Art.* 2.

Le cens ne dénotait pas exclusivement la seigneurie féodale,
ni dans l'Angoumois (*Charente*) où cependant tout seigneur
de fief était fondé *de soi dire et porter seigneur direct de tous
les héritages étant dans son territoire, et au moyen d'icelle
directe asseoir sur les terres possédées sans devoir, cens tel
conforme et semblable qui était assis ès terres voisines.*

Ni dans le Poitou, où l'église pouvait, seule, jouir en franc
alleu.

Les tenurs des terres baillées à cens, à terrage, à complant, pouvaient
les *exponer*, toutes fois qu'il leur plaisait, en payant les termes du temps
passé et ceux de l'année.

Ni dans le Lodunois (*Vienne*), suivant l'article 3 , chap. 20.

Ni dans toute la Touraine , art. 2, chap. 18 , et art. 29, chap. 19.

Ni dans l'Anjou et le Maine où , de plus , quand un seigneur féodal avait *cens et rente*, la rente n'était point mélangée du *cens.*

Le vassal était libre de dénier le CENS *, et le seigneur était obligé de rapporter bon titre par lequel , depuis* 30 *ans, le cens était cogneu et approuvé être dû , car déparavant ne pouvait aider.*

Tout débiteur de rente censive qui n'était pas POUR ABONNEMENT DE DROITS FÉODAUX, pouvait quitter le fonds , et se libérer du cens qui était foncier.

Ni dans la Bretagne, art. 60, 280, 281 , 282 et 654 de la coutume.

—Dans la Normandie, les fiefs consistaient en *terres, maisons* et *rentes.* Les terres et les maisons étaient *le domaine non fieffé ;* les rentes , *le domaine fieffé.*

On disait, la terre seigneuriale, la maison seigneuriale. On disait de même la rente seigneuriale. La rente, en effet , était également une portion intégrante de la seigneurie.

La rente représente l'immeuble dont elle est le prix , elle est une propriété de la même nature que les corps de ferme et les maisons.

Elle n'a jamais été due *in signum dominii feudalis,* mais bien *pro concessione fundi.*

Souvent, quand le fief a été érigé , la rente était déjà *ancienne.*

Elle n'a rien reçu du régime féodal. Elle ne lui doit même pas sa conservation. TOUTES *les rentes foncières , dans la province , étaient* CONSTITUTIONNELLEMENT *irracquittables,* et il a toujours été très-aisé de les garantir de la prescription.

Prix des immeubles, elles sont encore aujourd'hui perpétuellement, *jusqu'au rachat*, les immeubles mêmes.

Si le seigneur n'avait pas le pouvoir de créer des arrière-fiefs, il avait
celui de « *s'éjouir des terres, RENTES, et autres appartenances de son fief,*
» *sans payer treizième au seigneur suzerain, jusqu'à démission de foi et*
» *hommage exclusivement, POURVU QU'IL EN DEMEURAT ASSEZ POUR*
» *SATISFAIRE AUX RENTES ET REDEVANCES DUES AUX SEIGNEURS.* »
Art. 204.

Ce n'est pas tout. La coutume ajoute, art. 301. « *Combien qu'en*
» *plusieurs endroits, ceux qui tiennent ROTUTIÈREMENT, déclarent en leurs*
» *aveux tenir par FOI ET HOMMAGE, ils ne font pourtant point foi et*
» *hommage, il suffit qu'ils le déclarent en leurs aveux, sans que pour ce*
» *ils tombent en garde, ou puissent acquérir la même qualité de noble en*
» *leur héritage.* »

Pas une rente foncière, dans les fiefs en Normandie, n'est
fondée sur un titre constitutif de droits féodaux.

La condition de tenir le fonds fieffé, par foi et hommage, et
en la mouvance de la seigneurie, de comparaître aux plaids,
de rendre aveu, de payer le treizième, etc.... était une charge
de droit. Elle existe dans les contrats des roturiers, comme
dans ceux des nobles. Le fieffant (bailleur à rente) FUT-IL
SEIGNEUR, ne pouvait dégager son fieffataire des devoirs féodaux imposés par le droit public et la loi municipale. *Offen-
dere statutum aut legem non licet.*

Nous avons dit que les rentes foncières étaient irracquittables,
mais en ce sens que le créancier ne pouvait être forcé par le
débiteur à en recevoir l'amortissement.

« Celui qui a fait le rachat d'une rente constituée par argent, foncière
» ou SEIGNEURIALE, ne peut être poursuivi par le créancier de celui auquel
» elle était due, ni inquiété pour le douaire de la femme ou le tiers des
» enfans. » *Art.* 76 *du règlement général de* 1666.

(53)

Rente *seigneuriale* rachetée , il est clair que telle rente
n'était pas constitutive ni recognitive de féodalité.

Le régime de la coutume de la Normandie était absolument
séparé du régime tant des coutumes où tous les héritages
étaient assujétis à un cens *féodal* déterminé par quartier,
arpent, acre ou autre mesure de terre, que de celles où il y a
eu des mélanges de cens féodaux et de rentes foncières.

— A Chartres, à Dreux, à Châteauneuf en Thimerais,
à Châteauroux, à St.-Agnan, à Valençai, à la Ferté-Aurai,
le nom de CENS est souvent donné à la rente foncière.

Au Perche. « Les détenteurs des héritages grevés de CENS sont tenus
» personnellement de le payer , ou de quitter les héritages avant contestation
» en cause. » *Art. 2 , chap. Action hypothèque.*

A Montargis. « Le vassal pouvait se réserver de faire foi et hommage et
» bailler à CENS son domaine : n'y avait le seigneur de fief aucun profi'. »
Art. 4.

A Orléans. « Quand un vassal , sous la même réserve , baillait à CENS
» ou rente perpétuelle l'héritage qu'il tenait en fief, le preneur ne devait
» aucun droit. » *Art 57.*

» Tout détenteur d'héritage tenu à CENS, était libre d'y renoncer. » *Art.* 120.

» Le CENS était divisible. *Art.* 129.

» Héritage baillé à CENS se pouvait bailler à autre CENS n'emportant pas
» seigneurie féodale. » Art. 131.

Dans le Berry, à Blois, et sous les coutumes de Dunois, de
Meaux, Melun et Sens. « Les fiefs étaient patrimoniaux; et pour céder,
» transporter et aliéner les choses tenues en fief, cens ou emphytéose , n'était
» besoin faire aucune dénonciation au seigneur féodal , censier ou emphytéo-
» tique , ne requérir sur ce leur consentement ou licence.

» Le seigneur féodal était tenu recevoir l'acquéreur des choses féodales , en
» foi et hommage , sitôt qu'il en était par lui requis , en payant SEULEMENT
» le droit de rachat. » *Art.* 3.

Le SEIGNEUR UTILE de terres tenues à CENS était le maître de les abandonner.

(54)

Dans plusieurs endroits, les héritages ont été amortis, et les seigneurs payés de leurs indemnités. Là, les cens et terrages sont fonciers.

A Romorantin. « Il y avait deux manières de cens, les uns à lods, » ventes et deffaux, le cas échéant, et les autres ne portent ventes ne deffaux. » *Art. 5 , chap. 3.*

A Soesmes. » Pour les héritages tenus en CENS, n'y avait ne lots ne » ventes, quand ils étaient vendus. *Art. 3.*

A Auxerre. » Tous héritages sont réputés et tenus pour francs et libres » de féodalité , s'il n'appert du contraire. *Art. 22.*

Idem à Chaumont-en-Bassigny , à Troyes et dans toute la Champagne, *pays de franc alleu*, ainsi que le Nivernois, le Bourbonnais.

Dans le Hainault. « Tous biens immeubles étaient réputés fiefs, si » par fait spécial n'apparaissait du contraire.

» Si un homme avait aucune terre en main ferme , c'est-à-dire FRANCHE , » et d'icelle voulait faire fief , il devait ladite terre rapporter en la main du » seigneur duquel il la tenait par vendition ou par don, puis après ledit » seigneur devait ladite terre rendre et rapporter en la main d'icelui à tenir » en foi et hommage de lui seigneur, et moyennant qu'il y eût relief fait » par l'héritier dudit au seigneur, l'héritage était de là en avant tenu » pour fief.

» La CENSE était un BAIL A LOUAGE. Le CENSIER était un FERMIER , TOUS » arrentemens , rentes foncières et héritières sur fonds et propriété d'héri- » tages, sortaient nature d'immeubles. Comme aussi faisaient les emphytéoses » et longues CENSES de 18 ans et AU DESSUS reconnues et réalisées pardevant « loi, autrement elles tenaient nature de meubles. »

Dans le Cambresis. « Fiefs cotiers tenaient nature des héritages » *main ferme.*

» Fief se pouvait aliéner à rente sans rachat , ou autrement, sans le consen- » tement du seigneur.

» Le vassal ne pouvait prescrire le droit de fief, EN CE QU'IL CONCERNE LA » SUPÉRIORITÉ ; mais il prescrivait en tant qu'il touchait rente ou redevance.

» Le seigneur d'un fief noble , ayant seigneurie, pouvait bailler à rente » sans rachat, jusqu'au tiers du gros de son fief, sans en faire dessaisine , ou

» devoirs

» devoirs de loi , parce que BAILLER OU PRENDRE A RENTE SANS RACHAT,
» CE N'ÉTAIT POINT TRANSFÉRER OU ACQUÉRIR DROIT DE PROPRIÉTÉ INCOM-
» MUTABLE EN AUCUNS HÉRITAGES.

» D'où, qui tient héritages ou terres en arrentement, il peut en jugement,
« partie présente ou appelée , y renoncer , en payant les arrérages du temps
» qu'IL LES A OCCUPÉS. »

Au pays de Luxembourg , à Thionville. « Par la coutume , les
» fiefs étaient réduits à la nature des biens patrimoniaux, et les vassaux les
» pouvaient veudre , aliéner, engager , hypothéquer , et autrement en dis-
» poser selon leur volonté , sans octroi du seigneur féodal.

Idem, à Metz et pays Messin. « Les censes, les layes à cense sont
» des rentes constituées à prix d'argent.

» TOUTES censes qui sont dues en argent, où il n'y a que possession sans
» titre, sont déclarées rachetables en monnaie coursable , a cinq pour cent ,
» et où les rentiers se vanteront de titres, sont tenus d'en faire apparoir
» dedans le premier délai qui leur sera baillé ; autrement , sont déclarées ra-
» chetables comme dessus. Et quant aux censes dues en grain , vin ou autres
» espèces, sont déclarées rachetables au prix que la justice ordonnera.

» Droictures seigneuriales sont préférées à toutes autres dettes , CENS ,
» redevances , etc.

» Terre prétendue feudale doit être reconnue ou prouvée telle par titre ,
» autrement elle sera tenue allœudiale.

» Les grains procédant des terres laissées à très-cens ou loyers , sont hypo-
» théqués au paiement des très-cens, loyers et autres dettes contractées
» pendant le bail ou location au profit du propriétaire.

» Tous CENS sont réputés rachetables au denier 20 , s'il n'appert du con-
» traire par titre.

» Layées à CENS pour toujours-mais, où par loyers pour 99 ans et au-
» dessous , faites et passées devant personnes publiques par gens d'église,
» chapitres et couvens , etc., sont bonnes et valables. »

A Verdun. « Un vassal donnait partie de son fief à titre de *cens*
» suffisant et raisonnable, eu égard à ce qui était laissé, dont il faisait les foi
» et hommage.

» Si, au cas de saisie de la part du seigneur, le vassal niait que le fief fût
» mouvant de lui, il le perdait , si le seigneur prouvait la mouvance. Mais

H

» terre de cens, quand lo détenteur niait le cens, il n'était point pour cela
» exposé à perdre la terre.

» Si les preneurs ou détenteurs des héritages emphytéosés ou ACCENSÉS ne
» payaient pas la charge ou pension par trois ans continuels, le SIEUR direct
» propriétaire les pouvait expulser desdits héritages. »

Dans le Vermandois, à Chaalons. « Tous héritages pouvaient
» être baillés à emphythéose, à CENS VIAGERS ou perpétuels. »

A Laon, à Rheims, à Noyon, il y a quantité de rentes
purement foncières qui ont été nommées CENS dans les titres.

A Saint-Quentin, à Ribemont, à Péronne, Montdidier,
Roye et Chaulin. « Les baux à *cens* n'étaient pas des baux irrévocables,
» la propriété du fonds restait au bailleur. Aussi, pour avoir baillé à *cens*,
» n'était due aucune chose au seigneur féodal.

Même sous les coutumes de Senlis, de Clermont en Beau-
voisis, et de Valois. « Le cens était presque toujours une charge réelle,
» une rente propriétaire. »

A Sedan, à Bouillon. « Souvent on appellait *cense* un bail tem-
» poraire, cens, une rente ordinaire. »

A Clermont en Argonne. « Le vassal pouvait donner à CENS, ferme
» ou pension, son fief, à qui bon lui semblait, à VIE, à TEMPS ou à toujours,
» en retenant en lui les foi et hommage ; toutefois advenant que le fief
» chéait au profit, le seigneur qui n'avait consenti ni inféodé ledit bail, était
» le maître de l'anéantir. »

A Lille, à Tournai, à Douai et à Orchies, quand un CENSIER
avait labouré la terre après sa *cense* expirée, il jouissait à
semblable titre de *cense*, trois ans en suivans et continuels, au
prix du bail précédent.

Le louager ou *censier* qui avait bâti sur l'héritage qu'il
tenait en *cense* ou louage, en était remboursé par l'héritier à
dire d'experts.

Un censier, comptant sa *cense* de neuf ans, avait en chacune royée de terre, trois dépouilles de blés, trois dépouilles d'avoines et trois ghèsquières.

Dans la Lorraine. « Le détenteur de l'immeuble *censable* par em-
» phytéose, accensement à longues années, comme de 100, un an moins,
» et au-dessous, ayant délaissé et manqué par trois ans, ou moins, de payer le
» *cens*, canon ou pension, de ce fait il est privable.

» Layée à *cens* pour toujours-mais ou par layée pour nonante-neuf ans et
» au-dessous, faites et passées par gens d'église devant justice, notaire ou
» tabellion, sont bonnes et valables.

» Tous cens sont rachetables au denier 20, cinq pour cent, s'il n'appert
» du contraire par titre.

» Héritage laissé à *cens* peut être renoncé pour le cens, en payant les
» termes échus.

» Tous cens et rentes foncières sous lesquels un héritage a été accensé,
» soit à perpétuité, soit à faculté de rachat, sont immeubles à qui ils sont
» dus jusqu'à ce que ledit rachat soit fait. »

Dans le Boulenois. « Chacun pouvait donner à CENSE ses héritages
» féodaux et cottiers, à tel qu'il lui plaisait, et était submis audit arrente-
» ment, tant le bailleur *qui était le seigneur féodal,* que le preneur et ses
» hoirs qui néanmoins avaient le droit de remettre, à leur gré, l'héritage
» accensé, pourvu qu'ils ne l'eussent point détérioré, et que le seigneur
» n'eût aucun fait spécial pour empêcher le délaissement.

Dans tout le Ponthieu. « Il loist à un chacun tenant fief noble ou
» arrière-fief, de bailler à CENS, pour tel prix, à telles personnes et par
» tant de parties que bon lui semblait, sans, pour ce, payer droits seigneu-
» riaux.

» Les possédans d'aucune chose cottière la baillaient aussi à CENS.

» Les héritages d'une femme étaient *accensés*, à ce faire, elle compa-
» rante devant justice. (*Art. XII du statut de marquenterre.*)

A Amiens. « Les tenanciers cottiers baillaient leurs héritages à CENS,
» comme les seigneurs et possesseurs de fiefs. »

Cet usage a été très-fréquent en Bourgogne, dans la Provence et dans le Languedoc.

Dans le Dauphiné, les *cens* sont allodiaux de leur nature.

Dans l'Artois. » Les advestures d'héritage baillé à *cense* étaient
» affectées au rendage , et fait LE SIEUR ET MAÎTRE dudit héritage à préférer
» d'être payé sur icelles, avant tous autres créanciers , APRÈS LE LABOUREUR
» PREMIÈREMENT PAYÉ.

» Nuls ou nulles ne peuvent vendre aucuns héritages baillés à *cense* durant
» ladite *cense* , si ce n'est par le gré de partie et *censier*.

» Que le fermier occupe la maison ou la *cense* louée. *Art. I*ᵉʳ*., baux à ferme.*

» Des *censes* en terres qui ne sont pas d'anciennes prairies à engraisser ,
» le *fermier* rompt les deux parties de trois et laisse l'autre tiers en prairie.

» On *accensait* les terres pour un certain nombre d'années , notamment
» pour trente-deux ans , moyennant une prestation *raisonnable* par an.

» Les fermiers des *censes* ne pouvaient sous-louer sans l'avis du pro-
» priétaire.

» Toutes les rentes foncières sont de pareille nature et condition que les
» héritages sur lesquels elles sont assises.

» Telle rente était dite *seigneuriale* ou premier CENS , uniquement parce
» qu'elle représentait telle portion de la terre *seigneuriale*. »

Aussi trouve-t-on dans les archives du clergé et des seigneurs
une immense quantité de titres, dans lesquels les mots *cens*
ou *seigneuriales* sont ajoutés jusqu'à des rentes viagères, à
des rentes rachetables, etc.

Tout ce que les ex-seigneurs ont perdu sur leurs terres, ils
l'ont perdu sur leurs rentes foncières. ELLES NE SONT PLUS
PRIVILÉGIÉES. *Quod dederat lex, lex abstulit.*

Mais purement foncières et non féodales, *de pareille nature
et condition que les héritages sur lesquels elles sont assises,*
les rentes qui sont le prix de terres ou maisons, quoique dites
seigneuriales, n'ont pas plus été enlevées à leurs légitimes propriétaires, que les maisons et les terres qu'ils possèdent toujours.

— Dans la Flandre. « Une *cense* était partout une métairie.
» Quiconque y avait une part, était, en cas de vente de l'autre part, rece-
» vable à en avoir le retrait.

» Lorsque quelqu'un a exploité quelqu'héritage à titre de *cens* pendant

» vingt ans ou plus , et que , pendant le cours de ce *cens*, il a bâti ou
» planté, le propriétaire doit le rembourser ou renouveller le *cens*. »

A Gand, Courtrai, Audenarde. « Les chefs-cens, surcens et autres
» anciennes rentes héréditaires non rachetables, séculières ou ecclésiastiques,
» sur aucunes maisons ou héritages-rotures, sont exécutoires en eux-mêmes,
» et leurs arrérages peuvent être recouvrés par saisie, par éviction et
» décret. »

Sous la coutume de Waes. « Les cens ou les rentes dits seigneu-
» riaux sont indistinctement ceux pour lesquels ou à charge desquels quelque
» bien , soit fief, soit héritage-roture , a été donné, ou ceux DONT L'ON
» EST DÉBITEUR EN RECONNAISSANCE DE QUELQUE DOMAINE DIRECT OU DE
» SUPÉRIORITÉ. *Art. II , chap. XI.* »

A Marchienne. « *Omnes census , reditus , perpetuœque pensiones ,*
» *redimi poterunt.*

» *Quoties census redimuntur, in quibus usus fructus ad alium pertinebat,*
» *potest PROPRIETARIUS eorum CENSUUM nummos repignoratorios sibi*
» *retinere ,* etc. »

A Bruxelles. « Pardevant les échevins de la ville se sont passés tous
» contrats légitimes , comme d'emphyteuse , des permutations, charges des
» biens , aliénations, comme aussi les locations perpétuelles, CENS et rentes,
» tant foncières, héréditaires, RÉDIMIBLES et irrédimibles , que viagères.

» La ville de Bruxelles avait le droit de lods au 60°. denier des ventes
» des maisons, fermes, CENS ou rentes , tant RÉDIMIBLES qu'irrédimibles.

» Les maisons de Dieu , maisons du St.-Esprit, serment, mestirs et autres
» colléges ne pouvaient aliéner, transporter, charger ou obliger aucuns biens,
» héritages , maisons ou constituer CENS irrédimibles ou rentes, sans l'agré-
» ment du magistrat de la ville.

» Un créditeur de rente ou CENS ayant diverses hypothèques obligées,
» appartenantes à plusieurs, n'était obligé d'admettre la division, mais
» pouvait s'adresser sur l'hypothèque entière pour le paiement des arrérages.

» Les lettres de constitution de rente étant démanuées, il était permis aux
» créditeurs de rente ou CENS, de faire autoriser leurs partages, transports
» ou autres manimens authentiques passés ou approuvés des archives de
» la ville.

» Les fermes perpétuelles, CENS ou rentes anciennement acquises à prix

» d'argent, au profit des monastères, maisons de Dieu, églises ou autres
» lieux spirituels, pouvaient être rédimés, savoir...... les *cens* ou rentes
» perpétuelles au denier 18 suivant le statut du 13 avril 1440.

» Quand quelqu'un vendait des cens ou rentes irrédimibles hypothéqués
» sur des maisons ou fonds de terre, le propriétaire de ces maisons ou terres
» pouvait les mêmes cens ou rentes vendus, retenir par forme de retrait,
» et les rédimer, ou autrement par transport, assurer l'achat pour le même
» prix que lesdits cens ou rentes étaient vendus à autre. »

A Namur. « Les baux à ferme étaient aussi nommés *censes.*

Au pays de Liége, le nom de *cens* a été donné aux rentes
foncières et aux rentes constituées à prix d'argent. Le statut
du 16 septembre 1589, porte, art. 13. « Doresnavant ne se pour-
» ront acheter ou constituer cens ou rente pour prix d'argent, en or ou
» argent, au-dessous du denier quinze.

Voici l'art. 8. « Tous cens et rentes seront rachetables pour le prix
» de leur originelle constitution, et en payant le canon à la rate du temps
» nonobstant paction contraire. »

» Mais ce qu'il importe le plus de remarquer ici, c'est que,
» dans plusieurs contrées, *même de nos jours*, la dénomination
» de *cens* était commune à la rente seigneuriale, au canon
» emphytéotique et à la rente foncière.

» Témoin ce passage de Bernard Martin sur la jurisprudence
» du Parlement de Dijon : *Encore fait-on au Palais trois*
» *divers degrés entre les censes, savoir : celles dues en justice*
» *et seigneurie ; celles dues à titre d'emphytéose, et les*
» *simples rentes foncières, pour dire que les premières ne*
» *sont nullement prescriptibles, parce que* DEBENTUR IN
» SIGNUM SUPERIORITATIS ET REVERENTIÆ; *les secondes*
» *sont prescriptibles, mais non par un espace moindre de*
» 100 *ans, parce que* DEBENTUR IN RECOGNITIONEM DOMINII
» DIRECTI, *ainsi jugé au rapport de feu Demilières. Les*

» *autres sont prescriptibles par* 3o *ou* 4o *ans ,* ETIAM QUOAD
» JUS IPSUM censûs, SEU reditûs FUNDIARII.

» Et c'est parce que Dumoulin était bien instruit de ces accep-
» tions variées du mot *cens* , que , dans son commentaire sur
» la coutume de Paris, préface du titre des *cens* , n°. 13, il
» n'hésite pas à dire que la qualification de *cens* donnée dans
» un acte à une rente , à une redevance , n'est pas une preuve
» que cette prestation soit seigneuriale, et qu'il faut pour cela
» qu'il apparaisse, par d'autres circonstances, qu'elle se paye en
» signe de subordination féodale : *undè cùm* CENSUS *præstatio*
» *tanquàm æquivocum ad plura se habere possit , non conclu-*
» *dit ad aliquod certum,* NEC PROBAT SUBJECTIONEM *vel aliud,*
» *nisi aliter probetur , nec de causâ specificâ solvendi appa-*
» *reat.* » M. MERLIN , *Questions de droit,* tome 7, pages
662 et 663.

La directe elle - même *non concludit ad aliquod certum*
nec probat subjectionem.

« Ne sait-on pas , DIT M. MERLIN , que les jurisconsultes ont
» toujours reconnu deux sortes de directes, LA DIRECTE SEI-
» GNEURIALE et la DIRECTE EMPHYTÉOTIQUE ? Dunod en a fait
» expressément la remarque dans son traité des prescriptions ,
» partie 3, chap. 10. Nous devons ajouter que, quoique la pre-
» mière de ces directes ait été abolie avec la féodalité qui en
» était la source, la seconde subsiste encore et subsistera tant
» que la loi civile n'ôtera pas au propriétaire d'un héritage
» franc et libre la faculté d'en concéder le domaine utile , à
» la charge d'une redevance annuelle recognitive du domaine
» direct qu'il retient pardevers lui ; c'est-à-dire, qu'elle subsistera
» toujours. » M. MERLIN , *les* 26 *pluviôse an* 11 *et* 19
nivôse an 12.

— « Le seigneur féodal peut se jouer de son fief ; il peut
» en donner une partie en arrière-fief. Le preneur à emphy-
» téose peut céder à la même charge le fonds emphytéotique.
» Il paraît donc que le censitaire doit jouir du même privilége,
» et qu'il peut donner le fonds censuel à la charge, envers lui,
» d'un cens seigneurial.

» Cette conséquence, toute naturelle qu'elle paraît, est cepen-
» dant rejettée par les auteurs, et avec raison.

» Les coutumes donnent au seigneur une permission expresse
» de se jouer de son fief, et elles défendent, au moins tacite-
» ment, au censitaire de se jouer du fonds censuel. Il est vrai
» que l'emphytéote peut donner à emphytéose ; mais les auteurs
» s'accordent à dire que la seconde concession n'a pas les mêmes
» prérogatives que la première ; en sorte que ce n'est autre chose
» qu'une rente foncière établie sous la dénomination de *canon*
» *emphytéotique*. Or, il est permis au censitaire d'en faire autant.
» Il peut donner le fonds censuel à la charge d'une rente fon-
» cière envers lui, mais cette rente ne sera pas seigneuriale....
» S'il arrive que le censitaire ignorant ses droits ou voulant en
» franchir les bornes, cède l'héritage qu'il tient à cens, à la
» charge expresse d'une rente seigneuriale envers lui, l'aliéna-
» tion sera valable, parce qu'il peut disposer d'un fonds patri-
» monial ; mais la rente qualifiée seigneuriale envers lui, sera
» réduite aux termes d'une simple rente foncière.

» Encore un mot. Le censitaire est sur la dernière ligne de
» la dépendance féodale, et il ne dépend pas de lui d'en étendre
» les limites ; d'ailleurs, le même héritage ne saurait être tenu
» en censive de deux seigneurs différens.

» Enfin, il est contre l'ordre naturel des choses d'établir des
droits

» droits seigneuriaux sur un fonds roturier ». HENRION, article *cens*, Répertoire de Jurisprudence, parag. 8.

On avait objecté que la règle générale du droit français : *cens sur cens n'a point lieu. Ceux qui tiennent déjà des héritages sous la directe seigneurie d'un autre, ne peuvent en établir une seconde à leur profit,* était restreinte à l'intérêt du seigneur qui, le premier, avait concédé à *cens*, et que, tant que ce seigneur ne se plaignait pas, le bail à *cens* subsistait entre le premier censitaire et celui à qui il a donné un *arrière-cens*.

« Nous ne craignons pas de dire, *a répondu M. Merlin,* que
» cette interprétation choque les premières notions de la matière.

» Certes, le silence du premier seigneur censier ne peut pas
» changer l'essence des choses ; il ne peut pas attribuer au pre-
» mier censitaire le droit de s'ériger en seigneur ; il ne peut pas
» lui conférer la puissance de convertir sa censive en fief ou en
» aleu ; il ne peut pas l'investir d'un domaine direct qu'il n'a
» pas et qu'il lui est impossible d'acquérir, tant que ce domaine
» repose sur la tête du premier seigneur censier.

» *Le seigneur censier gardant le silence,* le bail à cens fait
» par le censitaire, avait son exécution ; mais le cens était une
» simple rente.

» Pour avoir le droit d'imposer sur un immeuble une rede-
» vance censuelle et seigneuriale, il ne suffit pas d'en être pro-
» priétaire, il faut avoir cette propriété à titre de seigneurie.

» Il faut distinguer deux espèces de domaine direct, l'un
» particulier et privé, l'autre public et seigneurial.

» .... Il ne reste entre les mains du bailleur à emphytéose que
» la directe privée ; et le contrat d'accensement doit emporter
» la rétention de directe seigneuriale et publique : c'est cette di-
» recte seigneuriale qui en constitue l'essence.

I

» On ne peut retenir sur un immeuble, que ce que l'on y pos-
» sède. Pour retenir la seigneurie il faut donc l'avoir. On ne peut
» donc donner à *cens seigneurial*, que les héritages que l'on
» possède à titre de seigneurie.

» Le cens, un droit seigneurial, *tel qu'il soit*, est une pres-
» tation honorifique ; mais comment serait-il possible de réser-
» ver un droit honorifique sur un héritage dépourvu de toute
» espèce de prérogative ?

» Pour pouvoir communiquer ou se réserver la puissance féo-
» dale, il faut en être investi. » HENRION.

« Il est impossible de résister aux argumens qui justifient
» sa doctrine. » M. MERLIN, *le 19 nivôse an 12.*

— « Les gens des trois états de notre pays de Provence nous auraient fait
» représenter que l'usage du droit écrit aurait donné lieu à une sorte d'em-
« phytéose, par laquelle les propriétaires de terres en franc alleu rôturier,
» en cédant la propriété utile desdites terres, s'en réservent la propriété
» foncière, et n'en font l'aliénation qu'à la charge de redevances, de droits
» de lods et ventes en cas de mutation, du droit de prélation ou de retrait,
» et quelquefois même à la charge de foi et hommage; en sorte qu'il paraîtrait
» en résulter une espèce de directe ayant la plupart des attributs des fiefs,
» ce qui les aurait fait qualifier *abusivement* dans les actes, de fiefs, de
« directes nobles et féodales et de seigneuries :
» Leur nature ne peut cependant être douteuse, puisqu'à *nous seuls*
» *appartient le droit d'annoblir tant les choses que les personnes.*
» A ces causes, etc. :

Art. 1er. » Les redevances créées pour la concession de terres et héritages
» tenus en franc alleu rôturier, dans notre pays de Provence, ne pourront,
» en aucun cas, être qualifiées de directes nobles et féodales, de fiefs et
» seigneuries; encore que, par les contrats, les bailleurs se réservent des
» droits de lods et ventes, et que lesdits contrats contiennent stipulation
» du droit de prélation ou de retrait. Défendons à tous notaires......

Art. II. » *Les qualifications* énoncées dans l'article précédent, et qui
» auraient été données par des contrats antérieurs à notre présente décla-

« ration, aux redevances emphytéotiques stipulées par lesdits contrats,
» *seront regardées comme nulles*, ainsi que les réserves de foi et hommage
» qui y seraient exprimées, et *ne pourront lesdites qualifications et réserves*
» *changer la nature desdites redevances et celle des héritages qui en sont*
» *l'objet*. Défendons, etc...... Déclaration de Louis XV, du 2 janvier
» 1769, enregistrée au parlement d'Aix le 11 mars suivant.

» Cette déclaration, quoique donnée seulement pour la ci-devant Provence,
» n'est pas moins applicable à tous les pays do franc alleu : Car ce n'est pas
» sur des statuts ou des usages particuliers a la ci-devant Pro-
» vence, qu'elle fonde sa disposition, elle la fonde sur les principes généraux
» de la matière, et ces principes sont les mêmes partout.

» Disons donc qu'avant l'abolition du régime féodal, le propriétaire d'un
» franc alleu roturier ne pouvait le concéder ni en fief ni à cens seigneurial.

» Disons, par une conséquence nécessaire, que si, de fait, ce propriétaire
» a concédé son bien en fief ou à cens seigneurial, il ne l'a réellement ni
» inféodé ni accensé; et par une conséquence ultérieure que la rente qua-
» lifiée seigneuriale qu'il s'est réservée, n'a pas été abolie par la loi du 17
« juillet 1793. » M. Merlin, à l'audience de la Cour de Cassation, ledit
jour 19 nivose an 12.

— Quand la qualification de *seigneuriales* donnée à des rentes
était contraire à la nature de ces mêmes rentes et au droit public
de la province, elle est nulle. « Les particuliers, décide la loi
» 27 *de regulis juris*, ne peuvent, par aucune convention,
» altérer ni changer le droit prétorien ou le droit civil, en ce
» qui regarde la forme essentielle des contrats et des autres
» dispositions. *non ex prætorio, nec ex solemni jure, priva-*
» *torum conventione, quidquam immutandum est.* »

Cette règle est répandue partout. Elle a été de nouveau con-
sacrée par la loi du 14 ventôse an 12, faisant partie du code
civil : « *On ne peut déroger, par des conventions particu-*
» *lières, aux lois qui intéressent l'ordre public.* »

— Dans les coutumes qui assujétissaient tous les héritages à
un cens déterminé par quartier, arpent, acre ou autre mesure, il

n'y a point de rentes foncières mélangées de féodalité, parce que, fussent-elles dites *foncières et seigneuriales*, *foncières*, *nobles et féodales*, *foncières et directes*, *cens foncier et impres-criptible*, elles n'emportaient pas reconnaissance de la seigneurie. Il n'y avait point cumul de la rente avec le cens, dans le titre primordial de la concession du fonds, *puisque le cens véritable*, c'est-à-dire, *le cens seigneurial*, *était coutumier*, les stipulations féodales n'étaient jamais que l'écho des lois féodales.

C'est la même chose dans tous les pays où il ne fallait au propriétaire de fief que sa qualité de seigneur féodal pour exiger le cens seigneurial, dans l'étendue de sa seigneurie. *Arréts du Parlement de Paris*, *des* 12 *septembre* 1746 *et* 28 *août* 1776.

« Quoique l'héritage soit donné à cens et à rente par le
» même contrat, la rente n'est cependant pas de la même qua-
» lité que le cens. La rente se purgeait par le décret ; au lieu que
» le *cens seigneurial* était imprescriptible dans la quotité fixée
» par la coutume. » DENISART.

— Enfin, dans toutes les provinces où régnait la maxime, *nulle terre sans seigneur*, les rentes foncières ne sont pas établies par des titres *constitutifs de redevances seigneuriales et droits féodaux*.

La désignation de la seigneurie dont relevaient les fonds a également été employée dans les contrats ordinaires, et pour le même objet, celui d'indiquer au preneur, à qui il paierait les droits et envers qui il satisferait aux devoirs *imposés par la loi*.

Les rentes étaient des accidens, elles ne participaient point de la nature de la seigneurie ; elles ne marquaient point la directe ; elles n'en étaient point recognitives ; elles n'emportaient point les lods et ventes aux mutations. Le droit d'appel au gage-pleige et celui de lever des amendes étaient exclusivement attachés à la justice et au droit de fief.

Bref, les rentes de nature foncière non féodale étaient dans le commerce. LES RENTES FONCIÈRES FÉODALES N'Y ÉTAIENT PAS.

Toute rente foncière dite seigneuriale n'était point effectivement seigneuriale, si elle a pu être vendue à tout tiers indistinctement ;

Si elle a été créée rachetable ;

Si le cessionnaire, eût-il été lui-même possesseur de fief, ne pouvait jouir des droits attribués au seigneur du fonds, ni les emprunter ;

Si, pour lui, les voies du recouvrement et de la reconnaissance étaient celles ouvertes aux créanciers ordinaires ;

Si, dans sa main, échue à partage, décretée, ou clamée, elle suivait le sort des biens roturiers, sans mélange de nobilité.

Enfin, si les seigneurs ne pouvaient l'exiger qu'au titre d'une stipulation *régie par le droit commun*, dans le contrat d'aliénation, et par une conséquence nécessaire, si la rente était sujette à prescription.

Là est la démonstration qu'elles ne sont point supprimées, et que les débiteurs ne peuvent se dispenser de les acquitter.

— Ouvrage du comité de législation qui était composé de jurisconsultes non moins éclairés que MM. Cellier, Gervaise, Douet - d'Arcy, Terrasson, de la Monnaie et Cochin, les art. Iᵉʳ. et II de la loi du 17 juillet 1793, *quant à la définition des rentes seigneuriales et de celles purement foncières*, ont pour base les principes développés dans l'acte que voici :

« Par devant les conseillers du roi, notaires au châtelet de
» Paris, etc.

» Furent présens..... tous chanoines de l'église de Paris,
» d'une part ;

» Et.... tous prêtres de la congrégation de la mission,
» maison de Saint-Lazare.... d'autre part;

» Lesquels ont dit...., qu'un combat de fief, etc., ...
» pourquoi désirant terminer à l'amiable, et entretenir l'esprit
» de paix..... de l'avis de MM. Cellier, Gervaise, et Douet-
» d'Arcy, avocats au parlement, conseils du chapitre, et de
» l'avis de MM. Terrasson, de la Monnaie et Cochin, avocats
» au parlement, conseils de la maison St.-Lazare........ »

Art. VII. « A compter de la date des présentes, les tiers-
» censitaires de la seigneurie du cens commun, et de là seigneurie
» de St.-Lazare, seront tenus de reconnaître et servir celle
» desdites deux seigneuries à laquelle ils appartiennent dans
» l'ordre des présentes.....

Art. VIII. » Les rentes *purement foncières*, représentatives
» du seul domaine utile, qui se trouveront dues par les maisons,
» terres et héritages de l'une ou de l'autre seigneurie, conti-
» nueront d'appartenir à celui des deux seigneurs, au profit
» duquel elles ont été créées ou reconnues......

» Et voulant les parties prévenir toutes les difficultés que pour-
» rait occasionner par la suite, la différence des expressions
» des titres portant établissement ou déclaration de cens et rentes
» sur lesdites maisons, terres et héritages, elles reconnaissent,
» 1°. que si, par les titres constitutifs ou recognitifs, le même
» immeuble est tenu sous deux redevances dont l'une porte le
» nom de cens, celui de fond de terre, ou autre nom semblable,
» et l'autre redevance, ceux de rente, de croît de cens,
» de bail d'héritage, ou charges équipollentes, audit cas la
» redevance portant les noms de *cens, fonds de terre, ou autres*

(69)

» *de ce genre*, appartient au seigneur de la circonscription
» dans laquelle cet immeuble est assis, et forme pour ce
» seigneur *le cens vraiment seigneurial* dans lequel tous les
» droits de la directe sont essentiellement renfermés, la
» seconde desdites redevances appartenant au propriétaire du
» domaine utile *pour qui elle ne représente que cette espèce*
» *de domaine*, ENCORE QU'ELLE AIT ÉTÉ QUALIFIÉE SEIGNEU-
» RIALE.

» 2°. Que si les titres constitutifs ou recognitifs ne chargent
» le même objet que d'une seule redevance, sur laquelle le
» nom de cens ou autre semblable, et de plus celui de rente
» ou autre semblable aient été cumulés, sans distinguer le cens
» de la rente, audit cas sur ladite redevance il sera prélevé
» 8 deniers parisis par arpent, lesquels formeront le cens
» seigneurial appartenant au seigneur de la circonscription,
» avec tous les accessoires de la directe, le surplus de ladite
» redevance continuant d'appartenir au seigneur pour lequel
» ladite redevance avait été créée ou reconnue, mais sans qu'il
» puisse jouir de ce surplus, *autrement que sous le rapport d'une*
» *rente pure foncière, uniquement indicative du domaine*
» *utile*, ce qui aura lieu, même dans le cas où les titres de
» cette redevance l'auraient annoncée comme emportant *directe*
» *seigneurie*.

» 3°. Que si les titres constitutifs ou recognitifs n'assu-
» jettissent l'immeuble qu'à une seule redevance, en la qualifiant
» *cens, fonds de terre,* ou devoir semblable, sans addition
» d'aucun terme qui caractérise la rente, audit cas ladite
» redevance seule et unique, quelque forte qu'en soit la quotité,
» ne vaut que pour cens seigneurial emportant tous droits de

» directe, et appartient en entier au seigneur de la circons-
» cription qui renferme l'immeuble chargé de cette redevance.

Art. XVIII et dernier. » Tout ce que dessus a été convenu,
» agréé et rédigé en présence et de l'avis de MM. Cellier,
» Gervaise, Douet - d'Arcy, Terrasson, de la Monnaye et
» Cochin, avocats, conseils des parties, qui ont signé avec
» elles, ce 21 mars 1768. . . . . »

Tels étaient les principes en fait de féodalité. Ils n'étaient
point particuliers à Paris ; on les retrouve les mêmes dans toutes
les coutumes. Toute la différence est dans les termes qui les
expriment.

Le premier point de la déclaration que M. Charlier proposa,
le 2 octobre 1793, était donc inutile et surabondant, quant
aux rentes dans lesquelles le féodal et le foncier étaient séparés,
soit d'après les titres, soit d'après la coutume.

Et il renversait les principes, quant aux rentes qui avaient
par leur nature appartenu EN ENTIER au seigneur de la circonscription de l'héritage, rentes dont la proscription est prononcée par les titres primordiaux mêmes, puisqu'ils démontrent
qu'elles tenaient DE LA NATURE des redevances féodales ou
censuelles.

Ce fut la considération que, depuis la suppression de la
féodalité, les titres primordiaux *des rentes seigneuriales et des
droits féodaux et censuels* prouvaient contre les ex-seigneurs,
qui avait porté l'Assemblée constituante à les dispenser d'en
faire la représentation.

Le décret du 25 août 1792, en l'ordonnant, a été le précur-
seur immédiat de la loi du 17 juillet 1793. IL L'A RENDUE
NÉCESSAIRE.

Par cette loi, la Convention nationale a dû entendre,
comme

comme, en effet, elle a entendu , *dans la rigueur des principes généralement reçus en matière féodale* , supprimer les rentes foncières qui avaient été créées, même PAR concession du fonds , avec mélange de cens ou autre signe de seigneurie ou féodalité.

Ce n'est pas qu'elle n'ait toujours reconnu la justice de ne point faire perdre aux ex-seigneurs celles de leurs rentes foncières qui étaient identifiées avec le cens ou autre signe de seigneurie ou féodalité.

A ses yeux, le prix des *héritages,* qui ont été acensés ou inféodés, soit à rente foncière et seigneuriale *emportant cens*, *lods et ventes ,* soit à une redevance unique *également appartenante en entier au seigneur de la circonscription qui renfermait l'immeuble chargé de cette redevance* , n'a point cessé d'être une propriété non moins légitime, non moins sacrée que celle des héritages qui n'ont été cédés qu'à rente foncière, *sans mélange , sans tache* de féodalité, c'est-à-dire, à rente foncière établie par une clause DISTINCTE ET SÉPARÉE du cens ou autre signe de seigneurie.

Il n'a pu en être autrement, puisque la loi ancienne avait permis les cessions de propriété, à rente seigneuriale, à rente foncière et seigneuriale, et que L'EFFET RÉTROACTIF DONNÉ A LA LOI NOUVELLE SERAIT UN CRIME. *Constitution de* 1793 *et loi du* 21 *thermidor an* 2 *, n°.* 199, *Bulletin* 35.

La permission, *il est vrai*, n'avait été donnée que par privilége, pour l'avantage particulier des possesseurs de fiefs. Mais un propriétaire ne doit pas être privé de sa propriété, parce qu'il aura profité d'une loi qui lui était favorable. *Non debet in odium alicujus retorqueri quod in favorem ejus introductum est* (*).

(*) Il importe autant aux débiteurs mêmes qu'aux propriétaires des rentes, que tout ce qui est principe soit suivi , car *hodiè mihi, cras tibi.*

K

Le comité de législation comptait parmi ses membres,
S. A. S. le prince Cambacérès, archichancelier de l'Empire;
M. Porcher, sénateur; MM. les conseillers-d'état, Merlin, pro-
cureur général impérial en la Cour de cassation; Berlier,
Treilhard; MM. Pons de Verdun, Bezard, Oudot, la Coste,
Guyot, Bar, Mailhe, Laloi.

M. Cambacérès, son président, a présenté sa doctrine, quand
il a dit : « *Le respect des obligations entre particuliers se
lie essentiellement à la morale. Si vous voulez, représentans
du peuple, que ceux qui ont eu confiance dans les lois existantes et ont stipulé de bonne foi, soient trompés; si vous
voulez qu'on ABUSE de la faveur accordée par une loi nouvelle, pour rompre ses engagemens, dès lors, par l'effet même
de la législation, vous travaillez à démoraliser le peuple.
Croyez, je vous le répète, qu'A LA STABILITÉ DES CONVEN-
TIONS EST ATTACHÉE LA STABILITÉ DE L'ÉTAT. Non, il ne peut
être permis de ruiner les particuliers qui ont eu confiance dans
les lois existantes précédemment..... Il ne s'agit point de
se déterminer par des considérations qu'on ne cesse pas de
mettre en avant, et qui cependant, par des moyens lents,
mais assurés, ne tendent qu'à détruire le crédit public.
Désabusez-vous, représentans, si vous croyez que l'intérêt de
la nation peut être longtemps divisé des intérêts des citoyens.
Il est nécessaire de ne jamais perdre de vue que la fortune
publique se compose des fortunes particulières, et qu'en
anéantissant ces dernières par des lois désastreuses, obtenues
tantôt sous un prétexte, tantôt sous un autre, on ruine la
fortune publique.* »

« Un mouvement unanime d'adhésion, *porte le procès-*

» *verbal,* éclate dans l'assemblée. » *Séance du Conseil des cinq cents , du* 3 *messidor an* 4.

Le même principe de justice indestructible a été proclamé et développé, *à la tribune du Conseil des anciens, le* 12 *vendémiaire an* 6*,* par la commission composée de MM. REGNIER, *aujourd'hui S. E. le grand juge, ministre de la justice;* TRONCHET, *depuis premier président de la Cour de cassation, et décédé sénateur;* VERNIER, *sénateur;* MALLEVILLE, *sénateur, ancien président de la Cour de cassation ;* GOUPIL - PRÉFELN , *tribun ;* MAUPETIT et PICAULT, *par l'organe de M. Tronchet,* en ces termes :

« Dans presque toutes les controverses, il arrive presque toujours que c'est faute de s'entendre que l'on n'est point d'accord, et que si l'on ne s'entend pas, *c'est parce que l'on dispute sur les mots plus que sur les choses.* Cependant les mots ne sont faits que pour désigner les choses, et la première règle de logique est de bien définir les termes sur lesquels on fonde une argumentation.

» Voyons donc ce que signifie ce terme de *suppression du régime féodal.*

» Le régime féodal présentait dans sa substance un contrat exprès ou présumé entre deux parties : je dis un contrat exprès ou présumé; il était exprès, quand l'acte primitif d'inféodation existait; il pouvait être regardé comme simplement présumé, quand un certain nombre d'actes recognitifs supposaient et suppléaient le contrat primitif qui se trouvait détruit par la faulx du temps.

» Lorsque je dis que le régime féodal contenait un contrat, je ne parle que de la tenure en fief ou en censive. Je laisse de côté le droit de justice, droit qui était indépendant du fief, existant souvent avec le fief, mais souvent étranger au fief, droit qui ne dérivait d'aucune convention , mais d'une usurpation évidente sur la puissance publique , ou d'une concession abusive faite par la puissance publique.

» Le contrat que renfermait le régime féodal se réduisait à une aliénation d'un fonds, qui était faite à perpétuité, par l'une des parties à l'autre, sous certaines charges et conditions : ces charges et ces conditions étaient de deux espèces.

» Dans la première classe, on voyait des distinctions honorifiques , une supériorité et une puissance d'un citoyen sur un autre ; une foi et un hommage portés à un prétendu seigneur, et dans une posture avilissante ; des services personnels dus par un inférieur à son supérieur ; des voies de contrainte extraordinaires et vexatoires attachées à un droit utile , qui ne devait pas être distingué des droits utiles ordinaires ; un droit de retrait et de prélation contraire à la nature même du contrat, qui avait contenu une aliénation du fonds à titre perpétuel ; une garde seigneuriale et un déport de minorité , qui violait le droit de propriété du mineur ; dans certains pays, non-seulement une servitude, qui ne pouvait dériver d'aucune convention légitime, mais une servitude réelle et mixte qui affectait tout à la fois la personne et les biens, et les biens mêmes qui n'étaient point sortis originairement de la main du seigneur ; une servitude réelle qui emportait les droits odieux d'échute et la suite du corps même de l'homme soumis à cette servitude ; une foule d'autres droits inventés sous des noms barbares , et dont l'effet était aussi odieux qu'étrange, et variés dans leurs dénominations.

» A côté de ces droits intolérables , on trouvait des droits utiles, fixes ou casuels, des redevances et prestations annuelles, qui représentaient dans la main de celui qui se les était réservés, les fonds qu'il avait concédés, et qui avaient formé le titre primitif de l'aliénation.

» La raison et la justice traçaient la ligne de démarcation que leur nature même tirait entre ces deux espèces de droits.

» Les premiers étaient contraires aux droits primitifs et inaliénables de l'homme, à la liberté naturelle, à l'égalité qui doit régner entre tous les citoyens d'un même corps social; ils étaient contraires à l'ordre de tout bon gouvernement , qui ne peut reconnaître qu'une seule puissance, celle de la loi, laquelle ne peut être exercée que par ceux auxquels elle confie son exécution.

» Voilà les droits iniques, absurdes , intolérables, que l'Assemblée nationale a frappés de la foudre légale; voilà les effets du régime féodal que sans doute on ne verra jamais reparaître.

» *Mais les droits utiles de la seconde classe n'étaient que le prix légitime de l'aliénation d'un fonds , réservé par le propriétaire.*

» Purgés de tous les accessoires odieux qui les infectaient, ils n'étaient plus que de simples redevances foncières , représentatives de la propriété aliénée : il n'existait plus aucune espèce de différence entre ces prestations et les redevances foncières ordinaires, DONT JAMAIS PERSONNE NE S'EST AVISÉ DE PROPOSER LA SUPPRESSION, et de décharger purement et simplement le détenteur du fonds qui en était grevé.

» La loi n'a point cru que la suppression du régime féodal dût entraîner la destruction du contrat féodal, quant aux droits respectifs de propriété qui en résultaient.

» Je dis *quant aux droits respectifs de propriété qui en*

résultaient. En effet, et c'est ce qu'il est bien important d'observer, sur quoi a été fondé le rachat des *droits utiles* et fonciers que les lois ont permis au détenteur du fonds.

» Si ce rachat a été permis, ce n'est pas qu'il fût une conséquence nécessaire de la suppression du régime féodal : ce rachat n'a été qu'une suite de la loi générale contenue dans l'art. VI du décret de 1789. Dès lors que les simples rentes foncières avaient été déclarées rachetables, les *prestations* utiles dues aux ci-devant seigneurs, réduites à la simple qualité de redevances foncières, devenaient nécessairement soumises au même rachat.

» La suppression du régime féodal, *bien clairement définie*, n'a consisté qu'à purger le contrat féodal de toutes les charges et les conditions que la raison et l'intérêt public repoussaient, en respectant au fonds le droit de propriété, et en réduisant tout l'effet de ce contrat à celui d'un simple arrentement soumis à la loi générale du rachat, commune à tous les contrats.

» Je vais plus loin, et je dis que, quand le contrat existerait encore dans son état primitif, on n'aurait pas pu attacher à la suppression de la féodalité la conséquence qu'on en a tirée.

» Le contrat féodal, soit à titre de fief, soit à titre d'acensement, emportait, de la part du ci-devant seigneur, une aliénation à titre perpétuel du fonds, au profit du vassal et du censitaire, sous la seule condition de prestations fixes ou casuelles auxquelles se réduisait le bailleur.

» Ainsi, dans le contrat féodal, on trouvait, d'un côté, une propriété du fonds irrévocablement transférée au preneur ; mais, d'un autre côté, l'ancien droit de propriété du bailleur restreint à perpétuité, à de simples prestations, ou annuelles ou casuelles.

» Je répète maintenant, qu'au moment où le contrat a été purgé de tous les accessoires qui blessaient les droits naturels de

l'homme et l'ordre social , les *prestations* réservées par le bailleur ne devenaient plus que de simples redevances foncières, et
rentraient de plein droit sous la loi générale , qui avait déclaré
les rentes foncières rachetables.

» Cette loi ne blessait en rien le droit de propriété; elle ne
donnait point au possesseur une nouvelle propriété; il la tenait
de la convention et du contrat : elle ne privait point le bailleur
de son droit de propriété, puisqu'elle ne faisait cesser ce droit
que par un remboursement égal à sa valeur.

» Le rachat des rentes et *prestations* seigneuriales, comme
de celles qui avaient toujours été purement foncières , était donc
fondé sur ce principe unique que le preneur avait reçu un droit
perpétuel à la propriété du fonds, et que le bailleur n'avait retenu
qu'une redevance appréciable en argent , et dont on pouvait lui
rendre la valeur.

» . . . . *La loi peut bien annuler un contrat qui lui
paraît contraire à l'ordre public; mais* ALORS ELLE N'AN-
NULE ET NE PEUT ANNULER L'ACTE QU'EN REMETTANT
LES PARTIES AU MÊME ÉTAT OU ELLES ÉTAIENT AVANT, ET
EN LES RÉTABLISSANT DANS LEURS DROITS ANTÉRIEURS. »

M. le sénateur Vernier a ajouté : « On a aboli avec raison
les droits féodaux. *Mais il serait aussi absurde que révoltant
d'en conclure qu'il faut dépouiller un propriétaire , et considérer comme un droit féodal la redevance ou la somme
représentative de sa propriété.*

» Toute la conséquence de l'abolition des droits féodaux est
qu'il faut les supprimer dans tous les actes où ils se trouvent.

» Les droits *qui ne pouvaient appartenir qu'aux fiefs* , étant
supprimés, ils cessent d'être dus. Que conclure de là ? Il n'en
résultera jamais qu'ils dénaturent le bail dont ils n'étaient que

l'accessoire. OSERAIT-ON DIRE QU'IL FAUT VIOLER LA FOI DES CONVENTIONS, POUR LE PLAISIR D'ENRICHIR LES DÉBITEURS, ET DE SATISFAIRE A LEUR AMBITIEUSE CUPIDITÉ ? »

Écoutons aussi, *à la séance du Tribunat, le 27 ventose an 8,* M. CHABOT *de l'Allier*, aujourd'hui commandant de la légion d'honneur, inspecteur général des écoles de droit : « Quel pré-
» texte, au surplus, pourrait - on alléguer pour dispenser un
» acquéreur d'acquitter le prix de la vente qui lui a été con-
» sentie, et cependant le maintenir dans la propriété de l'objet
» vendu ? Où est donc le principe qui peut autoriser un Corps
» législatif, une nation même, à gratifier ainsi l'acquéreur au
» préjudice du vendeur ? La nation n'a pas le droit de disposer
» des propriétés d'un particulier au profit d'un autre ; elle n'a de
» droit sur les propriétés privées, que pour le service public.

» La loi ne peut être que l'application, que la conséquence,
» le développement des principes de justice.

» La justice oblige les nations, comme les individus : les nations
» n'ont pas, plus que les individus, le droit de faire des actes
» injustes ; les nations ne peuvent donc pas, plus que les individus,
» disposer des propriétés d'un homme au profit d'un autre.

» Si la loi anéantit les conditions et le prix d'une vente,
» alors, comme l'acquéreur est déchargé de ces conditions et
» du paiement du prix, le vendeur rentre de droit dans la
» propriété de l'objet aliéné ; car il est de principe, que là où il
» n'y a pas de prix, il n'y a pas de vente. »

—Revenant à la Convention nationale, souvenons-nous qu'à la fête du 10 août 1793, elle fit retentir toutes les villes, toutes les campagnes, des vérités suivantes :

Le Gouvernement est institué pour garantir à l'homme la jouissance de ses droits naturels et imprescriptibles.

Les

Les droits sont *l'égalité , la liberté , la sûreté , la propriété.*

La loi est la même pour *tous* , soit qu'elle protége , soit qu'elle punisse ; elle ne peut ordonner que *ce qui est juste* et utile à la société : elle ne peut défendre que ce qui lui est nuisible. *L'effet rétroactif donné à la loi serait un crime.*

Tous les hommes sont égaux ... devant la loi. La liberté est le pouvoir qui appartient à l'homme de faire tout *ce qui ne nuit pas aux droits d'autrui.*

La sûreté consiste dans la protection accordée par la société à *chacun* de ses membres pour la conservation de sa personne, de ses droits et *de ses propriétés.*

Le droit de propriété est celui qui appartient à tout citoyen , de jouir et de disposer, à son gré, de ses biens , de ses revenus.

Nul ne peut être privé de la moindre portion de sa propriété , sans son consentement, si ce n'est lorsque la nécessité publique, LÉGALEMENT *constatée* , l'exige , et *sous la condition d'une juste et préalable indemnité.* Constitution de 1793.

Souvenons-nous aussi de l'art. 358 de la constitution de l'an 3 :

« La constitution garantit l'inviolabilité de *toutes* les propriétés,
» ou la juste indemnité de celles dont la nécessité publique,
» légalement constatée, exigerait le sacrifice. »

Voilà, voilà les lois que la Convention nationale a présentées à la sanction du peuple français , et qu'il a acceptées comme lois fondamentales de l'état.

La coexistence de la loi du 17 juillet et des décrets interprétatifs , avec les constitutions de 1793 et de l'an 3, sous la Convention nationale, serait, elle seule, une preuve des plus complettes que la propriété est toujours et partout , *en droit* , restée intacte.

— « Je ne crois pas inutile de rappeler ici que, sachant, par sa
» correspondance, qu'on étendait *quelquefois* les dispositions
» de la loi du 17 juillet, le comité de législation chargea un
» de ses membres de présenter, en son nom, un projet de décla-

L

» ration contenant deux points principaux : Le premier con-
» sistait A SÉPARER, dans les actes portant concession primitive
» de fonds à titre d'inféodation ou d'accensement, ce qui était
» purement foncier, d'avec les droits qui , sous le nom de cens
» et de casualité, rappelleraient le régime tyrannique aboli
» par la loi du 4 août 1789.

» Le second point de la déclaration consistait à proroger à
» six mois le brûlement des titres féodaux mixtes.

» On sait que, sur les deux propositions, la Convention na-
» tionale passa à l'ordre du jour motivé sur le décret du 17
» juillet, QUI FAISAIT LA DISTINCTION QUE JE VIENS DE
» RAPPELER. » M. BEZARD , *ancien membre du comité de
législation* , *le 27 ventose an* 8 , *au Tribunat.*

— Les Corps administratifs et judiciaires recevaient , dans les
départemens, et même à Paris, à cette époque de 1793, l'impulsion
d'hommes plus patriotes qu'instruits , tels que ce commissaire
national et ce greffier du Tribunal de Pithiviers (Loiret), qui
demandèrent *sérieusement* s'ils devaient déposer les registres
dans lesquels sont transcrits des actes féodaux et des titres de
propriété.

Ce fut ce qui détermina le comité de législation , justement
effrayé des suites d'un semblable état de choses, à adopter le
travail de M. Charlier.

Mais son objet fut mieux rempli par le décret d'ordre du
jour du 2 octobre 1793.

Car , 1°. *comment proroger à six mois le brûlement des titres
féodaux mixtes ?* LA LOI N'A PAS DIT DE LES BRULER. *Le
décret du* 17 *juillet , en ordonnant le brûlement des titres
féodaux, n'a point ajouté*, ET DES TITRES MIXTES. L'art. VI

ni les articles VII, VIII et IX ne les désignent. *Or, la loi du 17 juillet est une loi naturellement restreinte dans ses termes précis.*

Les titres mixtes appartiennent à l'article II ; ils sont utiles, ils sont indispensables pour son exécution.

L'article II est aux articles VI, VII, VIII et IX, ce qu'il est à l'article Ier., et s'il n'a point été répété, c'est uniquement pour éviter une redite ridicule.

« Que, dans une loi faite d'un seul jet, il puisse se trouver
» des articles dont les uns dérogent aux autres, c'est ce qu'on
» ne saurait concevoir sans accuser le législateur de folie; c'est
» conséquemment ce qu'on ne peut jamais se permettre de sup-
» poser. » *M. Merlin, à la Cour de cassation, le 14 brumaire an* 13.

2°. Quant au premier point du projet de déclaration, « Charlier
» ne présenta point la question sous son véritable point de vue.
» L'intérêt de la république qu'il fallait faire valoir (*), n'entra

---

(*) Mais M. Charlier n'en eut pas l'occasion; 1°. aucune difficulté n'avait été élevée au sujet des rentes dues aux droits du clergé et des autres anciens établissemens. Les titres étaient restés amoncelés dans les archives, le triage en était à peine commencé. On ne savait point ce qu'il produirait, ni quelles questions il ferait naître.

2°. On avait bien mis la main nationale sur tous les immeubles des émigrés, parce que leurs agens, leurs parens et leurs amis n'avaient pu les en éloigner. Mais les rentes? elles ont presque toutes été célées. Vainement les débiteurs ont été sommés de les déclarer : deux sur cent n'ont pas obéi. La régie, les administrations étaient, d'un autre côté, *en ce temps-là*, assez occupées de la vente et de tout l'immense mobilier, et des maisons, et des terres. Elles oubliaient, *même*, les rentes *dont elles avaient les titres*, sachant bien que cet oubli *momentané* n'était point préjudiciable aux intérêts du trésor public, attendu que la prescription ne courait pas, étant suspendue par les lois des 6 juillet 1791 et 20 août 1792.

» en aucune considération dans son discours. » M. FABRE
(de l'Aude), *aujourd'hui président du Tribunat, et qui fut
nommé membre de la commission spéciale chargée, le* 12

Ce n'est que dans sa circulaire du 25 pluviôse an 7 *, n°.* 1492, *que la régie
des domaines en a fait le rappel à ses préposés.*

3°. Sous la Convention nationale, pas plus que sous les Assemblées constituante et législative, *jamais on ne s'est avisé* de prétendre appliquer les lois
suppressives des rentes féodales, aux rentes provenant de l'ancien domaine
foncier de la couronne , des apanages, et des engagemens. Le décret du 17
juillet leur est en effet absolument étranger. Le Comité de législation et la
Convention nationale l'ont positivement et solennellement déclaré, *en se
référant au décret du 25 août* 1792 , *lequel ne comprend les rentes domaniales dans aucune de ses dispositions.*

Les rentes domaniales ont toujours été régies par des lois particulières.
L'Assemblée législative a tellement voulu qu'on n'en doutât pas, que la
loi qui les concerne est postérieure au décret du 25 août 1792. *Cette loi n'a
été rendue que le* 3 *septembre suivant.*

Les vingt-six premiers articles sont relatifs à la révocation de toutes les
aliénations qui avaient été déclarées révocables par la loi du 1ᵉʳ. décembre
1790, *sur la législation domaniale.*

Art. XXVII. L'Assemblée nationale se réserve de confirmer ou de révoquer
les sous-aliénations et accensemens faits par les détenteurs engagistes des
biens nationaux, en vertu de contrats d'inféodation, baux à cens ou à
rentes , autres que ceux des terres situées dans les forêts ou à 100 perches
d'icelles.

Et cependant les sous-aliénataires continueront de jouir des objets à eux
aliénés , à la charge par eux de payer *entre les mains du receveur du district,*
les cens et rentes dont ils sont affectés.

Art. XXVIII. Demeurent exceptés de la réserve ci-dessus, les sous-aliénations et accensemens faits par les seigneurs engagistes,

Des terres vaines et vagues au-dessous de dix arpens , mesure de roi;

Des terres défrichées en vertu des anciennes ordonnances , sur les lisières
des forêts; sur les bords des grandes routes;

Des fossés et des terreins situés dans les villes et bourgs dont la population

*prairial an 4, d'examiner les décrets des 17 juillet et 2 octobre
1793 , et membre de celle des finances , le 19 fructidor an 5.*

est au-dessous de dix mille âmes , sur lesquels les sous-aliénataires ont fait un établissement quelconque.

Lesdits aliénations et acensemens sont confirmés et demeurent irrévocables en vertu du présent décret , pourvu qu'ils soient antérieurs au 1er. décembre 1790 , à la charge par lesdits sous-aliénataires, 1°. de remettre , dans les trois mois, à compter du jour de la publication du présent décret , une copie sur papier timbré , collationnée par un notaire , au préposé de la régie dans l'arrondissement duquel les biens seront situés ; une seconde copie au Directoire du district de la situation desdits biens, devant lequel ils affirmeront, sous le sceau du serment, que lesdits actes contiennent exactement toutes les sommes qu'ils ont données pour lesdites acquisitions ; et dans le cas où les sommes qu'ils ont données, soit à titre de pot-de-vin ou deniers d'entrée, ne seraient point portées dans les actes , ils en feront leur déclaration, et y joindront les pièces justificatives qui seront en leur pouvoir ;

2°. A la charge par les sous-aliénataires, de faire , dans le même délai de trois mois , leur soumission de rembourser, dans six années et en six paiemens égaux, les droits incorporels , fixes ou casuels, dont lesdits biens par eux acquis peuvent être tenus envers la nation.

—— Le 14 du même mois de septembre 1792 , l'Assemblée nationale , après avoir entendu le rapport de son comité des domaines, sur la pétition de Louis-Philippe-Joseph , prince français ;

Considérant que , par lettres patentes du 13 août 1784 , confirmées par la loi du 20 mars 1791 , Louis-Philippe-Joseph , prince français, a obtenu la permission d'aliéner à perpétuité 3500 toises de terrein dépendant du Palais-Royal , avec les bâtimens qu'il avait fait construire sur ledit terrein , moyennant un cens de vingt-sols par toise , emportant lods et ventes aux mutations, suivant la coutume de Paris;

Considérant que l'abolition du régime féodal exclut, *pour l'avenir*, les aliénations à titre d'acensement, et que, dans ces circonstances , il est nécessaire de statuer sur le mode d'exécution des lettres patentes de 1784, quant aux objets restant à aliéner , et de déterminer les conditions que le prince imposera aux acquéreurs, *tant pour tenir lieu de la rente censuelle,*

« . . . . Le terme de *rente foncière* peut cacher beaucoup
» de prestations dont l'origine était placée tout à fait hors

---

que pour compenser les profits casuels qui ne pourront plus être réservés ;
Décrète ce qui suit :

« Louis-Philippe-Joseph , prince français , pourra continuer les aliénations
qu'il a été autorisé de faire , par les lettres patentes du mois d'août 1784
et la loi du 20 mars 1791 , *sous le titre de ventes pures et simples* , en impo-
sant aux acquéreurs l'obligation d'une rente foncière et apanagère de 7 liv.
19 s. (au lieu de 1 liv.) par toise de terrein , *exempte* de toute retenue
et imposition prévue ou imprévue.

Lorsque les acquéreurs voudront s'affranchir desdites rentes , ils seront
tenus d'en verser le capital. . . . *conformément aux lois rendues sur les rachats
et amortissemens des rentes dues à la nation.*

Le prince sera tenu de remettre aux archives nationales une expédition
en forme de chaque contrat, au plus tard dans le mois de sa date.

Il déposera également aux archives , dans trois mois à compter de la publication du présent décret , des expéditions en bonne forme de tous les contrats
d'aliénation qui ont été faits , jusqu'à ce jour , en vertu des lettres patentes
de 1784.

Seront , au surplus, les lettres patentes de 1784, exécutées selon leur
forme et teneur en tout ce qui n'est pas contraire au présent décret. »

—— Tel était le dernier état de notre législation , en matière de rentes
provenant de l'ancien domaine foncier , au 2 octobre 1793.

Non-seulement le montant des anciennes rentes était conservé au profit de
la nation , *propriétaire* , mais, en sus , l'Assemblée législative avait pris soin
d'indemniser le trésor public de tous les droits casuels qui ne pouvaient plus,
A L'AVENIR , être réservés dans les contrats.

La Convention est allée plus loin encore dans ses lois de revendication
et de conservation de toutes les propriétés domaniales.

Le 10 frimaire an 2, après avoir entendu le rapport de sa commission des
finances, et de ses comités des domaines, DE LÉGISLATION., et des finances réunis ,
elle a définitivement révoqué toutes les aliénations et engagemens des domaines
et droits domaniaux, à quelque titre que ce soit, qui ont eu lieu dans toute
l'étendue de la république, avec clause de retour , ou sujettes au rachat , à

» du droit commun. Ce terme a été souvent détourné dans
» les titres.

» S'il désigne d'abord toute rente qui est le prix d'une con-

---

quelque époque qu'elles puissent remonter; celles d'une date postérieure au
1ᵉʳ. février 1566, quand même la clause de retour y serait omise, et celles
résultantes des échanges non consommés, ou qui ont été consommés par
l'ancien gouvernement, depuis le 1ᵉʳ. janvier 1789, *autres que les aliénations qui ont été faites en vertu des décrets des assemblées nationales.*

Si elle a pareillement excepté de la révocation, 1°. les inféodations et
acensemens des terres vaines et vagues, landes, bruyères, palus et marais
non situés dans les forêts, ou à 100 perches d'icelles, pourvu encore qu'elles
aient été faites sans dol ni fraude, et dans les formes prescrites par les règlemens en usage au jour de leur date, et qu'elles aient été mises et soient
actuellement en valeur; 2°. les sous-aliénations et sous-acensemens faits par
acte ayant date certaine avant le 14 juillet 1789, par les engagistes des terres
de même nature et sous les mêmes conditions; 3°. les mêmes inféodations,
sous-inféodations et acensemens dépendant des fossés et remparts des villes,
justifiés par des titres valables, ou arrêts du conseil, ou par une possession
paisible et publique depuis 40 ans, pourvu qu'il y ait été fait des établissemens quelconques, ou qu'ils aient été mis en valeur; 4°. les sous-aliénations
des terres défrichées, en vertu des anciennes ordonnances sur les lisières des
forêts et sur les bords des grandes routes; 5°. les aliénations, sous-aliénations
des terreins épars, de contenance au-dessous de 10 arpens;

» *C'est une confirmation du décret du Corps législatif* (du 3 septembre
1792) *qui a pour base les principes de l'ancien gouvernement sur la doma-
nialité.* Nous avons cru devoir vous proposer de CONSERVER l'exception qui
a été toujours décrétée en faveur de ces aliénations-là.

» Nous y avons seulement ajouté que ces exceptions ne pourront avoir
lieu *qu'envers les détenteurs qui rapporteront leurs certificats de résidence,
de non émigration et de civisme.* » *RAPPORT sur lequel la loi du 10 frimaire an 2 a été rendue.*

Dans cette loi, la Convention nationale ne toucha aux lois domaniales
précédentes, que pour y joindre des dispositions révolutionnaires, au lieu
d'en tempérer la rigueur.

» cession de fonds, il désigne aussi des rentes créées en rem-
» placement de la servitude, du droit de guet, de garde, de
» chassi-polerie, et des autres droits féodaux.

Les dépositaires publics et particuliers des titres relatifs auxdits domaines et *droits domaniaux*, sont obligés d'en faire leur déclaration au directoire du district, *sous peine d'être déclarés suspects, et comme tels, mis en arrestation.* Art. XXVII.

Les détenteurs de tous domaines et *droits domaniaux* sont, de leur côté, tenus de présenter les contrats d'aliénation, et de faire leur déclaration, même *les détenteurs maintenus;* faute de quoi, la Convention les a condamnés à la dépossession comme les autres. *Art. XXXI.*

Elle a ordonné, *articles XXXII, XXXVIII et XLVI,* de faire la séparation des droits fonciers d'avec les droits féodaux qui ont été aliénés confusément, et qu'elle a mentionnés en l'article XV.

Art. XV. « Les dispositions des décrets des 18 juin et 25 août 1792, et 17 juillet dernier, sur l'entière extinction du régime féodal, des priviléges et des impôts vexatoires, *sont* et demeurent applicables aux justices, droits féodaux, droits de traite et de gabelle; droits de messageries, voitures d'eau, péages, et tous autres droits qui ont été supprimés, sans indemnité, *aliénés par l'ancien Gouvernement,* ce qui a été fondé sur le principe que *le bénéfice de la suppression de la féodalité appartient à la nation dans ses domaines, et les droits domaniaux, en sa qualité de propriétaire desdits domaines et droits.*

« *En conséquence,* continue la loi, *dans le cas où les titres d'aliénation*
» *comprendront lesdits droits, les experts les exprimeront dans leur procès-*
» *verbal, et détermineront la valeur pour laquelle ils sont entrés dans lesdites*
» *aliénations.* »

—— Que ceux qui ont pu croire que la Convention nationale aurait sacrifié la propriété à la fureur d'acquérir une plus grande popularité révolutionnaire méditent donc cette loi du 10 frimaire an 2, et qu'ils se rappellent bien qu'elle fut méditée et provoquée PAR LES MÊMES HOMMES *qui* peu de temps auparavant *avaient fait rendre* le décret du 17 juillet *sur l'entière extinction du régime féodal, des priviléges et des impôts vexatoires.*

» Dans

» Dans les reconnaissances, dans les déclarations, les rentes
» représentatives de tous ces droits-là s'appelaient foncières.

Qu'ils lisent le rapport de M. Cambon, au nom de la commission des
finances et des comités *de législation*, des finances et des domaines réunis.

Qu'ils lisent ceux de M. Charles de la Croix, au nom des comités des
domaines, des finances et d'aliénation.

M. Cambon. « La nation assemblée en 1566 déclara que les domaines ne
pourraient point être *aliénés* par les rois. Aussi, depuis cette époque, toutes
les aliénations n'ont été considérées que comme des engagemens qui cessaient
en remboursant les sommes fournies.

» Le corps constituant décréta, le 1ᵉʳ. décembre 1790, que tous les contrats
postérieurs à 1566 seraient sujets à rachats perpétuels, et *que les ventes et
aliénations, dons, concessions, transports, baux emphytéotiques, baux à
plusieurs vies, depuis cette époque, seraient réputés ENGAGEMENS.*

» L'Assemblée législative décréta, le 3 septembre 1792, que toutes les
aliénations des domaines et droits domaniaux faites depuis 1566 étaient
révoquées.

» Les engagistes des domaines et droits domaniaux ne peuvent être consi-
dérés que comme des créanciers de la République qui ont prêté sur gage.... Et
prenant possession des domaines aliénés, il faut en faire constater l'état actuel
et l'estimation que nous croyons devoir être fixée, *d'après le prix courant de*
1789. Les experts auront à estimer quel a été, pendant les dix dernières
années, le produit desdits domaines, *afin que nous puissions connaître si,
lors de l'aliénation, il y a eu lésion contre le trésor public.*

» .... La loi que nous vous proposons sur les domaines aliénés par l'ancien
gouvernement, va procurer 12 à 15 cents millions valeur numéraire. »

*Les rentes et droits fonciers domaniaux entraient pour beaucoup dans
le calcul. Nous l'avons vérifié.*

M. de la Croix : « Il vous appartient de rendre toute leur force aux
maximes de l'éternelle justice. L'industrie laborieuse du modeste *censitaire*
sollicite l'attention et même l'indulgence des fondateurs de la république.

» Des communes entières très-populeuses sont construites sur des terreins
dont le domaine tirait un revenu avant leur concession.

» *Vos comités ont pensé* que l'équité exigeait que leurs citoyens ne fussent

M

» Il était même passé en jurisprudence qu'elles en avaient la
» nature, parce que, suivant les principes de notre ancienne

---

pas dépouillés de leurs propriétés ; et *qu'il suffisait , pour mettre à couvert
l'intérêt national , de faire rentrer au trésor public le prix auquel ces terrains
pourraient atteindre. Par là , vous assurez à la nation la valeur du fonds qui
lui appartient ,* et vous conservez au détenteur le fruit de ses épargnes, de
ses travaux et de ceux de ses ancêtres.

» Mais la scène change, lorsqu'il s'agit d'héritages tenus en fief. Vous
n'adoucirez pas , pour les détenteurs de cette espèce de biens, la rigueur des
maximes domaniales.

» Dans l'origine du système féodal que vous avez achevé d'extirper , tous
les fiefs n'étaient que des émanations du domaine public , qui devaient s'y
réunir à la mort du possesseur. La vanité de devenir *homme de fief* détermina souvent les possesseurs d'héritages patrimoniaux à les changer en simples
bénéfices. Si des usurpations successives , si un long usage ont changé les
fiefs en propriétés transmissibles, ils n'ont point cessé d'être une dépendance médiate ou immédiate de la couronne que vous avez brisée ; ils doivent
être , par leur nature, présumés faire partie du domaine public.

» L'ordonnance de 1566 et celle faite sur les représentations des états de
Blois en 1589 veulent que toutes les érections de terres titrées, duchés ,
marquisats et comtés , soient à la charge de retour au domaine, à défaut
d'hoirs mâles. Elles contiennent les défenses les plus expresses aux cours
supérieures de vérifier aucune lettre d'érection sans cette charge et condition. *Ces ordonnances émanées des états généraux , étant censées avoir
été l'expression de la volonté nationale , les rois n'ont point eu le droit d'y
déroger. Ceux qui ont sollicité des érections, n'ont point dû les ignorer , et ils
se sont soumis à leur exécution.*

» ...Nous trahirions aussi vos principes, si nous vous proposions de conserver
les baux emphytéotiques , etc.... Votre indulgence n'eût pu porter que sur
ceux dont les redevances sont modiques, mais ce sont presque toujours ceux
qui assurent aux détenteurs des bénéfices énormes.

» En prononçant la nullité de ces baux, vous n'avez pas voulu qu'elle
profitât à ceux qui se sont trouvés assez riches pour acheter des biens dont
ils ne devaient jouir que long-temps après, et qui , pour la plupart, ne

» législation, tous les droits féodaux étaient des droits réels ;
» de sorte que les jurisconsultes décidaient, et les arrêts jugeaient

---

les ont pas payés aussi cher qu'ils eussent payé la nue propriété de ces mêmes biens, s'ils n'eussent point été grevés de ces baux. Vos comités vous proposent de les faire louer et administrer au profit de la république, pour tout le temps que les baux doivent durer, en continuant à payer aux acquéreurs la redevance qui y était portée ; par là, leur condition reste la même, et l'intérêt national est à couvert.

» L'art. XLVI de la loi du 10 frimaire prescrit au liquidateur général de déduire sur le montant des liquidations la somme à laquelle les procès-verbaux des experts auront évalué les sous-inféodations et acensemens autorisés par l'ancien gouvernement, ainsi que ceux qu'elle maintient ; et suivant l'article XIV, cette valeur doit être celle que les objets sous-inféodés ou acensés par les engagistes, avaient à l'époque de l'aliénation du domaine dont ils dépendaient. Vos comités ont pensé qu'il était juste de fixer cette déduction sur le pied du prix porté au contrat de sous-aliénation, ou de la valeur qu'avait, à l'époque où elle a été faite, le bien qui en était l'objet.

» Si la sous-aliénation a été faite à prix d'argent, l'engagiste n'a profité que de ce prix, et il paraît juste de ne lui faire tenir compte que de ce qu'il a reçu ; si elle a été faite sans deniers d'entrée, l'engagiste doit tenir compte de toute la somme dont a été diminué la valeur du domaine principal par la sous-aliénation ; et c'est l'époque même où elle a été faite qui doit déterminer cette valeur ; car, d'un côté, l'engagiste est censé avoir profité de cette valeur toute entière, et de l'autre, la république serait lésée, si la déduction à faire était bornée à la valeur de l'objet sous-aliéné à l'époque de l'aliénation première : en effet, *tout le monde sait que le laps du temps seul et l'augmentation progressive du numéraire circulant ont suffi pour produire une augmentation énorme dans le prix des biens-fonds.*

» Une dernière question s'est présentée. Les domaines grevés de cens et rentes dont le rachat a été opéré en exécution des décrets des 3 mai et 3 juillet 1790, doivent-ils être censés aliénés en vertu des décrets des assemblées nationales et par conséquent exceptés de la réunion ?

» Vos comités ont pensé que cette exception ne doit porter que sur les

» que lorsqu'une rente était due , depuis un temps ancien, au
» seigneur direct, s'il y avait du doute sur sa nature, elle

---

domaines aliénés par des ventes réelles faites en vertu de ces décrets , ou
*sur ceux dont l'aliénation a été textuellement confirmée ;*que *le rachat* des
cens et rentes dont étaient grevées certaines possessions émanées du domaine
leur avait rendu la franchise naturelle à tous les fonds , mais *n'a point pu
leur ôter la qualité de terres domaniales , et que la nation ne doit rien
autre chose à leurs détenteurs , que le remboursement des sommes qu'ils
ont payées.* »

—*Le* 11 *nivôse an* 2. « La Convention nationale , après avoir entendu
son comité d'aliénation et des domaines sur la pétition des propriétaires et
fermiers de mollières et renclôtures de Marquenterre ;

» Considérant que les lais et relais de la mer font partie des propriétés
nationales, dans lesquelles les communes n'ont aucun droit de s'immiscer ;

» Annulle toute entreprise ou partage qui pourrait avoir été fait par les
habitans de Quent , St.-Quentin et St.-Firmin , de terreins renclos provenant
des lais et relais de la mer;

» Maintient provisoirement les concessionnaires et fermiers de ces biens
dans la jouissance qu'ils en ont ,

» Et renvoie ladite pétition et pièces jointes aux comités réunis d'agriculture et des domaines, pour faire un prompt rapport *sur le mode de
vérifier la légitimité des concessions* dont il s'agit, de s'opposer aux entreprises des communes sur cet objet , et d'utiliser les nouvelles propriétés
nationales que les eaux de la mer laissent journellement à découvert. »

— M. Lozeau , *membre du comité des domaines.* « La loi de 1790 a déclaré
simples engagemens TOUTES les ventes et aliénations, toutes les concessions
à titre d'acensement ou d'inféodation , à la charge d'une redevance. Celles
maintenues par la loi de 1792 et d'autres lois particulières ne l'ont été que
sous des conditions. *Si ces conditions ne sont pas fidèlement remplies , les
biens rentrent de droit dans les mains de la nation.* »

Les comités des finances, d'aliénation et des domaines de la Convention
nationale arrêtèrent , les 17 prairial et 17 thermidor an 2, que : « *La con-
» firmation , par un décret , d'une aliénation antérieurement faite équivaut à
» une aliénation opérée d'après les nouvelles lois.*

» était présumée foncière. » *M. le tribun* GILLET (de Seine et Oise), *le 26 ventôse an 8.*

— Dans l'espèce où, entre le seigneur et le vassal traitant en-

------

» *En payant le prix porté dans cette confirmation, les anciens aliéna-*
» *taires sont en tout assimilés aux acquéreurs de biens nationaux.* »

Enfin on demanda à la Convention nationale ce que devaient payer les aliénataires maintenus, lorsque les contrats ne contenaient point d'évaluation de prix.

La Convention nationale renvoya à ses comités qui décidèrent que :
« *La valeur sera fixée sur le pied le plus haut auquel les terreins semblables
ont été vendus depuis 1789, judiciairement ou par l'administration du
district. S'il n'en a point été vendu, la fixation sera faite par deux
experts, dont un sera nommé par le directoire de district, et l'autre par le
juge de paix du canton où les biens sont situés.*

» *Seront tenus les propriétaires de verser dans la caisse du receveur du
district le montant des valeurs des terreins, dans les termes et délais prescrits pour le paiement des domaines nationaux provenans des corps ecclésiastiques supprimés, sans qu'il puisse leur être fait aucune compensation
ou déduction à raison des finances qu'ils pourraient avoir payées, ou sous
quelque prétexte que ce soit.* »

Dans le cas où les inféodations, acensemens ou concessions excéderaient un arpent dans l'enceinte des communes de dix mille âmes et au-dessus, et dix arpens au plus pour le reste du territoire de la république, elles y seront réduites, *et le surplus vendu comme les autres biens nationaux;* et néanmoins les détenteurs d'usines pourront conserver les cours d'eau et francs bords, réservoirs, cours, jardins et terreins nécessaires au dépôt des matières premières et marchandises, quand même ils excéderaient dix arpens, A LA CHARGE DE LES PAYER CONFORMÉMENT AUX ARTICLES PRÉCÉDENS.

— Le Corps législatif qui succéda à la Convention nationale a marché, *à cet égard, sur la même ligne. (Voir la loi du 14 ventôse an 7, dans son
ensemble, et particulièrement les articles 5, 19, 23, 35 et 36.)*

On lit dans le rapport sur lequel elle a été rendue, *et qui a été présenté
par la commission spéciale dont était membre M. le conseiller d'état,
commandant de la légion d'honneur,* DUCHATEL, *directeur général de l'ad-*

semble, il fut convenu de mêler la rente foncière et la rente seigneuriale, de telle sorte que le tout ne vaudrait que comme

---

ministration de l'enregistrement et des domaines : « Les rois n'étaient que les administrateurs passagers des domaines. Ils n'ont pu transmettre une propriété qu'ils n'avaient pas.

» Sous le régime féodal, le droit de disposer des terres vaines et vacantes fut usurpé par les seigneurs. Il devint un droit de justice, et dans quelques coutumes, un droit de fief. Mais nulle part l'usurpation n'en dépouilla les communes ; elle n'en dépouilla que l'état.

» Le régime féodal n'étant plus, et ses anciennes usurpations ayant été restituées aux anciens propriétaires, la nation a été rétablie dans tous les droits émanés de la souveraineté.

» Que les communes conservent les terreins qu'elles ont acquis et qui sont devenus biens communaux, là se borne leur droit.

» Sans doute il ne sera point convenable de conserver dans la main de la nation de pareilles propriétés, mais une disposition sage de ces terreins peut fournir un gage de plus aux créanciers de l'état et de vastes ressources pour récompenser tant de braves héros qui ont versé leur sang pour la patrie, comme l'a dit, dans son rapport sur les communaux, Garan-Coulon (aujourd'hui sénateur.)

» Les Assemblées constituante et législative ont maintenu les détenteurs des petits domaines aux clauses, charges et conditions établies dans les actes d'inféodation, d'acensement ou d'arrentement.

» La Convention nationale a confirmé cette maintenue qui concilie l'intérêt du trésor public avec celui de chaque citoyen et avec la justice.

» Depuis 1566, les nouveaux concessionnaires n'ont pas dû compter sur une possession irrévocable à laquelle la loi de l'état résistait. En les dépossédant aujourd'hui, on ne trompe point leur attente.

» Mais il est une classe de concessionnaires qui mérite une faveur distinguée. Nous parlons des concessionnaires de marais, de landes, de terreins vacans et incultes, qui les ont desséchés, défrichés, mis en valeur, créés pour l'agriculture en un mot, ou qui ont enrichi les arts des établissemens qu'ils ont élevés dessus.

» Cependant, si cette classe de concessionnaires a droit d'être exemptée de

(93)

redevance féodale ou censuelle, le mélange a été du fait du
seigneur, ne doit-il pas se l'imputer ? *Voluit quod fecit.*

Pourquoi a-t-il caché sa qualité de propriétaire, et n'a-t-il

la loi générale de la révocation, *ce ne peut être qu'en rachetant les charges ,
en remplissant les conditions de la concession.* La nation doit les protéger
et ne rien leur ôter; mais est-elle tenue d'ajouter une libéralité nouvelle à
la première concession ? Est-elle tenue de gratifier les détenteurs des redevances qu'elle s'était réservées et qui avaient été le prix de la concession?
Non sans doute. Le contrat est réciproque ; la même fidélité dans son
exécution doit être observée des deux côtés, et la république, libre
de résoudre , ne doit confirmer qu'a cette condition.

» La commission, *a ajouté M. Duchatel,* a reconnu, avec tous les publi-
cistes, trois temps dans le domaine. Le premier est celui où l'on ne connaissait
point du tout les propriétés privées, et où tout domaine, tont fonds de terre
appartenait à l'état. Il s'en faisait, tous les ans, une distribution par communauté et par famille; chaque particulier avait ensuite sa part, suivant son
rang et sa condition....

» Le second temps est celui où il fut fait un partage des terres à perpétuité, pour être tenues patrimonialement ; mais, cependant, sous certaines
conditions. Par ce partage, il en fut réservé une portion considérable, qui
fut assignée au prince, comme un patrimoine sacré et inviolable, pour soutenir sa dignité, et satisfaire aux charges de l'état.

» Pendant ce second temps , le roi était maître d'inféoder à temps, à vie ,
ou pour plus long temps, même pour toujours, les terres qui lui avaient été
réservées.

» Par la nature du fief , le domaine direct demeurait toujours dans la
main du roi ; le domaine utile ou corporel, devenant le prix ou la récompense des services de fiefs, se trouvait employé conformément à la destination
qui en rendait la conservation précieuse à l'état. Mais la suppression ou la
diminution de la plupart des services de fiefs, devenus inutiles par les changemens arrivés dans l'administration des armes et de la justice, détruisant
l'objet principal des inféodations, il a fallu les interdire *pour l'avenir....*

» Le troisième temps peut dater de 1566. C'est là la véritable époque,
à partir de laquelle les inféodations et les dons à perpétuité des terres et

figuré dans le contrat que comme seigneur féodal ? *In stipu-
lationibus, cùm quœritur quid actum sit , verba contra stipu-*

---

droits faisant partie du domaine de la couronne, ont cessé d'être regardés
comme permis.

» Examinant ce qui est relatif aux conditions imposées aux détenteurs
qui voudront être maintenus , et acquérir une propriété incommutable....
je dirai à ceux de mes collègues qui désireraient plus de détails, que toutes les
opinions sur ce point peuvent se concilier en rédigeant l'avant-dernier
article comme ci-après :

» *Les dispositions des lois des 1er. décembre 1790 , 3 septembre 1792 et 10
frimaire an 2 , auxquelles il n'est pas expressément dérogé par la présente ,
sont maintenues.* »

» La loi du 3 septembre 1792 et celles particulières confirmatives d'aliénations faites par les rois n'ont point été abrogées ni rapportées. Elles subsistent dans *toutes* leurs dispositions concernant les redevances et prestations
foncières assignées sur les fonds , et qui en sont le prix total ou partiel. »

—— *Le 18 messidor an 6.* MM. les Commissaires de la Comptabilité
nationale , *au Corps législatif :*

« .... Avant et depuis l'ordonnance de 1566 qui a posé les bases de
l'ancienne législation sur les domaines nationaux, il en a été aliéné des
parties considérables à titre d'engagement ; les unes, moyennant des sommes
une fois payées, les autres à charge de rentes, redevances ou autres prestations , et *toutes avec faculté expresse ou implicite de rachat perpétuel.*

» Les engagistes ont été assujétis *en outre* à payer, à l'avenir, ou à continuer comme par le passé différentes charges locales, en deniers ou en
nature , assignées sur les portions du domaine public ; ces charges ont été
déterminées et fixées , soit par les contrats mêmes , soit par l'exécution qui
s'en est suivie.

» *C'étaient des charges réelles et privilégiées , de véritables rentes ou
prestations foncières , et non pas des redevances féodales ou seigneuriales,
puisque LES DOMAINES DE L'ÉTAT ÉTAIENT PAR LEUR NATURE LES
PLUS FRANCS DE TOUS LES BIENS TERRITORIAUX.*

» Pour assurer le paiement ou la continuation des charges assignées sur les
engagemens, pour conserver, en même temps, la trace de leur origine et
l'intégralité du domaine dont ils étaient distraits momentanément, il fut

latorem

latorem interpretanda sunt. Loi 38, §. 18, D. de Verborum obligationibus.

établi que les engagistes seraient tenus de justifier de l'acquit de ces charges, de fournir, tous les six ans, un état détaillé de la consistance des domaines engagés. . . .

» Ces règles de manutention et de comptabilité avaient pour but de mettre les chambres des comptes à portée de vérifier, lors de l'examen des comptes, si les engagemens n'avaient été que pour les cas prévus, et suivant les formes établies par l'ordonnance de 1566 et autres lois subséquentes.

» La même vérification sur les causes et les formes des engagemens peut et doit se faire aujourd'hui. . . .

» Quant aux charges assignées sur les domaines engagés, voici quelle était la jurisprudence.

» Si, dans les comptes et états généraux que présentaient les administrateurs du domaine, il arrivait que les engagistes ne leur eussent pas remis, soit les acquits de ces charges, soit les états déclaratifs. . . . en ce cas, les chambres des comptes, et spécialement celle de Paris, chargée plus particulièrement de surveiller et de maintenir la masse complette du domaine national, tenaient en indécision sur les engagistes les recettes, et en souffrance les dépenses. . . . jusqu'à ce qu'ils eussent satisfait aux conditions ou justifications prescrites ; il leur était fait des injonctions, des poursuites. . . .

» Les chambres exigeaient qu'on leur rapportât avec l'état détaillé de la consistance, les contrats d'engagement ou d'échange, lettres patentes, lettres de confirmation et autres titres, pour s'assurer si les sommes convenues avaient été payées, si les obligations imposées avaient été remplies, si les titres avaient été enregistrés et revêtus des formes requises.

» Enfin, sur les charges, s'il y en avait des portions non réclamées, ou éteintes ou diminuées, le profit en appartenait au trésor public.

» La comptabilité nationale, occupée à vérifier les comptes de l'ancienne administration des domaines, a remarqué qu'à raison des charges, les engagistes peuvent être recherchés tant pour le passé que pour l'avenir.

» Ceux qui en étaient créanciers, sont remplacés par la nation, *vrai et immuable propriétaire*, soit du fonds même des domaines, soit des charges assignées dessus. La réunion dans sa main de l'usufruit à la propriété fon-

D'un autre côté, qui dit mélange, dit confusion, *una eademque res.*

Comment séparer ce que les parties n'ont point séparé? ce
qu'elles n'ont pas morcelé, *en droit*, est toujours indivisible,
A MOINS QU'UNE LOI EXISTANTE AU JOUR DU CONTRAT, N'AIT
ELLE-MÊME MARQUÉ LA SÉPARATION.

*La séparation est faite par les titres , par la coutume,
ou elle ne l'est point. Est-elle faite ? à quoi bon le premier
point du projet de déclaration ?*

Si la séparation n'a point été faite , si elle ne l'était pas,

---

cière lui donna droit aux fruits et redevances non acquittés , comme elle
pourrait exercer le recouvrement de papiers actifs trouvés parmi ceux des
usufruitiers ou possesseurs précaires qu'elle représente.

» Les arrérages seulement s'élèveront à des sommes considérables. La
presque totalité en est due et a couru au profit du trésor public , depuis le
1er. janvier 1790. Leur importance , leur multiplicité sont une source abon-
dante de recouvremens. . . . »

Fait et arrêté en comité par les commissaires de la comptabilité nationale,
le 16 messidor an 6.

Sont signés SAUCOURT, FÉVAL, GOUSSARD.

Terminons par *un extrait littéral de l'avis du Conseil d'état du 14
fructidor an 13, et du décret impérial du 22, n°. 1040, Bulletin 57.*

» Par la loi de confirmation *un nouveau contrat s'est formé, et a succédé
au contrat primitif d'ailleurs révoqué en termes exprès par l'article IV de la
loi du 14 ventôse an 7.*

» De ce que l'engagiste a été maintenu dans sa jouissance , il n'en faut pas
conclure que ce soit au même titre , quand ce titre a été formellement changé,
quand sa possession , de précaire qu'elle était , est devenue une *propriété
incommutable*, quand, en un mot , D'ENGAGISTE QU'IL ÉTAIT , IL EST DEVENU
ACQUÉREUR D'UN BIEN NATIONAL. »

à la publication des lois abolitives des rentes féodales , les redevances composées et de la rente foncière et de la rente seigneuriale ont été comprises dans l'abolition : elles étaient de la même nature.

Sous l'ancien régime , les ex - vassaux qui auraient prétendu séparer la rente foncière et la rente seigneuriale , *lorsque ni le titre originaire, ni la coutume n'en faisaient la séparation,* eussent-ils obtenu gain de cause? non sans doute.

Comment donc les ex-seigneurs seraient-ils recevables à faire juger purement foncière contre leurs ex-vassaux la même redevance qu'ils ont eu le droit de faire juger seigneuriale? cela serait par trop bizarre. *Una eademque res non potest diverso jure censeri.*

« Ils ne sont peut-être pas cent ; il n'en est peut-être pas » vingt *qui aient ainsi concédé.* . . . »

» L'intérêt de quelques hommes est-il donc si favorable , » que, pour une très-étroite exception qu'ils auraient tout au plus » droit d'invoquer à l'abolition générale , on révoque *toute* » *entière* cette abolition si juste ? » M. CHAZAL , *dans la séance du Tribunat, du 27 ventôse an 8.*

M. Charlier ne répliqua point. Le procès-verbal de la séance constate que le premier article du projet de déclaration a été abandonné SANS DÉBAT, SANS DISCUSSION.

La Convention avait précédemment chargé son comité de législation de préparer le mode d'exécution de la loi du 17 juillet, concernant le dépôt et le brûlement des titres féodaux, mode qui, de toutes les parties de la République, était demandé dans les adresses, dans les pétitions qui arrivaient chaque jour.

Ces adresses , ces pétitions avaient été renvoyées au comité.

Le comité fut invité de les examiner et de faire son rapport (*) le plus promptement possible.

Et en l'attendant, la Convention nationale s'occupa de prévenir toute extension de l'article VI aux titres mixtes, et d'empêcher partout l'abus de la loi, les entreprises de la cupidité, les écarts de l'ignorance, et le triomphe de la mauvaise foi de ces débiteurs qui cherchent à éteindre leur dette sans payer.

Elle fit, à cet effet, revêtir du sceau de l'état, le 16 vendémiaire an 2, publier dans toute la république, et transcrire le décret du 2 octobre, tant dans les tribunaux, que dans les administrations.

De plus, il a été sursis à tout dépôt forcé de titres, à tout brûlement quelconque.

Même les titres qui avaient été déposés *librement* pour être brûlés, furent, PAR L'ORDRE EXPRÈS DE LA CONVENTION, rassemblés et mis sous un scellé protecteur.

Ce n'est point tout.

Dans la même séance du 2 octobre, les baux *à cens, et à rentes qualifiées* seigneuriales, *créés par les ex-seigneurs, à leur profit, dans l'enclave de leurs ci-devant fiefs, pour concessions du résultat du triage des biens communaux,* n'ont été confirmés qu'à la charge des mêmes redevances.

Seulement les censitaires ont été appelés à les payer doréna-

____

(*) *Extrait des registres des actes et arrêtés du comité de législation de la Convention nationale, séance du 4 octobre* 1793.

Cambacérès, *président* ; Merlin de Donai, Pons, Guyot, Bézard, etc. présens.

» PONS EST CHARGÉ DU RAPPORT SUR LE MODE D'EXÉCUTION DE LA LOI » DU 17 JUILLET, RELATIF AU BRULEMENT DES TITRES FÉODAUX. »

vant aux communes qui, en 1669, étaient propriétaires des biens concédés.

Ainsi, de tous les côtés, tombe d'elle-même l'objection que le décret d'ordre du jour n'apprend pas si la Convention a ou n'a point refusé de proroger le délai fixé pour le brûlement des titres constitutifs et recognitifs de seigneurie ou féodalité.

S'il en fallait de nouvelles preuves, nous les puiserions dans les arrêtés, rapports et décrets suivans :

1°. *Extrait des registres des actes et arrêtés du comité de législation de la Convention nationale, séance du 21 vendémiaire an 2, (11 octobre 1793.)*

Cambacérès, *président;* Merlin de Douai, Laloi, Mailhe, Bezard, Pons, Guyot, etc., présens.

« Pons fait un rapport sur le mode d'exécuter le décret » relatif au brûlement des titres.

» Le comité, d'après l'avis du rapporteur, arrête qu'il sera » proposé à la Convention de défendre à TOUTES personnes » d'expédier des actes ou copies où il soit mention des qualités » nobiliaires ou féodales, et de donner un mois de délai *pour* » *présenter un projet de décret SUR L'OBJET DU BRULEMENT.* »

Nota. Sur cette proposition, la Convention nationale prononça l'impression et l'ajournement.

2°. *Décret du* 1er. *brumaire an* 2, sur le rapport du comité de salut public.

ART. Ier. Il est défendu à tous propriétaires ou fermiers non cultivateurs dont les metayers, colons ou fermiers cultivateurs exploitent sans baux, ou en vertu de baux POSTÉRIEURS *aux décrets portant suppression des droits ci-après,* d'exiger ni recevoir d'eux, soit en nature, soit en équivalent, aucuns droits de dîmes, agriers, rentes seigneuriales, etc..... et ce, *nonobs-*

tant toutes stipulations qui demeurent nulles, comme tendantes à faire revivre un régime justement exécré de tous les Français.

II. Ne pourront néanmoins être répétés les sommes ou objets payés pour
raison des droits ci-dessus, *avant la publication du présent décret*.

III. Tous procès commencés et jugemens non exécutés...... demeurent
éteints, dépens compensés.

IV. Il n'est préjudicié par le présent décret, à la faculté qu'ont les propriétaires, fermiers, colons et métayers, de faire entr'eux, de gré à gré,
toutes les conventions qu'ils jugent à propos, soit pour le partage des fruits,
soit pour l'acquittement des contributions, pourvu toutefois que ces conventions ne tiennent en rien, ni par les dénominations, ni par les effets,
aux droits mentionnés au premier article.

Nota. Une loi du 27 brumaire an 5 a abrogé cet art. Ier., *quant
aux baux et stipulations consentis avant la publication du
décret*, et, en conséquence, a restitué à tous les propriétaires
le droit d'exiger le paiement de la valeur de la dime, et de celle
tant des rentes ci-devant seigneuriales, que des autres droits
féodaux, stipulés *antérieurement au* 1er. *brumaire an* 2.

Sans doute, sous le rapport de la rétroactivité, le décret du
1er. brumaire avait outrepassé les bornes de la justice; mais il
est toujours très - précieux pour les propriétaires, en ce qu'il
consacre positivement que, par les lois des 17 juillet et 2 octobre
1793, la Convention nationale n'a point déplacé la propriété.

Le décret caractérise sa volonté : il en fixe le *maximum*. Il
prouve que ces lois n'ont été ni attributives, ni translatives de
propriété. ELLES N'ONT POINT RENDU PROPRIÉTAIRES CEUX
QUI NE L'ÉTAIENT PAS.

« *La propriété ne peut se perdre que par le fait du pro-*
» *priétaire lui-même ; et si quelquefois la loi se permet de*
» *l'en dépouiller malgré lui, ce n'est jamais que pour cause*
» *d'utilité publique, et moyennant une juste indemnité.* »

La rente foncière est une partie réservée dans le fonds même, par le bailleur primitif de ce fonds.

Cette rente , TANT QU'ELLE N'EST PAS RACHETÉE , *affecte tellement les propriétés qu'elle représente en tout ou en partie , que les détenteurs ne les peuvent détériorer ni en mesuser, sans donner lieu à la rentrée du bailleur dans l'héritage.*

Il en est de la rente foncière , comme de l'usufruit ; comme lui , elle fait partie de la propriété ; et de même qu'en aliénant un immeuble sous la réserve de l'usufruit, ce n'est pas une charge que je crée sur cet immeuble , mais une moins aliénation que j'en fais ; de même aussi, en vendant sous la réserve d'une rente foncière , je suis censé, non pas grever ce que je vends , mais vendre moins. M. MERLIN.

Affranchir de toutes les charges féodales et censuelles la propriété *des immeubles soit réels soit fictifs ,* voilà ce qu'a voulu, ce qu'a fait la Convention nationale ; ELLE N'A VOULU NI FAIT AUTRE CHOSE.

Partout elle en a elle-même consigné les preuves péremptoires les plus incontestables.

Si, le 1er. brumaire an 2, elle a pensé que , depuis la suppression des droits féodaux et des rentes seigneuriales, les propriétaires n'auraient pas dû continuer d'imposer les mêmes droits et rentes *sous les mêmes dénominations , avec les mêmes effets, par des stipulations tendantes à faire revivre le régime féodal ,* et que, par des stipulations semblables, ils abusaient des décrets des 10 avril 1791 et 25 août 1792, cette pensée l'a reportée aux lois des 17 juillet et 2 octobre 1793, et reconnaissant qu'il fallait une loi nouvelle, elle l'a rendue, mais en respectant tout ce qui avait été fait jusqu'alors.

3°. Le 3 du même mois, « la Convention nationale, après
» avoir entendu son comité d'instruction publique, sur les abus
» qui se commettent dans l'exécution de son décret du 18 du
» premier mois, qui a pour objet de faire disparaître tous les
» signes de royauté et *de féodalité ;*

» Considérant qu'en donnant à ce décret une extension que
» la Convention n'a pas entendu lui donner, on le rendrait
» destructif..... Si l'on n'empêchait, dans cette circonstance,
» LES ÉCARTS DE L'IGNORANCE et LES ENTREPRISES DE LA
» CUPIDITÉ et DE LA MALVEILLANCE ;

» A décrété ce qui suit :

« Art. Ier. Il est défendu d'enlever, détruire, mutiler ou altérer,
en aucune manière, SOUS PRÉTEXTE DE FAIRE DISPARAÎTRE
LES SIGNES de la royauté et DE LA FÉODALITÉ......»

4°. Le 9 du même mois de brumaire, sur le rapport du comité
des finances, il fut décrété que les titres des créances liquidées
sur l'état, et les titres féodaux existans dans les bureaux de la
liquidation générale, seraient coupés en douze morceaux au
moins, et vendus à l'enchère.

D'après ce décret *promptement* imprimé dans le bulletin du
lendemain 10, que tous les journalistes furent tenus d'insérer
dans leurs feuilles, avec ces mots , *par ordre de la Convention ,*
et que le directeur général de la liquidation a fait connaître,
par affiches, avis, journaux , et même par lettres chargées ,
il n'a plus été possible de ne pas voir que la Convention nationale ne voulait anéantir que les titres qui étaient dans le cas
de l'être par le fait de l'abolition *pure et simple* de la féodalité , SANS TOUCHER A LA PROPRIÉTÉ.

Faisons ici remarquer que, pour en convaincre davantage,
et pour que les erreurs qui, malgré toutes les précautions prises
pour

pour les éviter, échapperaient dans l'exécution de la loi, ne
fussent pas irréparables, la convention a statué que les titres
ne seraient point brûlés, mais coupés en 12 morceaux, et vendus
ensuite à l'enchère!

5º. *Le* 12, *elle a décrété que*: « Art. Iᵉʳ. Les différens dépôts
» de titres dont la réunion a été ordonnée par l'art. Iᵉʳ. du décret du
» 7 août 1790, et le dépôt dit *de la maison du roi*, formeront
» les deux sections des archives nationales, sous les ordres et
» la surveillance immédiate de l'archiviste de la République.

» *Art.* II. La première de ces sections contiendra les titres,
» minutes et registres qui concerneront la partie domaniale et
» administrative, ce qui a rapport aux biens des religionnaires
» fugitifs, et les titres concernant les domaines, qui étaient dans
» les greffes des ci-devant bureaux des finances des différens
» départemens. »

« *Art.* IX.... Les déplacemens se feront en présence de deux
» commissaires du conseil exécutif, et de deux dépositaires qui
» feront le triage des titres qui concerneront leurs sections
» respectives, dont sera fait bref état : IL EN SERA USÉ AINSI
» DANS LES AUTRES DÉPÔTS. »

« *Art.* XI..... Les articles 30 du décret du 3 septembre
» 1792, 6, 7 et 8 de celui du 20 février dernier, seront exé-
» cutés sans délai. »

On lit dans le procès-verbal de la même séance : « Un
» membre a observé qu'il lui paraissait nécessaire de renvoyer
» aux comités réunis des domaines et de législation la question
» de savoir ce que l'on ferait des titres *inutiles* qui se trou-
» vaient en grand nombre dans les différens dépôts nationaux,
» et s'il n'importait pas *essentiellement* à la République,
» qu'une commission de trois ou six membres pris dans le

O

» sein de la Convention , fit faire, *sous sa surveillance ,*
» le triage des différens titres renfermés dans les dépôts, et
» proposât des moyens plus simples de conservation, et plus
» conformes encore AUX VUES QUE LA CONVENTION SE PRO-
» POSE SUR LA CONSERVATION DES TITRES. »

6°. *Le* 13. » La Convention nationale, après avoir entendu le
» rapport de son comité de législation, sur la pétition de plusieurs
» sans-culottes du département de la Haute-Vienne, qui sont
» en présence de l'ennemi, et qui exposent qu'avant de partir ,
» pressés par le besoin, ils ont affermé leurs biens-fonds à de
» riches fermiers qu'ils ont chargés de payer, en leur acquit,
» indépendamment du prix du bail, les parties de rentes seigneu-
» riales dont leurs fonds étaient grevés; qu'aujourd'hui que ces
» droits sont supprimés , les fermiers ne veulent plus leur en
» tenir compte ;

» Passe à l'ordre du jour, motivé sur l'existence de la loi
» du 25 août 1792. »

Article XIV de cette loi. « Les dispositions de la loi du 10 avril 1791 ,
» qui règle le mode par lequel les fermiers et propriétaires s'arrangeront
» entre eux pour la dîme supprimée , au paiement de laquelle les
» fermiers étaient soumis suivant l'usage ou les clauses de leur bail, en
» sus du prix de la ferme , seront communes et exécutoires entre les fermiers
» et propriétaires des terres soumises aux divers droits féodaux et censuels ,
» tels que champart, agrier , tasque , et autres supprimés sans indemnité
» par le présent décret , et dont le paiement était aussi à la charge desdits
« fermiers en sus du prix du bail. »

Nota. Toujours, c'est le propriétaire seul qui, dans l'intention comme dans le texte de la loi, bénéficie de l'abolition
de la féodalité. Les fermiers, les détenteurs du bien d'autrui
n'en profitent point. *Le prix et le revenu de la propriété sont
augmentés de tout l'utile des rentes et droits seigneuriaux.*

Le propriétaire dispose toujours de sa propriété, *à son gré*. Il lui est uniquement défendu de donner à ses dispositions, des dénominations et des effets qui tiennent aux droits de dîme et des rentes seigneuriales. *Loi du 1er. brumaire an 2.*

7°. *Le 17.* « La Convention nationale, après avoir entendu
» le rapport de son comité de législation sur la pétition de
» plusieurs citoyens du district de Nemours , tendante à ce
» qu'il leur soit permis de racheter les rentes emphytéotiques
» non perpétuelles dont les moulins qu'ils exploitent se trouvent
» chargés, par les baux faits entr'eux et le ci-devant clergé;

» Considérant qu'à l'égard de ceux de ces moulins que la
» nation n'a pas encore aliénés, les articles XIV et XV de
» la loi du 18 avril 1791, ouvrant aux pétitionnaires une voie
» pour en acquérir la propriété, et en éteindre les charges ;
» et que, quant à ceux que la nation a aliénés, ce serait man-
» quer à la foi publique que d'autoriser l'éviction des ac-
» quéreurs ;

» Déclare qu'il n'y a point lieu à délibérer. »

8°. *Le 12 frimaire an 2,* la Convention nationale a décrété que, « les municipalités et les corps administratifs sont tenus de
» rassembler dans des dépôts, et de mettre sous les scellés, LES
» PARCHEMINS, livres et PAPIERS, manuscrits ou imprimés
» qui seraient donnés *librement* pour être brûlés, jusqu'à ce que
» la Convention, sur le rapport de son comité, ait prononcé
» sur leur destination.

» Le présent décret ne déroge point à celui du . . . . .
» relatif à la conservation des livres et papiers qui intéressent
» l'histoire, les arts et l'instruction, quoiqu'ils portent quelques
» signes de féodalité. »

9°. *A la séance du* 14 *frimaire an* 2 , le cit. Bouret des
Basses-Pyrénées a dit :

« La constitution a voulu , et vous avez voulu avec elle ,
» que tous les citoyens, SANS DISTINCTION , fussent libres, qu'ils
» ne reconnussent d'autre dépendance que celle de la souve-
» raineté de la nation , d'autres maîtres que la loi.

» C'est d'après ce principe de justice éternelle, que votre
» décret du 17 juillet dernier, en supprimant sans indemnité
» toutes les redevances ci-devant seigneuriales, droits féodaux ,
» censuels, fixes et casuels, même ceux conservés par le décret
» du 25 août 1792, a ordonné le brûlement de tous les titres
» qui pourraient rappeler le souvenir de la féodalité.

» Le mode d'exécution du brûlement de ces titres fut ren-
» voyé à votre comité de législation, qui a satisfait au vœu de
» la Convention, en vous présentant un projet de loi, dont vous
» avez décrété l'impression et l'ajournement.

» Il est d'une nécessité indispensable d'aller au-devant des
» difficultés qui peuvent se présenter pour la consommation de
» ce grand œuvre de régénération politique ; et si l'intérêt
» public vous fait une loi d'accélérer l'exécution de cet acte de
» justice nationale contre des *usurpateurs* , votre sollicitude
» vous commande impérieusement de veiller à la conservation
» des titres qui assurent aux citoyens leurs véritables propriétés.

» Par ce moyen, vous conciliez ce que vous devez à l'intérêt
» général et à l'intérêt particulier. D'une part , les maximes
» impérissables de la liberté et de l'égalité sont authentique-
» ment consacrées, et de l'autre , les titres qui peuvent encore
» servir à justifier des propriétés individuelles sont respectés... »

Le procès-verbal de la séance porte que : « on demandait
» à aller aux voix. Un autre membre observe que le rapporteur

» du comité de législation offrit, il y a quelque temps , un
» travail sur cet objet, et que ce travail a été imprimé. Il ne
» pense pas que la discussion puisse s'ouvrir sans que le rap-
» porteur (le cit. Pons) soit présent.

» On demande le renvoi du nouveau travail au comité de
» législation qui y puisera les bonnes idées qu'il renferme.

» Le renvoi est décrété. »

*Décret qui ajourne la discussion du nouveau projet de décret sur le mode
d'exécution de la loi du 17 juillet dernier (1793) concernant le brûlement
des titres , du 14 frimaire an 2.*

« La Convention nationale , après avoir entendu la lecture
» de l'opinion et du *nouveau* projet de décret sur le mode
» d'exécution de la loi du 17 juillet dernier , concernant le
» brûlement des titres, décrète que le membre qui l'a proposé,
» se concertera avec le comité de législation , pour que , sur
» ce nouveau projet de décret , et celui présenté par ledit comité,
» il n'en soit formé qu'un seul , qui sera discuté AU PREMIER
» JOUR. »

— Les circonstances politiques avaient amené le gouvernement
révolutionnaire. La terreur qu'il jeta dans toute la France
accrut le mal qu'avaient déjà fait, dans les départemens, à la régie
des domaines, les décrets des 5 février et 20 septembre 1793 ,
qui mirent ses employés à la merci de leurs ennemis personnels ,
et des débiteurs de la nation.

Un de ses receveurs et M. le directeur du département de Seine
et Oise, soit par ignorance , soit par *crainte de se compro-
mettre*, doutèrent de l'exigibilité d'une rente de trente-cinq
septiers de froment, due par Pierre Legrand à l'émigré Maurepas, sous le prétexte qu'elle était dite *foncière et seigneuriale.*

Ils consultèrent la régie.

A la lecture du contrat, MM. les régisseurs s'étonnèrent
de la question, mais elle était faite. Ils la reportèrent à M.
l'administrateur des domaines, dans le mémoire que voici :

« Par acte passé devant Drouin, notaire à Neauphe (*Pont-Chartrain*), le
» 19 juin 1763, Maurepas, propriétaire de la ci-devant seigneurie de Beyne,
» (*régie par la coutume de Paris*), a cédé et délaissé à Pierre Legrand,
» meunier, le grand moulin à eau de Beyne, avec un clos de 147 perches,
» un pré de 22 arpens, et une pièce de terre de 6 arpens, moyennant, 1°. 10
» sols et 12 canards de cens emportant lods et ventes aux mutations;
» 2°. 800 livres de deniers d'entrée; 3°. une rente FONCIÈRE ET SEIGNEURIALE
de 35 septiers de bled.

» Dans l'incertitude si cette dernière rente de 35 septiers de bled était
» supprimée par les décrets qui ont prononcé l'abolition du régime féodal,
» Pierre Legrand s'est présenté pour en offrir le rachat, dont l'objet excé-
» derait 46,000 liv.; il s'agit de déterminer s'il peut être accepté.

» L'art. Ier. du décret du 17 juillet dernier a supprimé sans indemnité
» toutes redevances ci-devant seigneuriales, droits féodaux, censuels, fixes
» et casuels, MÊME CEUX CONSERVÉS par le décret du 25 août 1792.
» L'art. II excepte des dispositions de l'article Ier., les rentes ou prestations
» purement foncières et non féodales. Cette disposition est précise.

» Ainsi, la question se réduit à fixer la véritable nature de la rente de 35 sep-
» tiers de bled. La qualification de rente *foncière et seigneuriale*, donnée par le
» bail à cens de 1763, n'a rien changé au caractère qui lui est imprimé
» par ce bail. Ce caractère dérive des principes de l'ancienne jurisprudence,
» suivis lorsque le régime féodal était en vigueur. Or, c'était une maxime
» constante, que, dans tous les baux à rente et actes pratiqués par jeu de fief,
» lorsque deux rentes distinctes étaient établies, l'une qualifiée de cens em-
» portant lods et ventes, l'autre de surcens ou rente foncière, la première
» seulement de ces deux rentes avait la nature féodale, en ce qu'elle em-
» portait essentiellement reconnaissance de la seigneurie directe, et était
» imprescriptible; et l'autre était uniquement réputée foncière, rachetable,
» prescriptible et cessible, sans entraîner la perte de la directe exclusivement
» attachée à la possession du cens. C'est à raison de la différence de ces effets,
» que dans les actes on avait soin de stipuler ces deux espèces de rentes,
» parce que, d'un côté, les possesseurs des ci-devant fiefs se ménageaient la
» faculté d'aliéner ces rentes, sans perdre les fruits de la directe, lorsque

» toutefois leur valeur n'excédait pas les bornes du jeu de fief ; et que, d'un
» autre côté , *les preneurs à bail se réservaient le droit de pouvoir les racheter*
» *sans faire perdre aux fonds leur nature ci-devant roturière.*

» En appliquant ces principes à la rente de 35 septiers de bled , il est
» évident qu'elle ne doit être rangée que dans la classe des rentes foncières
» *non féodales*, puisqu'elle n'a été établie que distinctement et secondaire-
» ment au cens de 10 sols et 12 canards emportant lods et ventes ; et si
» dans le bail à rente de 1763 , elle a été qualifiée *seigneuriale* , c'est par
» simple allusion à la qualité du bailleur et à la glèbe de la ci-devant
» seigneurie dont elle était représentative ; mais elle n'était point de l'essence
» de la directe , conséquemment elle n'est pas féodale ; et dans ce cas, l'impro-
» priété de l'expression parasite de l'acte n'a pu en dénaturer le caractère.

» L'art. Ier. du décret du 17 juillet dernier ne lui est donc pas applicable,
» et elle paraît évidemment devoir participer à l'exception portée par l'art. II.

» Cependant les *régisseurs nationaux* ont pensé qu'ils devaient soumettre
» LA SOLUTION de la question à l'administrateur provisoire des domaines
» nationaux. *Il serait à désirer que le législateur voulût bien fixer les*
» *signes distinctifs des rentes abolies*.... »

Paris , le 3 pluviôse an 2. *Signés* Barrairon, Jully, Heurtrel, Lacoste, Viot.

Le 7, M. l'administrateur écrivit à M. le président du comité de législation.

« Citoyen président , une question m'est proposée par la régie
» de l'enregistrement, c'est de savoir si une rente qui est qua-
» lifiée *foncière et seigneuriale* , doit être considérée comme
» supprimée sans indemnité.

» CETTE DOUBLE QUALIFICATION DE RENTE *foncière et*
» *seigneuriale* A FAIT NAITRE LA QUESTION QU'IL S'AGIT
» DE DÉCIDER.

» Les régisseurs nationaux penchent pour la négative, et
» cependant ils m'ont remis à ce sujet, un mémoire que tu
» trouveras ci-joint, et que je te prie de présenter à l'attention
» du comité.... »   *Signé* LAUMOND.

Le lendemain 8 , M. Pons a fait à la Convention nationale le rapport suivant :

Rapport fait , au nom du comité de législation , sur le mode d'exécution de la loi du 17 juillet 1793 , concernant le brûlement des titres féodaux, par Pons (de Verdun).

« .... Avant de déterminer le mode , il a fallu que le » comité se livrât à l'examen d'une foule de pétitions que » vous lui avez renvoyées , c'est une des raisons du retard qu'il » a mis à vous offrir son travail.

» .... Sur la foi des renvois que vous avez faits de ces » pétitions , on s'est cru autorisé à n'obéir à votre loi , qu'après » que vous en auriez décrété le mode d'exécution.

» Ici , l'orgueil féodal vous propose de MÉTAMORPHOSER en » prestations foncières quelques-unes de celles que vous avez » supprimées comme ci-devant seigneuriales, c'est-à-dire qu'il » consentirait volontiers à l'abolition du mot, pour conserver » la chose. Là, l'intérêt particulier, à l'aide de distinctions sub- » tiles, sollicite des exceptions à la loi générale, et des tran- » sactions avec les principes qui n'en admettent aucune.

» *L'usurpation* embarrassée de ses richesses territoriales, les » *revendait* le plus souvent, sous couleur de concession, à leurs vé- » ritables propriétaires. *Les signes de domination, et les tributs* » *d'orgueil* qu'elle se réservait, n'acquirent d'importance pécu- » niaire, qu'en se multipliant à l'infini. Cet abus n'a jamais pu se » couvrir. *Il doit s'anéantir entre les mains de ceux qui l'ont* » *perpétué.* Qu'il s'anéantisse, et que le sol de la République » soit libre comme ses habitans....

» Enfin , *si* votre décret donnait lieu à *quelques torts*
» *particuliers*

(111)

» *particuliers*, on sait qu'il est impossible qu'une loi générale
» n'en cause pas.

» Votre comité a donc pensé que vous deviez proscrire sans
» pitié tous les titres constitutifs et recognitifs de droits ci-
» devant seigneuriaux, féodaux et censuels, quelque couleur,
» quelque dénomination qu'on veuille AUJOURD'HUI leur donner
» *pour conserver les droits* OU PLUTÔT LES EXACTIONS QU'ILS
» CONSACRAIENT.

» Citoyens, les titres *purement* féodaux ne sauraient trop
» tôt disparaître ; on ne peut point se tromper sur leur nature :
» une fois déposés, ils doivent suivre rapidement leur destina-
» tion. IL N'EN EST PAS AINSI DES TITRES ET DES ACTES QUI
» SONT APPELÉS MIXTES, parce qu'ils établissent et reconnais-
» sent tout à la fois des propriétés foncières et des *usurpa-
» tions* féodales bien distinctes. ILS CONSACRENT DES VÉRI-
» TABLES PROPRIÉTÉS.

» De ce nombre, aussi, sont les aveux et dénombremens, les
» terriers, les actes de ventes, de partage, etc.... Joignez-y les
» registres, les protocoles et les répertoires en usage dans
» plusieurs départemens où les actes et les titres de toute
» espèce sont écrits à la suite les uns des autres.

» Tous ces titres assurent, comme je vous l'ai dit, de véri-
» tables propriétés. LE RESPECT CONSTITUTIONNEL QUE VOUS
» Y PORTEZ A DICTÉ A VOTRE COMITÉ DES PRÉCAUTIONS
» INDISPENSABLES AVANT LE BRULEMENT.

» Accorder aux parties intéressées la faculté de substituer,
» *à leurs frais*, un titre purgé ; .... leur laisser le temps de
» s'accorder entr'elles, sur la fidélité du nouvel extrait, sur
» sa rédaction, et de terminer les difficultés qui pourraient
» naître ; rendre à cet extrait, par la signature du dépositaire

P

» des parties intéressées, et des commissaires municipaux , le
» caractère d'authenticité qu'avait l'ancienne minute ; le laisser
» entre les mains du premier qui pourra en délivrer des expé-
» ditions, etc. . . . C'est ce que votre comité vous propose.

» . . . . Vous avez décrété un grand livre de la dette pu-
» blique. L'intérêt public vous commande un grand livre des
» propriétés territoriales. Vous ferez aussi ce présent à la
» République. Est-il un seul de nous qui n'en sente la possi-
» bilité, la facilité même, et qui n'en goûte déjà tous les
» avantages ?

» Lié à un plan d'abornement général , le grand livre des
» propriétés foncières découvre à la nation la véritable source
» de son bonheur et de sa puissance. Il efface jusqu'à la plus
» légère trace de la féodalité, en réduisant presque tous les
» actes qui la rappellent à une inutilité absolue. Il assure les
» hypothèques , etc. . . . . A L'AIDE DU GRAND LIVRE , ON
» OTE A L'UN CE QUE LES TITRES LUI REFUSENT, ON REND
» A L'AUTRE CE QUE LES SIENS RÉCLAMENT. . . . . . »

» Voici le projet de décret que le comité vous propose :
Art. Iᵉʳ. Tout propriétaire, possesseur , détenteur ou dépo-
» sitaire de titres et actes *purement* seigneuriaux , féodaux ou
» censuels , sont tenus de les déposer au greffe des munici-
» palités des lieux où se trouvent lesdits actes, *deux décades*
» après la publication du présent décret, sous les peines portées
» par l'article VII de la loi du 17 juillet.

Art. II. » Sont réputés actes *purement* seigneuriaux, féodaux
» ou censuels, les actes ou titres constitutifs ou recognitifs de
» tous droits ou redevances ci-devant seigneuriaux, fixes ou
» casuels ; ceux desdits droits et redevances énoncés sous la
» dénomination CONJONCTIVE de fonciers et seigneuriaux *cm-*

» *portant cens*, *lods et ventes*, quand même ils auraient
» POUR CAUSE une concession primitive de fonds, ainsi que
» tous les actes contenant abonnemens, pensions et prestations
» quelconques, représentatifs desdits droits et redevances.

Art. III. » Il sera nommé dans chaque municipalité le
» nombre de commissaires. . . .

Art. IV. » Le récépissé sera donné. . . . .

Art. V. » Les titres désignés ci-dessus seront brûlés, le dernier
» jour de la décade qui suivra le dépôt. . . .

Art. VI. » Tout propriétaire, possesseur, détenteur ou dé-
» positaire de titres ou actes *mixtes*, seront tenus de les déposer
» au greffe des municipalités des lieux, *dans deux mois*, etc.

Art. VII. » Seront réputés titres ou actes *mixtes*, ceux qui,
» étant constitutifs ou recognitifs de redevances et droits ci-
» dessus énoncés et supprimés par la loi du 17 juillet et celles
» antérieures, CONSTITUERAIENT OU RECONNAÎTRAIENT, *en*
» *même temps*, des propriétés ou rentes purement foncières
» et non féodales conservées par la même loi.

Art. VIII. » Sont aussi compris au nombre des actes ou
» titres mixtes, les registres, protocoles ou répertoires en
» usage dans plusieurs départemens, où les minutes d'actes de
» toute espèce se trouvent insérées à la suite les uns des
» autres. . . . . . »

Art. IX. » Le brûlement des titres mixtes se fera, le dernier
» jour de la *seconde* décade qui suivra le dépôt.

Art. X. » Pendant les deux mois accordés par le présent
» decret, pour le dépôt des titres, actes et registres *mixtes*,
» TOUTE personne intéressée à la conservation DE LA PARTIE
» desdits actes, QUI ÉTABLIT OU RECONNAIT des propriétés ou
» rentes purement foncières et non féodales, ou qui contient des

» titres non féodaux, se présentera, si bon lui semble, chez
» les dépositaires publics, et leur fera dresser, à ses frais,
» un extrait purgé de tout ce qui se trouve proscrit par la
» loi du 17 juillet et celles antérieures.

Art. XI. » La publication et l'affiche du présent décret
» tiendront lieu de sommation, à *toutes* les parties intéressées,
» de s'accorder entr'elles pour faire dresser l'extrait ci-dessus.

Art. XII. » Et pour que le présent décret ait une plus
» grande publicité, il sera promulgué, *à son de caisse*, dans
» toutes les communes, inséré au bulletin, dans tous les jour-
» naux et les affiches des départemens, avec les mots, *par ordre*
» *de la Convention nationale.*

Art. XIII. » Les extraits faits à la réquisition des parties
» intéressées, seront signés par les dépositaires et par les com-
» missaires municipaux, et resteront, jusqu'à ce qu'il en ait
» été autrement ordonné, entre les mains desdits dépositaires,
» POUR Y TENIR LIEU DES MINUTES BRULÉES ou à brûler.

Art. XIV. » A l'expiration du délai accordé par le présent
» décret pour faire le dépôt, etc. . . .

Art. XV. » Tout dépositaire, en effectuant le dépôt ci-dessus,
» sera tenu de présenter aux commissaires de la municipalité,
» chargés de le recevoir, un état des extraits tirés des mi-
» nutes qu'il dépose, et de celles dont il n'en aura pas été tiré.

Art. XVI. » Cet état sera certifié et signé, etc. . . .

Art. XVII. « Les parties intéressées pourront encore, dans la
» première décade qui suivra le dépôt, réclamer auprès des
» municipalités la rectification des erreurs qu'ils reconnaîtraient
» s'être glissées dans les extraits qui auraient été dressés, et
» s'entendre avec les dépositaires et les parties intéressées,

» pour que cette rectification se fasse dans ladite première
» décade.

Art. XVIII. » Pourra, si bon lui semble, tout dépositaire,
» sans y être provoqué par les parties intéressées, faire, à ses
» frais, des extraits *purgés* des actes ou titres mixtes, les
» conserver pour minutes, après les avoir fait signer et vérifier
» par les commissaires municipaux, et en délivrer des expé-
» ditions auxdites parties intéressées.

Art. XIX. » Pour chaque extrait-minute, et chaque expé-
» dition, il sera payé, etc....

Art. XX » Il n'est rien changé, par le présent décret, à
» celui du 9 brumaire. . . . .

» Art. XXI. Il est sursis à l'exécution de la loi du 17 juillet,
» quant au brûlement des titres et actes qui se trouvent dans
» les dépôts nationaux, jusqu'après le rapport de la commission
» nommée à cet effet par le décret du 12 brumaire.

Art. XXII. » La Convention nationale charge ses comités
» des finances, d'agriculture, et de législation réunis, de lui
» présenter incessamment un projet de décret pour la confection
» d'un grand livre des propriétés territoriales et pour un abor-
» nement général.

Art. XXIII et dernier. » Le décret du 17 juillet dernier sera
» exécuté quant aux articles auxquels il n'est pas dérogé par
» le présent décret. »

On voit que les lois des 17 juillet et 2 octobre 1793 n'ont
point supprimé les véritables rentes foncières qui sont établies,
en même temps, dans les titres constitutifs ou recognitifs de
véritables rentes seigneuriales, de véritables droits féodaux ou
censuels.

On voit que, tout en rejettant rigoureusement toutes les réclamations, tout en appliquant sévèrement la loi d'abolition, tout en proscrivant *sans pitié* tous les titres qui constituaient ou reconnaissaient des droits ci-devant seigneuriaux, féodaux et censuels, sous quelque couleur, sous quelque dénomination que ce fût, l'abolition, le rejet, la proscription frappent EXCLUSIVEMENT sur *des usurpations féodales bien distinctes, des exactions, des signes de domination, des tributs d'orgueil;* le comité de législation rend compte à la Convention nationale que le respect *constitutionnel* qu'elle portait aux propriétés, lui avait dicté des précautions *indispensables* avant le brûlement.

Certes, le comité faisait beaucoup pour justifier de la conservation de la propriété. Eh bien! la Convention nationale fit davantage encore : voici la loi qui fut rendue.

Loi du 8 pluviôse an 2, n°. 2161.

« La Convention nationale, après avoir entendu le rapport
» du comité de législation SUR LE MODE D'EXÉCUTION DE LA
» LOI DU 17 JUILLET (vieux stile), CONCERNANT LE BRULE-
» MENT DES TITRES FÉODAUX, décrète ce qui suit :

Art. Ier. » Les comités des finances, de législation et d'agriculture, sont
» chargés de présenter incessamment un rapport et projet de decret sur la
» confection d'un grand livre des propriétés territoriales.

Art. II. » Le surplus du projet de Décret présenté par le Comité de législa-
» tion, est ajourné jusqu'après ce rapport.

Art. III. » LES TITRES REMIS AUX MUNICIPALITÉS EN EXÉCUTION DE LA
» LOI DU 17 IUILLET, Y RESTERONT EN DÉPÔT IUSQU'A CE QU'IL EN SOIT
» AUTREMENT ORDONNÉ.

Art. IV. » Il est fait défenses à tous notaires, greffiers et dépositaires
» quelconques, d'insérer, A L'AVENIR, dans les minutes, expéditions ou extraits
» d'actes DE TOUTE NATURE, quelle que soit leur date, *des clauses, qualifi-
» cations, énonciations ou expressions*, tendantes à rappeler, d'une manière

» directe ou indirecte, le régime féodal, sous les peines portées par l'article 7
» de la loi du 17 juillet, SAUF AUXDITS DÉPOSITAIRES A DÉLIVRER LESDITS
» EXTRAITS OU EXPÉDITIONS, APRÈS LES AVOIR PURGÉS DE TOUT CE QUI
» EST PROSCRIT PAR LA PRÉSENTE LOI ET CELLES ANTÉRIEURES.

Visé par l'inspecteur, *Signé* S. E. MONNEL.

Collationné à l'original, par nous président et secrétaires de la Convention nationale.

A Paris, le 23 pluviôse an 2°. de la République une et indivisible.

Signé DUBARRAN, *président ;* MATHIEU et T. BERLIER , *secrétaires.*

Avoir fait défenses d'insérer A L'AVENIR , les clauses, qualifications, énonciations ou expressions féodales, dans les minutes, expéditions ou extraits d'actes de *TOUTE NATURE*, quelle que soit leur date, et conséquemment des baux à cens et des inféodations, comme de tous les autres titres;

Avoir autorisé par une loi formelle, les notaires, greffiers, et dépositaires quelconques, à délivrer des expéditions , et des extraits des mêmes actes, *après qu'ils les auront purgés desdites clauses, qualifications, énonciations ou expressions féodales ;*

Et avoir, de plus, ajourné indéfiniment le brûlement des titres même féodaux remis aux municipalités ;

C'est incontestablement avoir ordonné la continuation de l'acquit de toutes les charges non féodales portées dans les titres mixtes , et notifié qu'avant le brûlement, il y aurait une vérification des titres déposés, pour s'assurer si véritablement ils étaient tous purement féodaux , afin de ne détruire que ceux-là.

L'ajournement du surplus du décret qui avait été présenté par le comité de législation ramena son attention sur la lettre de M. Laumond, et le mémoire de MM. les régisseurs nationaux.

Les principes exposés dans le mémoire étaient ceux du comité, et ils avaient déterminé le décret du 2 octobre 1793.

La solution de la question soumise était écrite, 1º. dans le décret du 25 août 1792, article V, dans lequel l'Assemblée législative a marqué que les rentes qualifiées seigneuriales qu'il concernait, étaient celles QUI TENAIENT DE LA NATURE DES REDEVANCES FÉODALES OU CENSUELLES, ET QUI AVAIENT ÉTÉ CONSERVÉES INDÉFINIMENT, *par l'art. II du titre III du décret du 15 mars 1790, ainsi conçu :* « Toutes les redevances
» seigneuriales annuelles, en argent, grains, volailles, cire,
» denrées ou fruits de la terre, servies sous la dénomination
» de cens, censives, sur-cens, capcasal, rentes féodales, seigneu-
» riales et emphytéotiques, champart, tasque, terrage, arrage,
» agrier, complant, soëte, dîmes inféodées, ou sous toute autre
» dénomination quelconque, QUI NE SE PAYENT, ET NE SONT
» DUES QUE PAR LE PROPRIÉTAIRE OU POSSESSEUR D'UN FONDS,
» TANT QU'IL EST PROPRIÉTAIRE OU POSSESSEUR, ET A RAISON
» DE LA DURÉE DE SA POSSESSION, sont présumées être le prix
» et la condition d'une concession primitive de fonds, et comme
» tels, continueront d'être payées jusqu'au rachat effectué. »

2º. Dans la loi du 17 juillet 1793, qui se réfère au décret du 25 août 1792, et qui, conséquemment, ne supprime point les rentes servies sous la dénomination de *cens, censives, sur-cens, capcasal, rentes féodales, seigneuriales et emphytéo-tiques, champart, tasque, terrage, arrage, agrier, complant* (*),

---

(*) Le conseil d'état, par son avis du 4 thermidor an 8, et S. M. l'Empe-reur et roi, par son décret approbatif, *Bulletin des lois, n°. 43,* l'ont reconnu et proclamé sur le rapport de la section des finances, et après avoir discuté celui de S. Ex. le ministre des finances, sur les baux à complant.

» Considérant qu'il est évident que le bail à complant ne transfère au preneur aucun droit sur la propriété des biens qui en sont l'objet, et que la tenure dont il s'agit, rentre dans l'espèce de celle connue sous le nom *de tenure con-*

ou

ou sous toute autre dénomination quelconque, en tant qu'elles ne tiennent pas de la nature des redevances féodales ou censuelles dont il a été parlé en l'article II du titre III du décret du 15 mars 1790.

3º. Dans la loi du 2 octobre 1793, suivant laquelle, pour qu'une rente soit supprimée comme féodale ou entachée de féodalité, il faut qu'elle ait été créée avec mélange de cens ou autre signe de seigneurie ou féodalité, et que, de plus, elle n'ait pas été créée POUR concession du fonds.

MM. les régisseurs nationaux ne l'ignoraient point, mais consultés, ils craignaient de l'être souvent, et ils exprimaient le désir que le législateur fixât LITTÉRALEMENT le signe distinctif des rentes abolies.

Le comité arrêta, dans sa séance du 6 ventôse, que le décret suivant serait présenté à la Convention nationale :

DÉCRET sur une question relative au rachat offert, pour le compte de la nation, d'une rente QUALIFIÉE *foncière et seigneuriale.*

« LA CONVENTION.... Considérant que déjà elle a déclaré par un décret d'ordre du jour du 2 octobre 1793, qu'elle avait entendu par la loi du 17 juillet précédent, supprimer sans indemnité les rentes foncières qui avaient été créées, même PAR concession de fonds, avec mélange de cens ou autre signe de seigneurie ou féodalité ;

» DÉCLARE QU'IL N'Y A PAS LIEU A DÉLIBÉRER. »

---

venancière ou à domaine *congéable*, usitée dans plusieurs des départemens formés de la ci-devant Bretagne, dont les bailleurs ont été maintenus dans la propriété de ces biens par décrets de l'Assemblée constituante des 30 mai, 1er., 6 et 7 juin 1791, confirmés par la loi du 9 brumaire an 6.

S. Ex. Le ministre des finances a prescrit à la régie des domaines de se conformer à ces principes, relativement aux redevances de cette nature qui appartiennent à la nation.

Q

« *Il sera adressé une expédition manuscrite du présent décret à l'adminis-*
» *trateur des domaines.* »

La Convention nationale a rendu ce décret sans discussion à la première lecture qui lui en a été faite, et cela a été tout simple. Il n'ajoute rien aux lois des 17 juillet et 2 octobre 1793, et il ne retranche rien de la loi du 8 pluviôse. « *Le décret du 7 ventôse* » *an 2 est un acte de non-délibérer, qui, par sa nature, n'em-* » *porte aucune obligation, et qui, par sa forme, n'est soumis* » *à aucun sceau, et à aucune promulgation.* » M. GILLET (de Seine et Oise), le 26 ventôse an 8, au Tribunat.

Si l'on demande maintenant pourquoi le comité de législation et la Convention nationale n'ont pas cru devoir délibérer, la réponse sera facile.

D'abord, il ne convenait ni à la Convention nationale ni au comité de législation, de descendre à instruire, à discuter, à juger les faits.

L'examen, la solution des questions de fait, et l'application de la loi sont placés hors de la sphère législative.

Il n'en est point des lois comme des jugemens des tribunaux et des décisions des corps administratifs. LE LÉGISLATEUR N'EST PAS UN ADMINISTRATEUR ; IL N'EST POINT UN JUGE.

Dans les lois on ne peut jamais employer que des expressions génériques. Les lois sont des règles générales.

Secondement, *en matière de rentes foncières*, FÉODALES OU NON, les dénominations sont indifférentes. Il faut juger d'après *la nature* de la redevance, et pour la reconnaître, les ordonnances, les règlemens, les statuts, les contrats, les auteurs qui ont écrit avant la révolution, sont nos oracles.

Le droit ancien est l'interprète sûr des lois nouvelles. Ses livres sont toujours des livres classiques.

Les définitions, les principes et la jurisprudence , *fondés sur la raison écrite*, sont de tous les temps et de tous les pays. ILS NE SONT POINT SUJETS A CHANGEMENT.

Un débiteur de l'Auvergne, de la Bourgogne, du Dauphiné, de la Champagne, du Languedoc, de l'Alsace , de la Belgique aurait fort mauvaise grâce de vouloir se défendre, comme un débiteur des pays où régnait la maxime, *nulle terre sans seigneur,* et vice versâ. *In contractibus tacitè veniunt ea quæ sunt moris et consuetudinis in regione in quá contrahitur.*

Aucune rente dite seigneuriale n'est supprimée, *si elle ne tenait pas* DE LA NATURE *des redevances féodales ou censuelles.* Arrêts de la Cour de cassation des 24 vendémiaire an 13 , et 21 brumaire an 14.

« Lorsque la rente avait été réservée en reconnaissance de la
» seigneurie directe, elle était nécessairement seigneuriale ; et
» tel en eût été le caractère, même dans le cas où l'acte de con-
» cession l'eût qualifiée simplement de rente ou de rente foncière.
» Car, de même qu'une rente non seigneuriale *par sa nature*,
» ne devenait pas seigneuriale par cela seul qu'on l'avait ainsi
» qualifiée en la créant, de même aussi une rente qui , *par sa*
» *nature* , était seigneuriale , ne cessait pas de l'être , quoique,
» par le titre de sa création, l'on eût omis de lui en attribuer
» la qualité. » M. MERLIN.

Les rentes foncières seigneuriales étaient de deux espèces ; celles qui remplaçaient d'anciens droits, et celles qui étaient créées PAR concession de fonds , en hommage de la dépendance de la personne du vassal envers le seigneur , et de l'asservissement d'un héritage à un autre.

L'assemblée constituante avait maintenu l'une et l'autre espèce des rentes foncières seigneuriales, en les déclarant assimilées

aux simples rentes et charges foncières , et comme telles , présumées être le prix et la condition d'une concession primitive
de fonds. *Loi du* 15 - 28 *mars* 1790.

L'assemblée législative fit cesser la perception de celles des
rentes foncières seigneuriales qui ne pourraient pas être justi-
fiées avoir POUR CAUSE une concession primitive de fonds , et
elle décida que cette cause ne pourrait être établie qu'autant
qu'elle se trouverait *clairement énoncée* dans l'acte primordial
d'inféodation ou d'acensement. *Loi du* 25 - 28 *août* 1792.

Quant aux droits casuels, elle supprima tous ceux qui, par
la représentation du titre primitif d'inféodation, d'acensement
ou de bail à cens, ne seraient pas justifiés être le prix et la
condition d'une concession du fonds pour lequel ils étaient
perçus. *Loi du* 18 *juin* — 6 *juillet* 1792.

Quelles que fussent les considérations qui militaient pour
les rentes et droits seigneuriaux qui avaient été conservés le
25 août 1792 , on était toujours obligé de convenir qu'ils n'a-
vaient jamais été produits que par le régime féodal entièrement.
*Ils n'étaient réellement ni le prix ni la condition de la cession
du fonds.* Ne nous lassons point de le dire. C'EST A LA FORCE DU
PRINCIPE DE L'ABOLITION *pure et simple* DE LA FÉODALITÉ
QUE SONT DUES LES LOIS DES 17 JUILLET ET 2 OCTOBRE 1793.

Le débiteur d'une rente seigneuriale était le propriétaire du
fonds, au 4 août 1789. *La rente seigneuriale couvrait et dé-
vorait sa propriété,* suivant l'expression de l'Assemblée législative.

Tandis que le débiteur de la rente véritable foncière n'était
pas propriétaire du fonds, et qu'il ne le deviendra qu'en payant les

(123)

arrérages échus et remboursant le capital, conformément à la
loi du 18 — 29 décembre 1790 (*).

(*) « Dans les pays où il est d'usage, soit dans les baux à rente, soit dans
les locatéries perpétuelles, d'interdire ou prévenir la coupe des bois de haute
futaie, et de la réserver au bailleur, ou d'assujettir le preneur à en rembourser la valeur au bailleur, celui-ci conservera le droit de couper lesdits bois,
lorsqu'ils seront parvenus à leur maturité, si mieux il n'aime consentir d'en
recevoir la valeur actuelle, suivant l'estimation qui en sera faite par experts
ou à l'amiable, auquel cas le preneur sera tenu de rembourser au bailleur le
prix desdits bois, outre le capital fixé pour le capital de la rente, *art IV du
titre 3 de la loi du* 29 *décembre* 1790.

« Dans les pays et les cas où le rachat des rentes foncières créées irrachetables, donnait ouverture à des droits de lods et ventes, et dans ceux où les
baux à rente foncière rachetable, ainsi que la vente du fonds, à la charge de
la rente rachetable, donnaient ouverture auxdits droits, les propriétaires *des
ci-devant fiefs* ne pourront point exiger de droits de lods et ventes, sous prétexte de la faculté qui a été accordée par le décret du 4 août, et qui est confirmée par le présent décret, de racheter les rentes foncières créées irrachetables. Lesdits droits de lods et ventes ne pourront être exigés que lors du
remboursement effectif desdites rentes. ... « *art.* Ier. *du titre* 4.

» Le *propriétaire* de la rente pourra racheter les droits casuels ci-devant
seigneuriaux, *à raison de la valeur de la rente.... art. V.*

» La faculté du rachat accordée aux débiteurs des rentes foncières, ne dérogera en rien aux droits, priviléges et actions qui appartenaient ci-devant
aux bailleurs de fonds, soit contre les preneurs personnellement, soit sur les
fonds baillés à rente : en conséquence, les créanciers bailleurs de fonds continueront d'exercer les mêmes actions hypothécaires, personnelles ou mixtes,
qui ont eu lieu jusqu'ici, et avec les mêmes priviléges qui leur étaient accordés par les lois, coutumes, statuts et jurisprudence qui étaient précédemment
en vigueur dans les différens lieux et pays du royaume. « *Art.* Ier. *du titre* 5.

La faculté de racheter les rentes foncières ne changera pareillement rien à leur nature immobilière, ni quant à la loi qui les
régissait : en conséquence, elles continueront d'être soumises aux mêmes

Quoique devenue rachetable, la rente véritable foncière est

---

principes, lois et usages que ci-devant, quant à l'ordre des successions, et aux aliénations à titre onéreux. « *Art. III.*

» Les baux à rente faits sous la condition expresse de pouvoir, par le bailleur, ses héritiers et ayans cause, retirer le fonds en cas d'aliénation d'icelui par le preneur, ses héritiers et ayans cause, demeureront dans toute leur force quant à cette faculté de retrait qui pourra être exercée par le bailleur, *tant que la rente n'aura point été remboursée avant la vente du fonds.* « *Art. IV.*

» Dans les pays où les rentes foncières ont suite par hypothèque, les créanciers hypothécaires qui voudront conserver leur hypothèque sur les rentes foncières, soit en cas de remboursement d'icelles, seront tenus de former leur opposition au greffe des hypothèques du ressort du lieu de la situation des fonds, sans préjudice de l'opposition qu'ils pourront former entre les mains du débiteur au remboursement ; mais cette dernière opposition ne pourra donner aucun droit de concurrence vis-à-vis des opposans au greffe des hypothèques ; et, néanmoins, le prix du remboursement sera distribué par ordre d'hypothèque entre les simples opposans entre les mains du débiteur, après que les opposans au sceau des lettres de ratification auront été payés. « *Art. II du titre 6.*

» Dans les pays où l'édit de 1771 n'a point d'exécution, l'opposition à l'effet de conserver l'hypothèque, sera faite au greffe du tribunal du district du ressort de la rente de la situation du fonds. « *Art. III.*

» Les créanciers qui formeront les oppositions générales désignées dans les articles II et III ci-dessus, ne seront point obligés de les renouveler tous les trois ans ; lesdites oppositions dureront trente ans, dérogeant, quant à ce seulement, à l'édit de juin 1771. « *Art. IV.*

» Les débiteurs de rente foncière n'en pourront effectuer le remboursement qu'après s'être assurés qu'il n'existe aucune opposition enregistrée au greffe des hypothèques, ou au greffe du district, dans les lieux où l'édit de 1771 n'est pas en vigueur. « *Art. V.*

— La Convention nationale a SOLENNELLEMENT approuvé et maintenu la loi du 29 décembre 1790. *Elle a, dans la loi du 9 messidor an 3, formellement conservé aux rentes foncières leur nature immobiliaire et tous les droits qui y sont inhérens.*

toujours ce qu'elle était, quant à sa nature immobiliaire, et quant aux droits, priviléges et actions appartenans aux bailleurs du fonds.

L'acte de rachat transfère du propriétaire de la rente au débiteur la propriété de cette même rente. Il a l'effet d'un contrat de vente.

Tout ce qu'a fait la loi nouvelle, c'est d'obliger le propriétaire des rentes véritables foncières, à céder sa propriété, lorsque son débiteur vient lui en apporter le prix.

Troisièmement, *dans l'espèce des 35 septiers de blé*, si, au lieu d'être qualifiée *foncière et seigneuriale*, la rente avait été simplement dénommée foncière, relisons le mémoire de la régie, le rapport du comité de législation et le décret du 7 ventôse; personne ne se serait imaginé de mettre en problème son exigibilité, malgré la stipulation des droits de cens et de lods dans le même acte. LA QUESTION N'AURAIT POINT ÉTÉ PROPOSÉE. LE DÉCRET DU 7 VENTÔSE N'EXISTERAIT PAS. *Hoc est scriptum. Standum instrumento.*

La double qualification de rente *foncière et seigneuriale* a fait naître la question, *écrivait M. l'Administrateur des domaines.*

Tout l'objet du mémoire de MM. les régisseurs nationaux consistait à obtenir une fixation *littérale* du signe distinctif des rentes abolies.

Or, ce signe avait été fixé par la loi du 2 octobre 1793. Le comité de législation et la Convention nationale n'ont eu qu'à en faire le rappel.

La rente supprimée par la loi du 17 juillet est celle qui a été créée, même PAR concession de fonds, avec mélange de cens ou autre signe de seigneurie ou féodalité. Celle-là seule, des deux espèces de rentes seïgneuriales, restait à supprimer, d'après le décret du 25 août 1792.

Le décret du 7 ventôse an 2 n'est point conçu en forme de disposition nouvelle; il se reporte, au contraire, totalement à la loi du 2 octobre 1793, qui a dicté au même comité de législation le rapport sur le mode d'exécution du décret du 17 juillet, et à la Convention nationale, l'heureuse loi du 8 pluviôse.

Donc la Convention n'a point commandé la destruction des titres en entier. Donc la Convention n'a point supprimé les rentes qui ont été créées POUR la concession du fonds, *c'est à-dire*, pour le prix total ou partiel, et la condition d'une cession de PROPRIÉTÉS LÉGITIMES, quelle qu'ait été la qualité du propriétaire, quel que soit le titre desdites rentes, et quelle qu'en soit la dénomination.

Qu'au sein de la Convention nationale, il y ait eu un parti pour confondre le féodal et le foncier, tout abolir, et tout incendier, il nous suffit que les amis des vrais principes et de la propriété aient été *ici* les plus forts, et qu'ils aient triomphé.

— « De toutes les lois rendues sur les redevances foncières, la plus précise, celle qui ne prête point au vague des interprétations, c'est la loi du 17 juillet 1793. Elle définit clairement la nature des droits qu'elle supprime ; elle classe dans un cadre particulier ceux qu'elle entend conserver. Tout ce qui tient à la féodalité est proscrit par elle; tout ce qui tient à la propriété réelle ou en est la représentation, est maintenu.

» Malgré les termes exprès de ses dispositions, elle a souvent reçu une *application erronée, un sens forcé.* Ici l'intérêt individuel s'est établi juge de ses obligations ou de ses droits ; là, des tribunaux, CONFONDANT DEUX CHOSES ESSENTIELLEMENT
» SÉPARÉES

SÉPARÉES, ont décidé que telle rente foncière était supprimée, parce qu'outre la quotité qu'elle exprimait, elle était grevée d'une redevance accessoire, sous la dénomination de fief ou de cens.

» Ailleurs, l'esprit de la loi a été mieux entendu ; on a su distinguer la partie féodale, la seule vraiment abolie, de celle purement foncière. La part de chacun a été faite, et les rentes ont été servies (*) et les rachats opérés sur ces bases.

» L'avilissement successif et rapide du papier-monnaie, qui, pour le débiteur, était un attrait de se libérer presque pour rien, a été pour le propriétaire un motif de suspendre momentanément l'exercice de ses droits (**) et de sa créance : c'est A CETTE LEÇON DE SAGESSE DONT LE GOUVERNEMENT A USÉ, sans s'en douter, QU'IL DOIT L'ENTIÈRE CONSERVATION DES RENTES DUES A L'ÉTAT.

» .... *Les rentes ou prestations purement foncières et non féodales*, est-il dit dans l'article II du décret du 17 juillet, *demeurent exceptées de la suppression prononcée par l'art. I*ᵉʳ. *de ce décret.*

» Voilà le principe : il s'agit d'en faire l'application ; et pour cela, il faut chercher la définition du mot *rente*.

» Son caractère est inaltérable : différente de la rente constituée qui est due principalement par celui qui s'oblige, la rente réelle ou foncière représente le fonds, disons mieux, c'est le fonds lui-même. La transmission qui en est faite n'y change rien.

(*) Il résulte des renseignemens que la commission des finances a reçus des départemens, qu'il y en a eu dans tous, sans exception.

(**) D'autant plus que, *d'après les lois des* 6 *juillet* 1791, 20 *août* 1792 *et* 22 *août* 1793, *la prescription n'a point couru pendant la révolution.*

R

» Y eût-il jamais une propriété plus sacrée? et quelle différence ferait-on entre celui qui prêterait une somme à un intérêt
convenu, et le propriétaire qui vendrait son héritage, en se
réservant une partie des fruits qui en proviendraient ? Le
contrat n'est-il pas le même? et s'il existait une différence, ne
serait-elle pas en faveur de celui qui cède un objet productif,
impossible à dénaturer?

» Le droit connu sous la dénomination de fief ou cens, et
qui souvent se trouve faire partie d'une rente foncière, a un
caractère bien distinct. Il participe également de la qualité
de la personne qui le doit, et de celle à qui il est dû. Il exprime un hommage, une reconnaissance de la propriété directe
et consacre une dépendance personnelle : il est frappé par la loi
et anéanti pour toujours.

» A l'égard des rentes foncières, il n'en est pas ainsi ; elles
tiennent au produit du fonds, et sont acquittées par le fonds
seulement.

» On ne peut les confondre avec les droits féodaux, les droits
censuels. LA LOI S'EST EXPLIQUÉE SUR CE POINT ; ET IL NE
FAUT PAS METTRE EN QUESTION CE QU'ELLE A DÉJA DÉCIDÉ. »
*Extrait littéralement du rapport fait au Conseil des cinq
cents, dans sa séance du 4 thermidor an 5 , par la commission des finances, dont étaient membres MM. les Conseillers-
d'État* DUCHATEL , *Directeur général de l'Administration
de l'enregistrement et des domaines; et* DAUCHY, *Administrateur des domaines des États vénitiens ; et* MM. FABRE
(de l'Aude), *président du Tribunat;* BERGIER , GIBERT-
DESMOLIÈRES, *etc.*

— « . . . . La Convention approuva les décrets de l'Assemblée législative sur les rentes et droits *féodaux*, et y fit quelques additions.

» .... La législation dont je réclame le maintien, a été le résultat des plus profondes discussions, l'objet des vœux des plus grands philosophes, et l'expression de la volonté générale.

» Je suis bien éloigné de vouloir qu'on attaque la propriété : *Celui qui n'a pas un respect profond et religieux pour elle, est un brigand qui ne veut ni société ni lois.* MAIS CE QUI N'A ÉTÉ ÉTABLI QUE PAR LA VIOLENCE ET PAR UN SYSTÈME D'OPPRESSION NE FUT JAMAIS UNE PROPRIÉTÉ ; la liberté, la justice, et le droit des nations réclamèrent toujours contre cette usurpation. Les siècles n'ont pu la légitimer ; les droits des hommes sont imprescriptibles. » M. GAYVERNON, *dans les séances des* 19, 21 *et* 29 *fructidor, et* 2e. *complémentaire de l'an* 5.

— « J'ai toujours été convaincu que les assemblées nationales n'avaient point entendu porter atteinte au droit de propriété dans les divers décrets relatifs aux rentes foncières ; que le défaut de paiement provient des FAUSSES interprétations données à ces décrets ; INTERPRÉTATIONS QUI ONT ÉTÉ POUR LA PLUPART L'OUVRAGE DE LA MALVEILLANCE ET DES ÉTERNELS ENNEMIS DES TRAVAUX DE LA CONVENTION.

» *Les rentes foncières étant celles qui tiennent lieu du prix de la concession du fonds, il est évident que le décret du* 17 *juillet* 1793 *les a conservées.* LA CONVENTION A VOULU SEULEMENT ABOLIR TOUT CE QUI TENAIT A LA FÉODALITÉ » M. FABRE (de l'Aude.)

Effectivement, interrogeons les actes de la Convention nationale, postérieurs au 7 ventôse an 2, étudions sa conduite, et nous allons joindre de nouveaux traits de lumière à toutes les preuves victorieuses que nous en avons précédemment fournies.

Décret du 6 germinal an 2. — « La Convention nationale,
» après avoir entendu son comité de législation sur les questions
» proposées par le commissaire national près le Tribunal du
» district de Chambon, relativement à la loi du 9 frimaire,
» et tendante à savoir :

1°. » Si le co-débiteur solidaire des *droits ci-devant féodaux ou censuels*,
» qui, ayant payé volontairement à la décharge de son co-obligé, a intenté sa
» demande en remboursement avant la loi du 25 août 1792, ou même avant
» 1789, peut encore faire juger cette demande restée indécise ;

2°. » Si le co-obligé qui a payé des *droits ci-devant féodaux ou censuels*,
» sur un simple commandement d'après une demande judiciaire, peut se
» faire restituer par son co-débiteur ce qu'il a payé pour celui-ci ;

3°. » Si les frais des procédures faites entre co-débiteurs solidaires avant les
» lois des 25 août 1792 et 17 juillet 1793, à fin d'également ou péréquement
» de CENS OU AUTRES DROITS SEMBLABLES et devenus sans objet d'après les lois,
» peuvent être répétés à la charge des parties qui avaient tort au fond ;

» Considérant, sur la première question, que l'article II de la loi du 9
» frimaire * ne distingue point entre celui qui a payé avant et celui qui
» n'a payé que depuis les lois des 25 août 1792 et 17 juillet 1793, qu'ainsi
» sa disposition s'applique aux uns comme aux autres.

» Sur la seconde question, que celui qui a payé en vertu de commandement
» ou demande judiciaire, est censé avoir payé par autorité de justice.

» Sur la troisième question, il n'est mis obstacle par aucune loi à la
» répartition des frais dont il s'agit ;

» Déclare qu'il n'y a pas lieu à délibérer.

* *Décret du 9 frimaire an 2.*

« La Convention nationale, après avoir entendu son comité
» de législation sur les questions proposées par le Tribunal du
» district de Saint-Flour, décrète ce qui suit :

Art. 1er. « Il n'est porté, par les lois des 25 août 1792 et 17 juillet 1793,

» aucun préjudice à l'action que tout ci-devant co-débiteur solidaire de *droits*
» *féodaux ou censuels* peut avoir contre son co-obligé pour se faire rembourser
» la part qu'il a payée pour lui.

Art. II. » Néanmoins, cette action ne peut avoir lieu qu'en faveur de
» celui qui a payé par autorité de justice.

Art. III. » Tout ci-devant co-débiteur, qui, par l'effet de son action en
» remboursement contre le co débiteur pour qui il a été contraint de payer,
» a été mis j diciairem nt en possession de l'héritage de celui-ci, ne peut en
» être dépossédé qu'au moyen du remboursement effectif de ce qu'il a droit
» de répéter. »

Autre décret du 6 germinal an 2. — « La Convention
» nationale, après avoir entendu le rapport de son comité de
» législation, sur la pétition des communes de Venisy et de
» Challey, district de St.-Florentin, département de l'Yonne,
» tendant à faire décider que les communes réintégrées, par la
» loi du 28 août 1792, dans les biens communaux dont elles
» avaient été dépouillées *par l'effet de la puissance féodale,*
» doivent obtenir la restitution des fruits précédemment perçus
» par les ci-devant seigneurs ;

» Considérant que la LOI du 28 août 1792 N'A POINT DÉROGÉ AU
» PRINCIPE DE DROIT COMMUN, d'après lequel, EXPROPRIANT les
» ci-devant seigneurs des biens QUI AVAIENT APPARTENU PRIMI-
» TIVEMENT AUX COMMUNES, on ne pouvait exiger d'eux aucune
» restitution des fruits perçus antérieurement à la demande en
» revendication formée judiciairement à leur charge; que ce
» principe a même servi de base à une disposition de l'article
» Ier. de cette loi, et que c'est uniquement pour éviter une
» redite ridicule qu'on ne l'a pas rappellé dans l'article VIII ;
» que, d'ailleurs, on ne pourrait, par une nouvelle loi, ordonner
» une pareille restitution de fruits, sans donner lieu, contre le
» trésor public, à des *réclamations dont l'effet serait aussi*

» *onéreux à la nation, que la cause en serait injuste;* déclare
» qu'il n'y a pas lieu à délibérer.

Décret du 2 prairial an 2. — « La Convention nationale,
» après avoir entendu le rapport de son comité de législation,
» sur les questions proposées par le commissaire national, et au
» nom du tribunal du district de Commune-Franche, *si les*
» *baux de fonds donnés à culture perpétuelle,* sont sujets au
» rachat ; et en cas d'affirmative, quel est du bailleur ou du
» preneur, celui qui est autorisé à l'effectuer ;

» Considérant que, *d'après les dispositions des lois des*
» 18 *décembre* 1790 *et* 27 *août* 1792, il est impossible de ne pas
» regarder les baux à culture perpétuelle, comme soumis au
» rachat, suivant le mode déterminé par la première de ces
» lois, pour le rachat des redevances ou rentes consistant en
» quotité de fruits, et que, SUIVANT LES PRINCIPES REÇUS
» EN CETTE MATIÈRE, le rachat ne peut être exercé que par
» celui qui détient et possède réellement le bien grevé de la
» prestation rachetable, conséquemment par le preneur, dans
» le cas proposé ;
» Déclare qu'il n'y a pas lieu à délibérer. »

Décret portant qu'il n'y a pas lieu à résilier le contrat d'arrentement passé
au profit de la veuve Horoy, par le ci-devant prince de Conti, du 13
prairial an 2.

« *La Convention nationale,* après avoir ouï le rapport de
» ses comités des domaines et d'aliénation réunis, sur la pétition
» de la citoyenne veuve Horoy, par laquelle elle demande
» la résiliation d'un contrat d'arrentement passé à son profit par
» le ci-devant prince de Conti, de 3 moulins à farine, moyen-
» nant 5000 liv. et trois muids de blé de redevance annuelle,

» sur le motif que les nouvelles lois ont aboli le régime féodal
» et permis à tous les riverains de faire des prises d'eau et d'éta-
» blir des moulins sur les rivières , ce qui lui cause un préjudice
» considérable ;

» *Considérant que les moulins arrentés à la veuve Horoi*
» *ne jouissaient point de la banalité ;* qu'ainsi , elle n'a jamais
» eu *le droit exclusif* de mouture dans les communes à
» portée desquelles étaient établies ses usines, décrète qu'il n'y
» a pas lieu à délibérer. »

N'est-il pas évident que si la rédaction du décret du 7 ventôse
avait laissé quelques doutes sur l'objet et l'intention des législateurs, ils seraient pleinement levés par celui du 13 prairial ,
puisque les comités et la Convention nationale ont eu sous les
yeux le contrat passé entre le ci-devant prince de Conti et la
veuve Horoy, et que ce contrat était à la fois constitutif et de
droits féodaux et de la redevance annuelle des trois muids de
blé ?

De la demande de la veuve Horoy, du rapport des comités
d'aliénation et des domaines *qui en conférèrent avec le comité*
de législation, et du décret du 13 prairial , résulte la conséquence parfaite que LES RENTES QUI SONT LE PRIX DES CON-
CESSIONS DE FONDS N'ONT POINT ÉTÉ SUPPRIMÉES, QU'ELLES
SOIENT OU NON ÉTABLIES PAR DES TITRES QUI ÉTABLISSAIENT,
EN MÊME TEMPS , DES DROITS FÉODAUX OU CENSUELS.

» *Aucun décret n'a supprimé sans indemnité les rentes*
foncières établies par les baux où se trouvent en même temps
des stipulations accessoires tenant de la féodalité. » M. FABRE
(de l'Aude), *les* 14 *germinal et* 12 *prairial an* 5.

Le décret du 6 messidor an 2 concourt à le prouver encore ;
car , voulant rejeter le pourvoi de MM. Pipelet en remboursement

d'une rente qu'ils prétendaient sur la terre de Tinselve, provenant du clergé, dans leur ci-devant seigneurie de Leully en Vermandois, le comité de liquidation ne trouva jour à leur appli·
quer ni les lois des 17 juillet et 2 octobre 1793, ni le décret
du 7 ventôse an 2; et IL FUT RÉDUIT A RELEVER ET A NE
VOIR QUE L'ERREUR QU'ILS AVAIENT FAITE D'INVOQUER L'ART.
17 DE LA LOI DU 25 AOUT 1792. *Le motif du rejet (*) a été
que la rente était due sur un bien situé dans la paroisse de
Leully, dont MM. Pipelet étaient ci - devant seigneurs, et
qu'ainsi ils n'étaient point dans le cas de l'article invoqué.*

Au surplus, « la Convention rendit le décret du 6 messidor
» an 2, sur le rapport d'un comité qui n'envisageait la question

---

(*) Assurément, on n'aurait pas dû punir MM. Pipelet d'une erreur. Il
fallait examiner leur droit et ne pas s'arrêter à *réfuter leur pétition.*

Quoi qu'il en soit, MM. Pipelet seuls en ont souffert. Le décret du 6 messidor n'est point une loi générale. Il n'était pas susceptible de l'être. IL N'A
POINT ÉTÉ PROMULGUÉ.

— » Il ne renferme qu'une décision particulière à l'espèce sur laquelle il
est intervenu : peu importe qu'il soit motivé de manière à pouvoir être
appliqué à toute la France ; il n'en est pas moins vrai que sa disposition ne
porte que sur un cas particulier ; et tout ce que permet la saine logique, c'est
de l'adapter aux cas parfaitement semblables.....

» En thèse générale, la disposition d'une loi doit être étendue à tous les
cas auxquels s'adapte le motif qui l'a dictée.

» Mais, d'abord, il faut pour cela que le motif s'y adapte DANS TOUTE SON
ÉTENDUE, et qu'il n'y ait aucune différence entre le cas décidé expressément
par la loi, et le cas que la loi a laissé indécis.

» Ensuite il est de principe que les lois nouvelles qui contrarient le système
général de la législation, ne doivent pas être étendues, MÊME PAR IDENTITÉ
DE RAISON, aux cas semblables à ceux sur lesquels elles ont établi des règles
particulières. *Quod contra rationem juris receptum est, non est producendum
ad consequentias.* » M. MERLIN.

» que

» que dans l'intérêt des finances publiques, et dont le seul but
» était d'exempter la nation de rembourser aux citoyens Pipelet
» le capital de leur rente. » M. MERLIN, *question de droit*,
tome 7, *page* 644.

Le 7 messidor an 2, les commissaires des cinq comités
de salut public, des domaines et d'aliénation, de législation,
d'instruction publique, et des finances, et M. le rapporteur de
la commission des archives, MM. Julien Dubois, Portiez de
l'Oise, P. C. L. Baudin, du comité des domaines et archives ;
T. Berlier, Oudot, du comité de législation ; L. J. Prunelle,
R. T. Lindet, du comité d'instruction publique ; Lombard
Lachaux, du comité des finances, etc....

» Citoyens, votre comité des domaines, sans cesse occupé du recouvrement des propriétés nationales avait depuis long-temps reconnu combien il
importe de recueillir et de rassembler les titres qui les établissent. En vain
vos prédécesseurs avaient-ils appliqué à l'amortissement de la dette publique
les biens possédés auparavant, tant par le ci-devant clergé, que par une
multitude de corporations anéanties ; en vain vous-même vous auriez accru
le domaine national de tout ce que vos décrets y ont réuni, si l'on pouvait
les éluder par la soustraction des titres.

» Le comité des domaines vous proposa donc de donner aux recherches
une nouvelle activité, et il crut qu'au nombre des moyens qu'on emploirait
pour les rendre efficaces, l'un des plus assurés serait de rattacher la collection
des titres domaniaux, par des rapports de subordination et de surveillance,
à un dépôt central placé sous vos yeux, et soumis immédiatement à votre
inspection, c'est-à-dire à vos archives.

» Tel fut l'objet d'un décret qui vous fut proposé, et que vous adoptâtes
le 12 brumaire.

» Peu de temps après, vous en rendîtes un autre, sur le rapport de votre
comité des finances, le 10 frimaire, concernant les domaines aliénés. Celui-
ci oblige, par des moyens révolutionnaires, les dépositaires et détenteurs de
titres à en faire leur déclaration, et supprime tous les agens employés à la
conservation de ces mêmes titres, sans pourtant déroger expressément à ce
qu'avait établi votre décret du 12 brumaire.

S

» La contrariété de ces dispositions se fit bientôt sentir , quand il en fallut venir à l'exécution. Les vues de vos deux comités étaient également sages , également louables; il leur manquait seulement d'avoir été concertées.

» Le comité des domaines vous proposa d'établir alors une commission composée de membres dont les uns seraient pris dans son sein , les autres dans les comités des finances, *de législation*, et d'instruction publique, afin d'envisager la question sous tous les rapports qu'elle pouvait avoir avec les travaux de ces différens comités , et vous lui donnâtes le nom de commission des archives, parce qu'elle devait préparer la partie de la législation qui s'applique à la recherche et à la conservation des titres.

» La commission ainsi formée se vit bientôt obligée d'étendre ses vues beaucoup au-delà de la conciliation des deux décrets qui avaient été l'occasion de son institution. Elle porta ses regards sur l'immensité des titres et pièces manuscrits de toute espèce qui existent dans les dépôts publics, et elle crut devoir chercher la théorie du triage qu'il faut en faire, et les moyens d'exécution pour y parvenir.

» L'intérêt public peut et doit seul mettre des bornes à ce premier mouvement dont on se sent animé de faire disparaître jusqu'aux moindres vestiges des monumens d'un régime abhorré.

» *C'est pour mieux proscrire ce qui nous est justement odieux , que nous nous tenons en garde contre une précipitation inconsidérée qui pourrait blesser la justice, donner atteinte à la fortune publique, et nous exposer à des regrets.*

» La voix du patriotisme nous crie que rien ne doit subsister de ce qui porterait l'empreinte honteuse de la servitude ; et LE RESPECT POUR LA PROPRIÉTÉ PUBLIQUE OU PARTICULIÈRE NOUS IMPOSE LE DEVOIR D'EXAMINER SOIGNEUSEMENT TOUT CE QUI SERT A CONSTATER L'UN OU L'AUTRE.

» A l'égard des titres domaniaux, votre commission s'est aisément convaincue que les déclarations exigées des détenteurs et dépositaires, étaient sans doute une voie efficace pour se les procurer, mais qu'elle ne suffisait pas.

» En effet, la bonne foi peut ignorer l'origine d'une propriété que le possesseur retiendra sans être coupable, et *la mauvaise foi audacieuse risquera de braver la loi, et parviendra quelquefois à le faire impunément, si l'on se borne à attendre des déclarations sans indiquer quelles poursuites seront faites contre ceux qui garderaient le silence.* Ce n'est rien d'avoir décrété qu'ils seraient réputés suspects, et comme tels mis en arrestation :

il faut inévitablement en venir à des recherches, comme nous vous le proposons, et leur dépense calculée avec une juste sévérité par votre comité des finances, ne doit pas vous effrayer, quand vous envisagerez les recouvremens qu'elle produira. *Le ci-devant duché de Thouars, sur lequel viennent d'être donnés des renseignemens précieux, couvrirait seul, par la valeur dont il est, les frais des opérations dont nous vous développons le projet.*

» L'Assemblée constituante, par un décret du 3 novembre 1790, avait ordonné l'inventaire des chartriers des ci-devant chapitres et monastères, et *nous savons que, faute par elle, d'avoir pourvu à la dépense raisonnable qu'il fallait pour y parvenir, plusieurs corps administratifs, accablés d'ailleurs, il en faut convenir, d'occupations multipliées, ont jusqu'à présent laissé sous les scellés, des titres importans qui depuis long-temps eussent accru la propriété nationale.*

» Le triage aura, par rapport aux titres domaniaux, trois effets éga'ement essentiels, 1°. l'accroissement du domaine national ; 2°. la suppression de beaucoup de pièces inutiles et *qui seront reconnues pour telles*, D'APRÈS LES CARACTÈRES QUE NOUS AVONS PUISÉS DANS VOS DÉCRETS (*) ; 3°. une nouvelle compression du fédéralisme.... Nous avons hésité si nous n'irions pas jusqu'à vous demander le transport et la réunion à Paris de tous les titres domaniaux. Les difficultés et la dépense de cette réunion nous ont engagés à nous borner, quant à présent, à mettre en quelque sorte ces titres en réquisition, et par cela seul, ils cessent dès ce moment d'appartenir aux départemens.

» L'on ne peut rechercher et recueillir avec trop de soin les titres nécessaires à des recouvremens qui doivent à la fois affermir à jamais la liberté *et remplir les créanciers de la République.*

» Le même esprit et les mêmes vues doivent présider à l'examen des titres judiciaires.

» Partout il faut qu'une recherche scrupuleuse aille scruter dans les dépôts

---

(*) De là il suit que les cinq comités de la Convention nationale ont reconnu que, 1°. les titres *purement féodaux* ont seuls été anéantis ; 2°. *les rentes pour cessions, reconnaissances, échange et mise en possession d'héritages fonciers, d'immeubles réels, et tous les droits incorporels non féodaux, les conditions de jouissance improprement appelées servitudes, sont des propriétés auxquelles il n'a point été touché par les décrets des 17 juillet, 2 octobre 1793, 7 ventôse et 6 messidor an 2.*

(138)

publics. *Une indication sommaire désignera dans ces dépôts intéressans pour la fortune des citoyens, ce que le maintien de la propriété exige d'y conserver.*

» Pour exécuter dans toutes ses parties le triage dont nous venons de vous esquisser le plan, il faut employer des hommes exercés et instruits. Il faut que leurs opérations soient centralisées ; que le choix des agens émane de la représentation nationale ; que leurs travaux soient surveillés par votre commission. Il faut se garantir des méprises de l'inexpérience, et de l'influence des intérêts de localité, auxquelles on s'exposerait en se reposant sur les autorités constituées d'un soin qui ne ferait que les surcharger ; il faut surtout que ceux auxquels on le confiera ne puissent s'excuser du retard, sur d'autres travaux qui partageraient leur attention.

» Il nous a paru qu'il fallait choisir à Paris quelques citoyens très-éclairés ; et dans les départemens, l'agent national de chaque district aura l'influence d'exécution que nécessite la partie administrative du triage.

» L'immensité des titres, tant domaniaux que judiciaires qui sont à Paris, exige impérieusement qu'ils soient divisés en deux sections ;

» Il est temps que tout se rapporte à l'unité, base de nos diverses institutions ;

» Que les archives nationales soient le point auquel correspondent celles des administrations de toute espèce, soit départementales, soit exécutives ;

» Qu'on conserve ou qu'on établisse des dépôts de titres par tout où la commodité des citoyens et l'activité du service l'exigeront ; mais ces diverses collections ne seront que des sections éparses du dépôt central auquel elles fourniront toutes un état sommaire de ce que contient chacune d'elles. *La surveillance de votre commission doit les embrasser toutes, comme votre autorité doit les gouverner.* »

Tel est, citoyens, le but important que nous nous sommes proposés, et pour l'atteindre plus sûrement, votre commission a communiqué son travail au comité de salut public, ainsi qu'aux quatre comités des domaines, DE LÉGISLATION, des finances, et d'instruction publique. C'est après avoir profité de toutes les lumières qui sont résultées de ces diverses discussions, qu'elle vous propose son projet de décret.

Loi du 7 messidor an 2, n°. 58, bulletin n°. 12.

« La Convention nationale, après avoir entendu le rapport

» des comités de salut public, des domaines et d'aliénation, de
» législation, d'instruction publique, et des finances, décrète...»

Art. VI. « Tous les titres domaniaux, en quelque lieu qu'ils existent,
» appartiennent au dépôt de la section domaniale des archives.... à Paris.

Art. VIII. » Le comité des archives fera, sans délai, procéder au triage des
» titres domaniaux qui peuvent servir au recouvrement des propriétés na-
» tionales..... L'état en sera fourni au comité des archives, qui le fera
» passer à celui des domaines.

Art. IX. » *Seront dès à présent anéantis*;
» 1°. LES TITRES *purement* FÉODAUX;
» 2°. Ceux qui sont rejettés par un jugement contradictoire, dans la forme
» prescrite par les décrets;
» 3°. Ceux qui n'étant relatifs qu'à des domaines déjà recouvrés et aliénés,
» seront reconnus n'être plus d'aucune utilité;
» 4°. Ceux qui concernent des domaines définitivement adjugés depuis 1790.

Art. X. » Le comité fera procéder également, dans les greffes de TOUS
» les tribunaux supprimés, au triage de TOUTES les pièces qui seront jugées
» nécessaires au maintien des propriétés nationales et *particulières* (1), pour

---

(1) Ainsi, pour la convention nationale, ce n'était point assez d'avoir
empêché tout brûlement, tout dépôt *forcé* de titres, depuis le 10 août 1793,
et d'avoir fait imprimer, distribuer dans toute la république le rapport et
les vues de son comité de législation *sur le mode d'exécution* de la loi du
17 juillet; ce n'était point assez d'avoir porté la mémorable loi du 8 pluviôse, d'avoir, par ses soins *éclatans* pour la conservation de tous les titres
domaniaux et de ceux devenus nationaux par l'effet des confiscations ou
sequestres, averti *tous* les propriétaires *de droits incorporels non féodaux* de
prendre les mêmes soins pour la conservation de leurs titres; ce n'était point
assez de les avoir assurés de la même protection de la part de toutes les autorités constituées. Les comités *de salut public, des domaines et d'aliénation,
d'instruction publique, et des finances* se sont réunis : ils ont proposé, et la
convention nationale a décrété, le 7 messidor an 2, que son comité des archives veillerait spécialement encore sur tous les titres des citoyens, comme
sur ceux de la république, et qu'il pourvoirait à leur conservation commune !

Ah ! Il faut en convenir de toute nécessité : M. Gayvernon eut raison de

» être ensuite, d'après son rapport, et celui du comité de législation , statué
« par la Convention.

Art. XI. » Sont réputés nécessaires au maintien de la propriété tous
» jugemens contradictoires, et transactions judiciaires ou homologuées en
» justice, contenant adjudication , cession, reconnaissance, échange et
» mise en possession d'héritages fonciers, immeubles réels , DROITS INCOR-
» PORELS NON FÉODAUX (1), et conditions de jouissance improprement appelées
» servitudes.

---

dire, le 29 fructidor an 5, *que la convention nationale a été calomniée* , quant
à la loi du 17 juillet 1793 et aux décrets interprétatifs, et que *sa gloire* , *sa
force et ses malheurs étonneront la postérité.*

(1) Dont il est parlé en *l'art. V ci-dessous* , *de la loi du* 29 *décembre* 1790.
» Lorsque les baux à rente ou emphytéose perpétuelle *et non seigneuriale*
contiendront la condition expresse imposée au preneur et à ses successeurs, de
payer au bailleur un droit de lods ou autre droit casuel quelconque en cas de
mutation, et dans les pays où la loi assujettit les détenteurs auxdits titres de
bail à rente ou emphytéose perpétuelle et non seigneuriale,à payer au bailleur
des droits casuels aux mutations, le possesseur , qui voudra racheter la rente
foncière ou emphytéotique, sera tenu, outre le capital de la rente indiquée en
l'art. II * , de racheter les droits casuels dus aux mutations; et ce rachat se
fera aux taux prescrits par le décret du 3 mai, pour le rachat des droits
pareils ci-devant seigneuriaux, selon la quotité et la nature du droit qui se
trouvera dû par la convention ou suivant la loi. »

* Art. II. « Le rachat des rentes et des redevances foncières originairement créées
irrachetables et sans aucune évaluation du capital , seront remboursables ; savoir : celles
en argent, sur le pied du denier vingt, et celles en nature de grains , volailles, denrées,
fruits de récolte , service d'hommes , chevaux ou autres bêtes de somme et de voitures ,
au denier vingt-cinq de leur produit annuel, suivant les évaluations qui en seront
ci-après faites. Il sera ajouté un dixième auxdits capitaux , à l'égard des rentes qui ont
été créées sous la condition de la non-retenue de dixième , vingtième et autres impositions royales. »

EXEMPLE. *Dép. de la Seine.* « Vu les soumissions et offres de rachat faites , *le
7 messidor an 4*, par le cit. Wailly, (que représente le cit. Fourcroi , ancien
membre de la convention nationale, aujourd'hui conseiller d'état à vie ,

» Art. XXXVIII. Tous citoyens qui avaient produit , dans des procès
» terminés ou non , des titres non féodaux ou des procédures , seront admis à

---

directeur général de l'instruction publique); 1°. d'une rente de 1,200 francs
exempte de la retenue des impositions; 2°. d'un droit de mutation non
seigneurial, à raison du douzième du prix par chaque mutation , à la république représentant l'ex-communauté des monnayeurs de Paris ;

» Vu la liquidation proposée par le cit. Francfort, receveur des domaines ,
et approuvée, le 22 nivôse an 5, par le directeur de ce département, qui ,
pour le rachat du douzième, nomme le cit. Radet , architecte , pour estimer
la maison par laquelle est dû ledit droit de douzième ;

» Vu le procès-verbal d'expertise , du 2 ventôse, l'acceptation du cit.
Wailly , l'avis du directeur, du 7 du même mois , qui fixe le droit du douzième
à 1970 francs 13 s. 4 d. , etc.....

» Le *bureau* du domaine national , considérant que l'art. II du titre 3 de
la loi du 29 décembre 1790 a fixé le taux des rentes foncières créées irrachetables au denier 20, et qu'aux termes du même article, il doit être ajouté
un dixième , quand la rente a été créée sans retenue des impositions;

Considérant que la loi du 3-9 mai 1790 , art. XXV , a déterminé le rachat
du droit de mutation au douzième;

Considérant qu'il résulte de l'art. XXXVIII de la même loi , que la liquidation ne peut être faite que par expert ;

» Considérant que le cit. Wailly a accepté l'expertise ci-dessus;

» Considérant, en outre , que *le ministre des finances* a accepté les 31 mille
francs payés à compte :

» Arrête que le prix du rachat tant de la rente que du droit de mutation
est et demeure fixé à la somme de , etc... »

Paris , le 22 germinal an 5.

« Je soussigné , receveur des domaines , ai donné et donne à M. Wailly
quittance et décharge finales du rachat et paiement de la rente foncière de
1,200 francs, et du droit de douzième. »

Paris , le 2 prairial an 5.

Le receveur des 1er. et 2e. arrondissemens.

Nous pourrions citer un nombre infini d'exemples semblables ; mais celui-ci

» les réclamer avant la clôture du triage, à la condition d'en fournir leur
» décharge. »

Quelle objection ne disparaîtrait pas devant la loi du 7 messidor an 2 ? Un triage général des titres est ordonné. Les titres *purement* féodaux *seuls* sont anéantis. Le comité des archives de
la convention a été chargé d'assurer la conservation des titres
utiles au MAINTIEN des propriétés nationales et *particulières*.
La convention a jugé que TOUS jugemens contradictoires, que
TOUTES transactions judiciaires ou homologuées en justice,
contenant *adjudication*, *cession*, *reconnaissance*, *échange* et
mise en possession d'héritages fonciers, *d'immeubles réels*,
ET QUE TOUS LES DROITS INCORPORELS NON FÉODAUX, et les
conditions de jouissance improprement appelées *servitudes*,
sont des titres nécessaires au MAINTIEN des propriétés. TOUS
citoyens ont été admis à réclamer leurs titres non FÉODAUX.

Il est donc clair, plus clair que le jour, que les lois des 17
juillet et 2 octobre 1793, et que les décrets des 7 ventôse et 6
messidor suivans n'ont pas aboli les rentes *véritables* foncières
dans les titres desquelles il y avait des stipulations féodales. *Ces
stipulations superfétatives n'ont point vicié l'acte auquel
elles avaient été ajoutées*, ART. 4 DE LA LOI DU 8 PLUVIOSE
AN 2.

Cet article a de nouveau été ratifié, le 11 messidor, par la
Convention nationale, et il est toujours loi, *ultima lex*, *lex
suprema*, pour tous les citoyens français. En faisant purger des

____

suffit bien. D'ailleurs, la loi du 7 messidor an 2 existe, et elle est positive.
*Les lois des 17 juillet et 2 octobre 1793, les décrets des 7 ventôse et 6 messi-
dor an 2, n'anéantissent aucune des rentes, aucun des droits qui n'étaient
point féodaux,*

clauses,

clauses, qualifications, expressions féodales , leurs contrats de rentes créées POUR concession de fonds, ils ont le droit incontestable, LE DROIT CONSTITUTIONNEL d'en poursuivre le recouvrement. *Scripta est lex et servanda.*

Les baux à rente sont des contrats que le droit commun a toujours régis, quant à la disposition de la propriété , de la part du bailleur, et quant aux charges et conditions dont la stipulation ne blesse point la justice , la liberté et la dignité de l'homme.

Ce n'était point en vertu du contrat, ce n'était point par sa force et son effet naturel , mais par la loi féodale (*) que les preneurs à rente étaient assujettis à des services féodaux.

Que le bailleur fût ou non le seigneur du fonds concédé, les preneurs les devaient toujours et de la même manière. S'il ne l'était pas , ces services étaient rendus à une autre personne.

De là les clauses, les qualifications, les expressions féodales étaient accidentelles au contrat. Elles n'en ont changé ni l'essence ni la nature ; et *on ne juge point du principal des choses , par des accessoires.*

____

(*) La force et l'effet naturels des contrats sont dans le droit commun , et *le droit commun repoussait la féodalité.*

Le propriétaire à qui la loi féodale n'accordait pas des droits et rentes féodaux ne pouvait en avoir. *Là est le point de décision.*

Tout acte fait, ou par une personne que la loi en a déclarée incapable, ou pour une chose qu'elle a défendu d'en faire la matière , ou dans une forme qu'elle a proscrite , ou différente de celle qu'elle a déterminée , a toujours été nul.

Nullum enim pactum , nullam conventionem , nullum contractum inter eos videri volumus subsecutum , qui contrahunt lege contrahere prohibente...... Hoc est , ut ea quæ lege fieri prohibentur , si fuerint facta , non solùm inutilia , sed pro infectis etiam habeantur. Loi 5. C. de legibus.

T

La féodalité détruite, les *clauses*, les *expressions*, les *quali-fications féodales* n'avaient plus d'objet licite : « Or, c'est un
» principe constant en droit, qu'il ne peut pas y avoir de contrat
» sans cause licite ; qu'un contrat qui était obligatoire dans son
» principe, attendu qu'il avait une cause, cesse de l'être, dès
» que la cause vient à cesser; et que lorsque, dans un acte quel-
» conque, une condition illicite est jointe à une condition
» honnête, la nullité de la première ne porte point atteinte
» à la seconde ». M. MERLIN.

La loi a ordonné que les contrats fussent purgés des *clauses*, *qualifications et expressions féodales*, parce qu'elle a pu l'ordonner, et elle n'a pu l'ordonner que comme elle a pu détruire la féodalité, PARCE QU'ELLE LES AVAIT CRÉÉES.

« Ce que la loi a fait, elle peut le défaire ; ce qu'elle a
» voulu, elle peut cesser de le vouloir ; et son changement de
» détermination ne peut jamais donner lieu, ni à des plaintes
» fondées, ni par conséquent à des demandes d'indemnité de la
» part de ceux qui tiraient tout leur droit de ses dispositions ».
M. MERLIN.

Mais il n'est point au pouvoir de la loi, il n'est point à celui du gouvernement de porter atteinte à la propriété, puisqu'ils ne sont faits que pour les protéger et les défendre.

L'homme est le seul maître, le seul juge pour tout ce qui concerne sa propriété particulière. Il ne dépend ici que de lui. La loi ne s'en mêle qu'autant que, par l'usage et les dispositions qu'il ferait de sa propriété, il blesserait les bonnes mœurs et l'ordre public.

La loi fait alors cesser l'usage, elle anéantit la disposition, mais l'homme retrouve sa propriété. La loi n'y a point touché.

Purgé au désir de la loi du 8 pluviôse an 2, le contrat d'inféodation ou d'acensement n'a rien perdu de son intégrité *natu-relle* (*), celle régie par le droit commun, celle qui précéda la loi qui permit les additions féodales, celle dont l'inviolabilité est garantie par l'ordre social tout entier.

D'un coté, cession d'un fonds annuellement productif, et de l'autre, obligation d'une rente sur les produits.

L'abolition de la féodalité et l'ordre de la purgation des contrats qui en est la suite, ont mis les choses dans l'état où elles n'eussent jamais cessé d'être, si elle n'avait point existé.

Les actes d'inféodation et d'acensement *antérieurs au 4 août 1789*, sont et seront toujours légitimes, *en tant qu'ils contiennent la cession d'une propriété territoriale, d'une part, et de l'autre, l'obligation de la rente qui forme le prix convenu de la cession.*

« Les contrats faits *légitimement* entre les particuliers sont
» sacrés pour les législateurs comme pour les juges ; et dé-
» pouiller un citoyen du droit qui lui est acquis par une con-
» vention passée avec des parties capables de le lui transmettre,
» serait un attentat contre le droit naturel ». M. MERLIN.

« Il semble au premier aspect que celui qui contracte un en-
» gagement, perd une partie de sa liberté. Il est plus exact de
» dire qu'au moment où il contracte, loin d'être géné dans sa
» liberté, il l'exerce ainsi qu'il lui convient ; car tout engage-
» ment est un échange où chacun aime mieux ce qu'il reçoit
» que ce qu'il donne. Tant que dure l'engagement, sans doute
» il doit en remplir les obligations. La chose engagée n'est
» plus à lui ; et LA LIBERTÉ NE S'ÉTEND JAMAIS JUSQU'A NUIRE

(*) *La terre n'étant pas sortie des mains de la nature avec un principe d'asservissement.*

» A AUTRUI. Lorsqu'un changement de rapports a déplacé les
» limites dans lesquelles pouvait s'exercer la liberté, la liberté
» n'en est pas moins entière, si la nouvelle position n'est que
» le résultat du choix que l'on a fait ». M. l'abbé SIEYES.

Il y a quelque chose de bien plus fort dans les contrats des
rentes foncières, puisqu'ils sont de ces contrats qu'on appelle en
droit, *do ut des, aut solve aut cede*, et que la valeur du fonds
concédé est toujours plus considérable que le montant de la rente.

La propriété des rentes véritables foncières est autant sacrée
que celle des domaines fonciers : ELLE EST EN EFFET DE LA
MÊME NATURE.

« *Toutes les classes de propriétaires sont justement fondées*
» *à craindre que le contre-coup de l'atteinte qui serait portée*
» *à la propriété des domaines incorporels ne vienne un jour*
» *ou l'autre frapper celle des domaines fonciers* ». Tel est le
texte de la loi déjà citée du 19 juin 1791, et tel est l'esprit
bien évident des lois des 8 pluviôse et 7 messidor an 2.

Nous ne ferons pas à nos concitoyens débiteurs de rentes foncières l'injure de travailler sérieusement à prouver ce principe
gravé dans tous les cœurs par l'être suprême : *Alteri non
feceris, quod tibi fieri non vis. Alteri feceris, quod tibi fieri
vis.*

Aurions-nous, d'ailleurs, à prouver ce qui l'est journellement
sous nos yeux ?

Que chaque débiteur se demande ce qu'il voudrait qu'on fît
pour lui conserver sa propriété et ses droits : la réponse qu'il
recevra dans l'intérieur de son ame, cette réponse qui ne trompe
jamais, et qui est le cri de la conscience, lui donnera la juste
mesure de ce qu'il doit aux porteurs de ses obligations,
obligations qu'il a souscrites en échange de leurs propriétés.

Que penseraient les débiteurs qui ont eux-mêmes des propriétés, si on s'avisait de vouloir s'en emparer, ET SURTOUT
SANS LEUR EN PAYER LE PRIX ? ne diraient-ils pas qu'il n'existe
point de Gouvernement là où les propriétés ne sont pas res-
pectées ; que là il n'y a point de lois dans la *véritable* signification du mot ; qu'ils ne doivent le sacrifice de leur propriété
que pour le salut public, et encore qu'ils ne le doivent que
SOUS UNE JUSTE ET PRÉALABLE INDEMNITÉ (*) ?

Ils auraient raison de le dire. La constitution de 1793 ELLE-
MÊME reconnaissait que *la propriété* est la base de la liberté,
la source du bonheur commun, et *un des droits naturels dont
l'oubli et le mépris étaient les seules causes des malheurs du
monde.*

» Plus d'une fois j'ai entendu d'honnêtes cultivateurs me
» dire : *Nos ayeux n'ont acquis la terre que nous possédons
» qu'à la charge de payer, chaque année, telle redevance.
» Eh bien ! nous continuerons ce paiement* DONT NOUS NE
» POURRIONS NOUS AFFRANCHIR QUE PAR UN VOL. . . . . . »
M. CHABOT (de l'Allier) le 27 ventôse an 8, au Tribunat.

« Une libération gratuite est impossible. Les citoyens qui
» conservent le sentiment de la justice repoussent l'idée de de-
» venir maîtres de la propriété d'autrui, sans l'avoir payée.

» La suspension des rentes foncières ne ressemble à rien de
» ce qui a été fait : elle n'y tient par aucun rapport. Ce n'est

---

(*) *C'est la nécessité publique qui a exigé le sacrifice de l'infranchissa-
bilité des rentes foncières. L'amalgame de propriétaires dominans et de propriétaires servans n'était plus dans nos mœurs. Une des deux classes de propriétaires a dû obtenir la faculté de rembourser l'autre ; et, sans contredit, il
a été juste de donner cette faculté aux détenteurs des fonds à titre perpétuel.*

» point une loi, ce n'est point un effet de la volonté nationale :
» On n'a entendu que des voix qui réclamaient le con-
» traire (*). »

» Si nous traitions la propriété légitime comme l'usurpation,
» nous donnerions de grandes forces à ceux qui voudraient qu'on
» traitât l'usurpation comme la propriété légitime. » M. Gillet
(de Seine et Oise), le 26 ventôse an 8, au Tribunat.

Dans tous les rapports du comité de législation, dans tous les
discours qui nous restent de MM. les députés à la Convention
nationale, dans tous les procès-verbaux des séances de la Convention nationale, enfin dans tous ses décrets, les rentes féodales,
les rentes entachées de féodalité sont *les rentes qui insultaient
à l'égalité des droits, et qui étaient des exactions seigneuriales, des signes de servitude empreints sur la glèbe, les*

(*) Personne en effet n'a *même* osé demander à la Convention nationale la
suppression des rentes qui ont été créées pour une concession de fonds.
L'auteur d'une semblable demande eût aussitôt passé dans tous les esprits
et signalé pour mauvais citoyen, pour rebelle à la loi, pour usurpateur
de la propriété d'autrui, pour l'ennemi de tous, un conspirateur et le dé-
tracteur des travaux de la Convention nationale, suivant l'expression
très-juste de M. Fabre (de l'Aude.)

Il y a dans les cartons des comités beaucoup de pétitions de débiteurs de
rentes qualifiées *foncières et seigneuriales, nobles et féodales*, ou dénommées
cens, etc....., mais créées *pour* concession d'immeubles territoriaux.

Eh bien ! nous avons vérifié que les pétitionnaires ne s'y prévalaient pas
des lois suppressives des rentes véritablement féodales ou entachées de féodalité, ils se plaignaient, *au contraire*, de ce que, sous divers prétextes, on
refusait de les admettre au rachat.

La commission des finances du Corps législatif en l'an 5 l'a reconnu et elle
l'a consigné dans son rapport. *Voir page 127 de cet ouvrage.*

fruits de l'oppression, l'abus de la puissance, l'effet de l'usur-
pation et la base de fausses grandeurs.

Cela seul suffirait bien ; car que faut-il de plus pour être
forcé de reconnaître que, par les lois de 1793 et de l'an 2, les
rentes véritables foncières n'ont point été supprimées?

Ces lois ont été rendues, il est vrai, dans des temps désas-
treux, cette circonstance a souvent été un préjugé contre elles ;
cela n'est pas moins vrai , et à l'examen on a toujours reconnu
qu'elles n'ont point été l'ouvrage de la tyrannie décemvirale.
Elles sont un des plus beaux monumens d'une sagesse profonde,
que le comité de législation , *qui les proposa toutes,* ait élevés
à la gloire de la Convention nationale, à la sienne, et en preuve
immortelle de l'héroïsme le plus parfait.

Rien n'est resté de la féodalité, mais LA PROPRIÉTÉ N'A POINT
SOUFFERT : ELLE A ÉTÉ ENTIÈREMENT SAUVÉE. Ses droits et
ceux de la liberté et de l'égalité ont été conciliés d'une manière
admirable, infiniment heureuse.

La Convention nationale n'a point cessé un seul instant de
veiller sur les titres ; et ce qui l'atteste, ce qui atteste que leur
conservation n'était pas seulement ordonnée par ses lois, mais
plus fortement encore par sa volonté, par cet esprit public (*)
même qu'elle avait créé, c'est que les administrations d'alors
n'ont point cessé, à leur tour, d'en prendre le plus grand soin.

(*) Esprit public trop exalté qui a fait ailleurs beaucoup de mal , mais
qui, dans la partie des archives, a contenu *jusqu'au débiteur,* devenu administrateur , commissaire aux scellés, gardien , archiviste, etc.... Ce débiteur
n'a point détruit son titre , il ne l'a point soustrait, car ce titre existe , et
on ne l'a cru détruit ou soustrait que parce que le travail du triage n'avait
point été fait !!!

Il n'y a eu aucun brûlement *quelconque* de titres depuis
le 10 août 1793 , et, ce jour-là, les papiers qui furent brûlés,
avaient été triés avec soin par l'intérêt personnel, qui a toujours
été et qui sera toujours le plus puissant, le plus victorieux mobile de l'attention.

Ce furent les propriétaires ou leurs agens qui les apportèrent
aux municipalités , pour le feu de la fête, et ils n'apportèrent
que ce qu'ils voulurent.

On savait que la loi du 17 juillet donnait trois mois pour
déposer les titres féodaux , et que le comité de législation était
chargé de préparer le mode d'exécution de cette loi.

L'administration des domaines et de l'enregistrement n'an-
nonça la loi du 17 juillet 1793 , à ses préposés, que le 17
septembre suivant (*). A ce moyen , les titres des rentes du
domaine, et de celles qui étaient dues au clergé, aux émigrés,
et à tous les propriétaires dont les revenus étaient sequestrés,
n'ont pas même été exposés au 10 août 1793 ; et par l'influence
de son exemple, l'administration des domaines a rendu un service

---

(*) *Voici sa circulaire :*

Paris , 17 *septembre* 1793.

« Vous savez , citoyen , que par l'art. V. de la loi du 25 août 1792 ,
» portant abolition sans indemnité de tous les *droits ci-devant féodaux ou cen-*
» *suels* utiles , l'Assemblée nationale avait néanmoins conservé ceux *desdits*
» *droits* qui avaient pour cause une concession primitive de fonds , lorsque
» cette cause se trouvait énoncée dans l'acte primordial d'inféodation ,
» d'acensement ou de bail à cens.

» Nous vous annonçons qu'un décret du 17 juillet dernier a supprimé *cette*
» *exception ,* et qu'il a ordonné , en outre , de nouvelles mesures pour faire
» disparaître jusqu'aux moindres vestiges du régime féodal.

« *Ces mesures n'étant prescrites que pour les titres qui concernent les droits*

inestimable

inestimable à tous les propriétaires, à tous les amis de la propriété, qui sont ceux de la véritable liberté et de l'ordre public.

Nous avons vu que la politique, sous l'Assemblée constituante, avait assimilé les rentes féodales aux rentes purement foncières.

Les infortunés sur lesquels elles pèsaient n'avaient d'autre moyen pour s'en affranchir que de les racheter. « *Tout odieux* » *que peuvent être les droits, dès qu'ils ont été imposés aux* » *vassaux ou aux censitaires, par les actes mêmes de con-* » *cession de leurs fiefs ou censives, les droits sont maintenus.*

« *supprimés, il en résulte qu'elles ne sont pas applicables à ceux qui ont* » *rapport aux rentes purement foncières ; ainsi, il sera nécessaire de faire* » *le triage des titres constitutifs ou récognitifs de ces sortes de rentes, de* » *même que des jugemens ou arrêts qui pourront servir à les établir, et* » *conserver soigneusemeut toutes ces pièces pour l'intérêt de la république ;* » *cette division doit être faite de concert avec les corps administratifs.*

» Nous allons transcrire ici les dispositions de ce décret qu'il vous importe » de connaître, et nous les accompagnerons de quelques observations pour » en faciliter l'exécution.

» .... Il s'agira de bien distinguer les rentes et prestations purement fon- » cières, de celles qui sont féodales ; et, pour ne commettre à cet égard » aucune erreur qui serait préjudiciable à l'intérêt de la nation ou contraire » à l'esprit de la loi, nous vous recommandons de vous concerter avec les » corps administratifs, et de vous diriger entièrement d'après leur avis.

» Dans des objets aussi essentiels, il ne suffit pas à des fonctionnaires » publics d'exécuter la loi, il faut encore qu'ils puissent constater légalement » qu'ils s'y sont conformés ; en conséquence, vous recommanderez à vos su- » bordonnés de dresser un inventaire de tous les registres, sommiers, titres » et papiers qu'ils déposeront, et de s'en faire donner au pied une décharge, » soit par les greffiers des municipalités, soit par les secrétaires des districts ; » cet inventaire devra être conservé avec soin dans chaque bureau. »

V

Texte du rapport sur lequel est intervenue la loi du 28 mars 1790.

Par cette loi, les droits seigneuriaux *ordinaires* étaient, dans la main de l'ex-seigneur, *présumés* être le prix d'une concession de fonds, et la preuve contraire n'était laissée au débiteur que s'il l'entreprenait A SA CHARGE ; et le pouvait-il ?....

La loi du 18 juin de la même année avertissait qu'en cas de contestation, les droits qui étaient *accoutumés d'être payés* étaient exigibles par provision.

Celle du 19 juin 1791 considérait comme accoutumés d'être payés tous les droits qui ont été acquittés et servis en 1788, en 1789 même, ou en 1790.

Et quant au pétitoire, il n'était rien changé à la manière de vérifier, soit l'existence, soit la quotité des droits seigneuriaux, sauf que la règle, *nulle terre sans seigneur*, n'avait plus d'effet, que dans les coutumes qui l'adoptaient *en termes exprès.*

Nous avons encore vu que la même politique a dominé l'Assemblée législative.

Seulement « *tous les effets qui pouvaient avoir été produits*
» *par la maxime*, nulle terre sans seigneur, *par celle de*
» *l'enclave, par les statuts, coutumes et règles, soit géné-*
» *rales, soit particulières*, QUI TENAIENT A LA FÉODALITÉ,
» *demeurèrent comme non avenus.*

» *Toute propriété foncière fut réputée* FRANCHE ET LIBRE
» DE TOUS DROITS, TANT FÉODAUX QUE CENSUELS, SI CEUX
» QUI EN RÉCLAMAIENT NE PROUVAIENT LE CONTRAIRE.

» *Toutes les redevances seigneuriales*, EN TANT *cependant*
» QU'ELLES TIENNENT DE LA NATURE DES REDEVANCES FÉO-
» DALES OU CENSUELLES, *et conservées indéfiniment par*

» *l'art. II du titre III du décret du* 15 *mars* 1790 *, furent*
» *abolies sans indemnité, à moins qu'elles ne fussent justi-*
» *fiées avoir* POUR CAUSE *une concession de fonds,* LAQUELLE
» CAUSE *ne pouvait être établie qu'autant qu'elle se trouvait*
» *clairement* ÉNONCÉE *dans l'acte primordial d'inféodation ,*
» *d'acensement ou de bail à cens qui devait être rapporté.* »

Respectons nos deux premières Assemblées nationales,
croyons qu'elles durent en agir ainsi.

Mais « toute l'Europe retentit encore des décrets du 4 août
» 1789, et vous savez ce qu'ils portent sur cette matière :
» *L'Assemblée nationale détruit* ENTIÈREMENT *le régime*
» *féodal.* » M. MERLIN.

Le régime féodal est ENTIÈREMENT *détruit !* Toutes les conséquences de ce principe s'offraient dans toute leur étendue à
toutes les imaginations.

Il n'existe plus de régime féodal ! Donc pas un seul droit
féodal ou censuel, pas une seule rente féodale ou censuelle,
QUELLE QU'ELLE SOIT , ne doit et ne peut exister.

Quelle était cette bizarre conversion des droits seigneuriaux en
droits purement fonciers ?

Ceux de ces droits qui sont justifiés avoir *pour cause* une
concession de fonds, étaient-ils moins des droits féodaux ?

« *Les droits féodaux étaient stipulés plutôt comme preuves*
» *de dépendance que dans d'autres vues* (*). »

Sans doute il a été sage de décréter d'abord l'assimilation ;
mais en voulant éviter une trop grande et trop prompte secousse,
on est tombé dans un autre embarras. Cet embarras a aug-

(*) A dit le ministre des finances dans son mémoire qui est annexé au
message du Directoire exécutif, du 15 messidor an 4 , au Corps législatif.

menté quand les ex-vassaux eurent le droit de donner l'ordre de faire apparoir les actes d'inféodation et les baux à cens.

Le talisman était brisé par la loi du 4 août 1789. Jamais le régime féodal n'a paru plus odieux, n'a été plus insupportable que dans l'intervalle de 1789 à 1793. On ne voyait point ce qui était déjà aboli, on ne voyait que ce qui restait à détruire. L'impatience de la nation a été telle, que, plusieurs fois même, elle a failli lui être funeste.

Les deux premières Assemblées nationales avaient dit : *Les clauses, les qualifications, les expressions féodales sont nulles, réputées non écrites.* Cela ne suffisait pas. Il fallait encore que personne en France ne pût conserver l'espoir ou la crainte du rétablissement de la féodalité. La Convention nationale a donc ajouté : *Que les contrats passés entre les ci-devant vassaux et les ci-devant seigneurs soient purgés des clauses, des qualifications, des expressions féodales, et que les titres* PUREMENT *féodaux soient anéantis.*

Grâces soient rendues au comité de législation de la Convention nationale, et à la Convention nationale !

La loi du 8 pluviôse an 2, par sa justice, force au silence l'ex-feudataire, et, par sa sagesse, éclaire et ramène à son devoir le colon qui, ne voyant pas dans les lois des 28 mars 1790 et 25 août 1792, l'exécution *complette* de l'art. Ier. (*) de celle du 4 août 1789, et trop impatient d'en jouir, *s'était laissé entraîner dans les écarts auxquels l'ont excité les ennemis de la révolution, bien persuadés qu'il ne peut pas y avoir de liberté là où les lois sont sans force, et qu'ainsi on est*

____

(*) LE RÉGIME FÉODAL EST ENTIÈREMENT DÉTRUIT.

toujours sûr de conduire le peuple à l'esclavage, quand on a l'art de l'emporter au-delà des bornes établies par les lois.

La loi du 8 pluviôse an 2 réalise ce qui a toujours été publié; *savoir,* que la féodalité n'a été détruite que parce qu'elle ne pouvait se lier ni avec l'égalité des droits, ni avec cette grande maxime qui rappelle sans cesse toute autorité à la nation, *c'est-à-dire,* à son gouvernement;

Que c'est le bien général seul qu'on a eu en vue dans toutes les lois abolitives du régime féodal ;

Que le même esprit qui a dicté les lois constitutionnelles avait dicté les premières ;

Qu'il est de devoir indispensable d'en rapprocher, d'en combiner toutes les dispositions. *Incivile est, nisi totá lege perspectá, uná aliquá particulá ejus propositá, judicare vel respondere.* Loi 24, D. *de legibus*;

Que pour pouvoir soutenir avec raison que les rentes véritables foncières seraient des rentes féodales, il faudrait d'abord prouver que les terres et les maisons sont des propriétés féodales;

Et que, pour que les rentes qui sont le prix de la cession des terres et des maisons fussent supprimées, il faudrait que les terres et les maisons le seraient aussi, ou bien il faudrait que le concessionnaire du fonds, le demandeur de la rente fût un usurpateur.

La loi du 8 pluviôse an 2 n'est pas la seule qui prouve que rien de ce que réclamait l'intérêt de la propriété n'est échappé au comité de législation, et n'a été refusé par la Convention nationale;

Lisons la loi du 11 messidor an 2 :

Loi qui modifie l'art. IV de la loi du 8 pluviôse relative aux titres et actes ci-devant féodaux, du 11 messidor an 2, n°. 59, même bulletin.

» La Convention nationale, après avoir entendu le rapport de

» son comité de législation sur la lettre du ci-devant ministre
» de la justice, et celle du commissaire des revenus nationaux,
» qui demandent une modification à l'article IV de la loi du
» 8 pluviôse, concernant les titres et actes CI-DEVANT FÉODAUX,

» Décrète ce qui suit :

« Pourront les notaires, greffiers et autres dépositaires publics et privés,
» délivrer des extraits, expéditions ou copies des actes désignés dans la loi
» du 8 pluviôse, SANS LES PURGER, aux termes de l'article IV de ladite loi,
» sur la demande par écrit des communes, autorités constituées et agens
» nationaux. »

Lisons la loi du 11 floréal an 3 et le rapport de M. CHRIS-
TIANI, *député du Bas-Rhin, au nom du comité des finances,*
auquel le liquidateur général avait fait part des difficultés qui
s'opposaient à la liquidation des rentes foncières dues par la
république.

« Les rentes foncières depuis des siècles sont partagées entre
plusieurs individus. Il existe d'ailleurs des propriétaires de
rentes foncières qui les ont acquises, soit par eux-mêmes, soit
par leurs auteurs, sur décret d'adjudication, et qui sont pareillement hors d'état d'en rapporter le titre constitutif.

» L'origine de beaucoup de rentes foncières se perd dans
la nuit des temps. Un acquéreur de rentes ou redevances ne
prenait pas la précaution de se faire remettre les titres anciens.
Le vendeur avait été exactement servi ; l'acquéreur l'était de
même et se tenait tranquille : à plus forte raison, celui qui jouissait à titre de succession.

» Ce serait donc réduire les propriétaires à l'impossible que
d'exiger d'eux la représentation des titres primordiaux. »

Le comité considéra qu'*il est de droit commun que la possession appuyée de la reconnaissance du débiteur vaut le*

*titre primordial pour le propriétaire d'une rente foncière contra
le débiteur de cette même rente.*

Et réexaminant les lois des 25 août 1792 et 17 juillet 1793,
il se convainquit que ce principe ne souffre exception que lorsqu'il n'est pas évident que *l'origine* de la rente est purement
foncière.

Le comité de législation, consulté sur la question, ayant été
de l'avis du comité des finances, ce dernier comité fit proposer,
et la Convention nationale a rendu la loi suivante :

Loi du 11 floréal an 3, (n°. 790.) Bulletin 140.

« La Convention nationale, après avoir entendu le rapport
de son comité des finances, *section de la liquidation*, décrète :

Art. Ier. Les PROPRIÉTAIRES de rentes foncières dues par la république, qui
n'ont pu faire la production des titres constitutifs desdites rentes, seront
admis à la liquidation, s'ils ont rapporté trois titres récognitifs joints à la
preuve de la possession actuelle de leur rente.

Art. II. *Ceux qui n'ont pu rapporter ces trois titres, seront admis à la liquidation, s'ils justifient d'une possession quarantenaire, appuyée d'un titre
récognitif ou de propriété.*

Art. III. Lesdits *propriétaires* feront au liquidateur la déclaration qu'ils
ne retiennent ni directement ni indirectement aucun titre, et s'engageront
à représenter ceux qu'ils retrouveront, à peine d'être déchus de toute répétition envers la république.

Art. IV. *Lorsqu'il ne sera pas évident qu'une rente à liquider est d'une*
ORIGINE PUREMENT FONCIÈRE, *le liquidateur exigera le rapport du titre constitutif,* CONFORMÉMENT AUX LOIS DES 25 AOUT 1792 ET 17 JUILLET 1793 ; à
défaut de quoi la rente sera rejettée de la liquidation.

La loi est expresse. Ce n'est que lorsqu'il n'est pas évident
qu'une rente est d'une ORIGINE purement foncière, que le dé-

biteur peut exiger le rapport du titre constitutif, et cela est conforme aux lois des 25 août 1792 et 17 juillet 1793. La loi du
11 floréal an 3 a d'autant plus de force, et elle a été d'autant
plus réfléchie, que c'est contre la république même qu'elle a été
rendue, et sur la proposition du comité de liquidation, de ce
comité qui, quelques mois auparavant, avait déchargé le
trésor public de la rente de MM. Pipelet.

« La première règle, *en matière de propriété*, est de ren-
» fermer le possesseur dans son titre et sa possession, tant qu'il
» ne prouve point un droit antérieur et différent.

» Quelle est la propriété qui serait stable sur ce globe, si
» l'on se permettait de les attaquer de toute autre manière? »
M. TRONCHET.

L'*origine seule* de la rente foncière décide si elle est ou
n'est pas supprimée.

Ceci confirme de plus en plus tout ce quenous avons dit dans
cet ouvrage. Ce n'est nullement le titre, ce n'est nullement l'ancienne qualité de la personne qui reçoit, c'est exclusivement
L'ORIGINE de la rente qu'il faut voir. *Ita scripta lex.*

L'argent, le grain, les volailles, les ouvrages manuels que
vous devez sont-ils POUR une concession d'immeubles terri-
toriaux ? La rente est purement foncière et non féodale, *parce
que telle est son origine.* L'ORIGINE D'UNE RENTE EST DANS
SA NATURE ET NON PAS DANS L'ACTE DANS LEQUEL LE BAIL-
LEUR ET LE PRENEUR A RENTE ONT ÉCRIT LEUR CONVEN-
TION ; L'UN, DE LA RECEVOIR, L'AUTRE, DE LA DONNER EN
ÉCHANGE DE L'IMMEUBLE.

Toutes les fois que l'argent, le grain, les volailles, les ouvrages manuels sont *pour le prix* d'immeubles territoriaux, ce
sont

sont des charges qui les représentent, charges réelles par leur nature, charges légitimes qui ne sont point supprimées, et qui ne peuvent l'être, charges que l'on continue, et que l'on continuera d'imposer et de consentir sous tous les gouvernemens possibles. *Ne sortent- elles pas toujours*, CHAQUE ANNÉE, *du sein des immeubles ?*

« Si la concession a pour objet un fonds de terre , un droit réel non aboli par les nouvelles lois, en un mot, *une chose qui est encore aujourd'hui dans le commerce* , la redevance est maintenue par l'article 2 de la loi du 17 juillet 1793.

» Si elle a pour objet un droit que les lois nouvelles ont aboli ; dans ce cas , *l'abolition du droit concédé emporte nécessairement l'abolition de la redevance qui formait le prix de la concession*. Et si la concession embrassait à la fois des fonds de terre et des droits actuellement abolis ; dans cette troisième hypothèse , la redevance n'est ni entièrement supprimée ni entièrement maintenue ; elle est sujette à réduction.

» Sur ces deux derniers points , il existe une disposition formelle dans l'article 38 du titre 2 de la loi du 15 mars 1790 : » *Les preneurs à rente d'aucuns droits abolis ne pourront demander qu'une réduction proportionnelle des redevances dont ils sont chargés, lorsque les baux contiendront, outre les droits abolis, des bâtimens, immeubles ou autres droits dont la propriété est conservée...., et dans le cas où les baux à rente ne comprendraient que des droits abolis, les preneurs seront déchargés des rentes »*. M. MERLIN , le 12 nivôse an 12, à la Cour de cassation.

A défaut du titre original, le propriétaire de la rente a le droit d'interpeller son débiteur. *Le débiteur ne saurait refuser*

X

de répondre, sans faire preuve d'une mauvaise foi, que la justice doit punir.

La déclaration n'est point décisoire, *quand elle est négative :* elle est, au contraire, dans le cas d'être jugée fausse, *lorsqu'aux indications résultantes des registres, sommiers ou carnets, on peut joindre soit la preuve testimoniale, soit des indices tirés de quelques actes publics, dont on puisse conclure la foncialité de la rente*, c'est-à-dire, en ce cas ci, *la légitimité de la créance.*

« Ce n'est que par rapport à l'avenir que le décret du 12 janvier 1791 a ôté aux journaux rentiers, cueilloirs, registres, liéves, etc...., toute espèce de foi, et il est certain que ceux qui ont été faits précédemment, conservent, même pour les contestations non encore jugées ou à naître, le degré d'autorité plus ou moins grande que les coutumes, les statuts et les règles observés dans chaque lieu leur avaient ci-devant accordée. » *C'est le texte de la loi du 19 juin 1791.*

La loi du 19 juin 1791 a été revue et elle a été confirmée, le 28 floréal an 3, par la Convention nationale.

Dans la loi nouvelle, la Convention condamna les débiteurs des créances nationales à l'amende du quadruple, en cas de fausses déclarations, d'après la considération que le débiteur d'une rente nationale, qui fait une fausse déclaration, fait tort à toute la République, puisque la somme qu'il cherche à garder, serait nécessairement remplacée par un impôt sur le peuple, parce qu'il n'en est pas des dépenses du gouvernement, comme de celles d'un particulier. Le particulier peut et doit même régler sa dépense sur son revenu; mais, pour le gouvernement, il faut que le revenu s'élève à la dépense.

Loi du 28 floréal an 3. n°. 861. Bulletin 149. « Art. Ier. A défaut de titres originaux de créances dues à la république, comme représentant les corporations ecclésiastiques ou laïques supprimées, les émigrés et autres individus frappés de confiscation, les directoires de district exigeront de tous les citoyens dont les noms sont inscrits sur des registres, sommiers ou

carnets indicatifs des créances, la déclaration des sommes dont ils sont débiteurs.

» Art. II. Ceux qui feront de fausses déclarations seront condamnés à une
amende égale au quadruple des sommes qu'ils auront dissimulées.

« Art. III. La déclaration sera jugée fausse, lorsqu'aux indications résultantes des registres, sommiers ou carnets, on joindra soit la preuve testimoniale, soit des indices tirés de quelques actes publics, dont on pourra
conclure la légitimité de la créance.

» Art. IV. L'amende sera prononcée par le tribunal du district sur les
poursuites du préposé de l'agence des domaines, à ce autorisé par un arrêté
du directoire du département, sur l'avis du district. »

*Le 12 messidor suivant, l'administration des domaines
écrivit circulairement, n°. 786 :* « Les receveurs de la régie
» doivent concourir à l'exécution de ce décret, en formant, à la
» vue des registres, des livres de perception et carnets qui sont
» entre leurs mains, provenant des corporations supprimées,
» des émigrés ou condamnés, le relevé de toutes les créances
» indiquées, soit en capitaux exigibles, soit en RENTES qui
» n'auront pas été acquittées. »

Et en exécution de la loi du 28 floréal an 3, les directoires
de district ont ouvert des registres.

Bien convaincus de l'exigibilité *permanente*, jusqu'au rachat
effectué, des rentes dues POUR concession de fonds, établies dans des
titres constitutifs ou récognitifs des cens et droits seigneuriaux, ils
en ont reçu les déclarations, comme celles des autres rentes.

Les inspecteurs, vérificateurs et receveurs des domaines ont
relevé les déclarations, et le recouvrement en a été poursuivi.
Quantité de débiteurs ont amorti. D'autres ont compensé. Ailleurs, de semblables rentes ont été transférées soit à des hospices, soit à des créanciers de l'état. Enfin, elles ont été passées
en compte aux ascendans d'émigrés, dans les partages de

présuccession. NOUS AVONS VÉRIFIÉ TOUS CES FAITS. ILS SONT EXACTS.

Nous avons encore remarqué qu'on s'est servi des registres, carnets, et livres de perception, pour faire payer les rentes, *dans les bureaux des domaines*, en attendant que le triage des titres entassés dans les archives et dépôts des municipalités, des districts, des départemens, eût été achevé, triage qui a été discontinué au commencement de l'an 4, et totalement perdu de vue, dans les départemens, depuis la loi du 5 brumaire an 5, *faute de fonds pour les dépenses considérables qu'il nécessitait.*

Lorsqu'il est arrivé que des débiteurs ont contesté, la régie nationale leur a présenté avec avantage, *devant les tribunaux*, les lois des 19 juin 1791 et 28 floréal an 3.

La dernière loi ne fixant pas de délai dans lequel les directoires de district devaient exiger la déclaration des débiteurs, et d'un autre côté, les registres, sommiers et carnets des émigrés, des engagistes et de quantité d'établissemens anciens, étant presque tous restés sous les scellés ou dans les archives, il s'est trouvé qu'on s'est borné, en beaucoup d'endroits, à recevoir les déclarations volontaires des débiteurs.

Il y a eu peu de déclarations de rentes dues aux émigrés, et à leurs ascendans, et à tous ceux que représentait alors la République. On croyait déjà à une prochaine réintégration générale des anciens propriétaires : on la lisait dans les décrets des 5 brumaire (1), 11 du même mois (2), 14

---

(1) « Les prévenus d'émigration, portés sur les listes des émigrés, ou dont les biens ont été séquestrés, qui ont réclamé et justifié de leur résidence en temps utile sur le territoire de la république, et par suite obtenu des arrêtés

nivôse (3), 13 ventôse (4), 1er. floréal (5), 9 du méme mois (6), 21 prairial (7), et 22 fructidor (8).

Le comité des archives de la convention nationale et l'agence qu'il dirigeait, n'avaient point, le 28 fructidor an 3, eu encore assez de temps, ni assez d'hommes capables de remplir le vœu de la loi du 7 messidor an 2.

---

favorables des administrations de département, seront provisoirement réintégrés dans la jouissance de leurs propriétés. »

(2) « Aussitôt après la publication du présent décret, il sera donné mainlevée à tous les détenus, comme suspects, du séquestre mis sur leurs biens, et la libre disposition de leurs meubles et revenus leur sera rendue. »

(3) « Il ne sera plus donné de suite aux décrets relatifs au séquestre et dépôt des biens appartenans aux habitans des pays en guerre avec la république ; les sommes versées dans les caisses publiques, en conséquence de ces décrets, seront remboursées aux personnes qui les ont déposées; les biens séquestrés et leur produit seront rendus aux propriétaires. »

(4) « Tous les séquestres mis sur les biens-meubles ou immeubles appartenans par la loi, la coutume ou les statuts, par contrat, ou à tous autres titres, aux époux survivans ou aux enfans des condamnés, seront levés sans délai, afin que les propriétaires en jouissent librement. »

(5) « Il sera procédé à l'estimation et au partage des immeubles indivis; il en sera fait des lots qui seront distribués par la voie du sort entre la nation et les copropriétaires. »

(6) « Qui lève le séquestre apposé, en vertu de la loi du 17 frimaire an 2, sur les biens des pères et mères des émigrés, à la charge par eux d'en ouvrir le partage à la république.»

(7) « Annulant toutes confiscations des biens des condamnés, et celles pour prétendu fédéralisme, recèlement d'individus, etc. etc. ».

(8) « Les décrets qui, relativement à la confiscation des biens, ont assimilé aux émigrés les ecclésiastiques ayant été déportés ou reclus pour n'avoir pas prêté les sermens ordonnés, ou comme ayant été dénoncés par six individus, sont rapportés en ce qui concerne ladite confiscation. »

Les titres des rentes du domaine de la couronne, des apanages, et des engagemens, ceux des abbayes, archevêchés, évêchés, églises, chapitres et communautés, étaient en trop grande quantité. Il y en avait partout. Les administrations en étaient remplies, et il en restait beaucoup dans les anciens chartriers, et en la possession des receveurs et des fermiers dont les comptes n'étaient pas rendus.

La Convention nationale imposa au Directoire exécutif le devoir de maintenir les opérations commencées, d'en activer, d'en surveiller la continuation dans toute l'étendue de la République, de les faire terminer au plus tard dans le délai d'une année, à dater du jour de son installation, et de rendre compte des progrès, tous les trois mois, au Corps législatif.

La loi du 28 fructidor an 3, *titre des archives nationales,* porte, *art. XVI* :

« La loi du 7 messidor an 2, sur le classement et le triage des titres, dans toute l'étendue de la république, est maintenue. Le Directoire exécutif surveillera les opérations commencées, les fera terminer au plus tard dans le délai d'une année, à dater du jour de son installation, et rendra compte de ses progrès, tous les trois mois, au corps législatif. »

Dès que les deux Conseils et le Directoire exécutif furent installés, ils s'occupèrent des titres.

Une loi du 11 frimaire an 4 fit entrer leur classement et leur triage dans les attributions du ministère de la justice.

M. Camus : « *Les pouvoirs étant organisés et le pouvoir admi-*
» *nistratif réparti entre un nombre de ministres, c'est à eux*
» *qu'appartient, en se conformant aux lois, l'inspection e*[t]
» *la direction de tous les établissemens qui concourent au*
» *service de la république.*

» *La raison et la loi veulent qu'on prenne toutes les pré-*

» *cautions possibles pour améliorer les travaux, les rendre*
» *plus actifs , plus utiles.....*

« *Dans le nombre des agences , il en est d'une utilité*
» *manifeste; il en est dont les travaux sont indispensables.*
» *Nous distinguons l'agence des titres.*

Le 4 ventose, le conseil des anciens approuva la résolution suivante, prise la veille par le Conseil des cinq cents :

« Art. Ier. Toutes les agences et commissions administratives , sous telle
» dénomination que ce soit, sont supprimées, à compter du 1er. germinal pro-
» chain. »

» Art. IV. Le directoire exécutif formera sans délai les établissemens né-
» cessaires pour la continuation des travaux utiles, dont lesdites agences et
» commissions administratives étaient chargées ; il les distribuera sous les
» différens ministres auxquels il les jugera appartenir. »

Le 18 germinal, on s'apperçut que l'attribution donnée au ministère de la justice par la loi du 11 frimaire an 4, appartenait naturellement à celui des finances, et le 26, le Conseil des cinq cents demanda, par un message au Directoire exécutif, des renseignemens *sur l'exécution de la loi du 7 messidor an 2, relativement au triage des titres dans les départemens , sur l'état actuel de ce travail , sur les sommes qu'il avait déjà coûté , avec un aperçu de celles qu'il pourrait coûter à l'avenir.*

Le 30 floréal, le Directoire satisfit au message, et il répéta la même proposition.

« Le triage des titres , *dit M. Villers parlant au nom de la commission des dépenses* , a pour principal objet la recherche des domaines nationaux. Sous ce rapport, il est incontestable qu'il doit faire partie des attributions du ministre des finances. Nous ne nous arrêterons pas à prouver tous les avantages qui en résulteront pour la nation ; ils sont suffisamment sentis.

» .... Beaucoup de préposés au triage des titres ont donné leur démission ou négligé d'exercer leurs fonctions, à cause de l'insuffisance du traitement fixé par la loi du 7 messidor, et du déplacement auquel ils étaient tenus pour faire le triage dans les ci-devant districts. La brièveté et l'insuffisance du délai d'abord fixé pour cette opération paraissent aussi les avoir découragés.

» .... *Les dépôts dans lesquels il était intéressant de faire un prompt triage, n'ont point encore été entamés.*

» .... Il est indispensable de mettre le triage en activité.

» L'agence de Paris a déjà découvert environ 4oo dépôts plus ou moins considérables.

» .... Le dépôt domanial a seul occupé plusieurs membres de l'agence. Le dépôt du Louvre a produit des titres, des pièces et des renseignemens pour les domaines, l'histoire, les sciences et les arts, et de nombreuses collections d'arrêts du conseil. Le dépôt général du St.-Esprit, composé de six anciens dépôts ou archives, fournit les titres des propriétés nationales, telles que maisons, terres, et *rentes foncières non supprimées.*

» .... Il s'agit de conserver tout ce qui est de quelqu'intérêt, de se débarrasser de tout ce qui est inutile, et d'anéantir tout ce qui est contraire A LA CONSTITUTION.

» Mais les membres du bureau du triage ne sont point gardes ni dépositaires des titres ; c'est une autre fonction qui leur est étrangère. *Ils ne sont pas non plus chargés, quant à présent, d'exercer sur ces titres toutes les connaissances qu'ils peuvent avoir. Leur unique objet est le triage des titres. Cette expression ne signifie pas qu'on étudiera les titres, qu'on les analisera, qu'on en fera l'extrait ; mais seulement que, sur une inspection attentive et rapide, on décidera s'ils doivent être anéantis ou conservés.*

» Diverses autorités ont ordonné, soit des recherches, soit des triages de titres, ce qui a fait manquer en partie le but qu'on s'était proposé, celui de faire passer la totalité des pièces sous les yeux d'une société d'hommes instruits, animés des mêmes vues, et tendant au même but par une marche uniforme.

» .... Le Directoire s'est conformé à la loi du 4 ventôse, en remplaçant, le 5 floréal, l'agence de Paris par un bureau du triage des titres, dont il a organisé le travail et réglé la dépense.

« Votre commission ne tardera pas à vous présenter une mesure qui puisse procurer et faciliter dans les départemens l'exécution de la loi du 7 messidor an 2.

» Un

» *Un grand nombre de préposés au triage ont trouvé des titres de rentes originairement foncières* ET RECONNUES SEIGNEURIALES, *et ils ont présenté des observations sur le décret du* 17 *juillet* 1793 (*). *Ceux du Calvados pensent qu'il serait utile de modifier cette loi* (**). Vous examinerez s'il ne serait pas convenable de nommer une commission pour l'EXAMINER et vous en faire un rapport.

Extrait du procès-verbal des séances du conseil des cinq cents, du 12 *prairial an* 4.

» Un membre, au nom de la commission des dépenses, fait
» une proposition tendante à créer une commission de cinq
» membres pour *examiner* le décret du 17 juillet 1793. La pro-
» position est adoptée par le Conseil qui nomme les représentans
» du peuple CRASSOUS, LASCOURS, RÉAL, MAILHE, et FABRE
» de l'Aude, pour composer la commission dont il s'agit. »

Conseil des cinq cents, séance du 20 *prairial an* 4. « Un membre, au nom de la commission des dépenses, soumet au conseil la rédaction de la résolution relative au triage des titres dans toute l'étendue de la république.

M. MACAIRE, *rapporteur :* « Le Directoire a formé de l'agence des titres un bureau de huit membres. Par l'art. 14 de son arrêté, il indique et nomme quatre employés de l'ancienne agence qui, par l'utilité de leurs travaux, ont mérité de sa part une distinction particulière ; il les appelle à prendre

---

(*) Toutes leurs observations manquaient par la base. Nous l'avons déjà dit, page 41 de cet ouvrage. *Aux années* 1793 *et* 1794, *on s'était imaginé qu'il ne fallait plus étudier les lois.* INDE MALI LABES.

(**) Ces messieurs n'avaient pas rapproché la loi du 17 juillet des lois des 2 octobre, 8 pluviôse, 7 et 11 messidor an 2, 11 et 28 floréal an 3 ; ils n'avaient point consulté les rapports du comité de législation, rapports imprimés cependant et distribués par ordre de la Convention nationale.

rang dans le nouvel établissement, lorsqu'il se présentera des vacances.

» Tous les membres du bureau du triage et du classement des titres *à Paris* resteront sous la direction et la surveillance de l'archiviste du corps législatif, conformément aux lois des 12 brumaire et 7 messidor an 2.

Art. Ier. » La loi du 11 frimaire dernier, qui attribue au ministre de la justice la surveillance des préposés au triage des titres dans toute l'étendue de la république, est rapportée.

Art. II. « Cette surveillance est donnée au ministre des finances, sauf les dispositions des lois des 12 brumaire et 7 messidor an 2, *en ce qui concerne les archives nationales et l'archiviste de la république.* »

Conseil des anciens, séance du 21. « Après une seconde lecture, le conseil approuve la résolution ci-dessus. »

Dans la séance du 4 *messidor an* 4. « Plusieurs citoyens du canton de Bayeux, département du Calvados, adressent leurs réflexions sur les inconvéniens qui résultent du remboursement des rentes de fieffe (*) en Normandie.

» Renvoyé à la commission des finances. »

Et dans celle du 17 thermidor an 4, le Conseil chargea les représentans du peuple *Mailhe, Gibert-des-Molières, Lemérer, Delaunay et Laporte*, de lui faire un rapport sur l'objet d'un

____

(*) Fieffer un héritage, c'est proprement le *fidei committere*, le confier au preneur, sous la réserve que se fait le bailleur d'une rente foncière, et à la condition exprimée ou sous-entendue, qu'il conservera un droit d'inspection sur la manière dont le preneur usera de la propriété qu'il lui abandonne. M. MERLIN.

La définition des baux à rente de la coutume de Paris et des fieffes Normandes, est la même que celle des baux emphytéotiques. Ce sont des contrats par lesquels le maître d'un héritage le donne au preneur pour le cultiver et

message du Directoire exécutif, concernant le domaine congéable.

*Extrait des registres des délibérations du Directoire exécutif,
du 15 messidor an 4.*

Le directoire exécutif, au Conseil des cinq cents.

« Citoyens législateurs, une loi du 27 août 1792 a détruit un genre de con-
» vention, connu sous le nom de bail à convenant ou à domaine congéable (*).

améliorer, et pour en jouir et disposer COPROPRIÉTAIREMENT, moyennant les
charges qu'il impose, et une rente en deniers, grains ou autres espèces.

Le contrat de fieffe est un bail qui est perpétuel, tant que les conditions
en sont exactement remplies, et c'est un bail de trois ans, dans le cas de
non paiement de la rente, ou à défaut d'entretien des objets fieffés.

A l'expiration des trois ans, le fieffant rentre dans la possession de son
héritage, les créanciers du preneur perdent leur hypothèque, et si le preneur
appelle de la sentence qui l'expulse, l'appel n'empêche point l'exécution.

La loi nouvelle a accordé la faculté du rachat des rentes de fieffe, mais elle
a déclaré que : « *Cette faculté ne dérogera en rien aux droits, priviléges et
actions qui appartenaient ci-devant aux bailleurs de fonds, soit contre les
preneurs personnellement, soit sur les fonds baillés à rente ; en conséquence,
les créanciers bailleurs de fonds continueront d'exercer les mêmes actions
hypothécaires, personnelles ou mixtes qui ont eu lieu jusqu'ici, et avec les
mêmes priviléges qui leur étaient accordés par les lois, coutumes, statuts et
jurisprudence qui étaient précédemment en vigueur.*

(*) Les fiefs ordinaires et les plus répandus en Bretagne, tant nobles que
roturiers, avaient leur régime déterminé par la coutume générale de la
province ; les autres, tels que le fief chéant et levant, le droit de mote, la
quevaise et le domaine congéable, étaient régis par d'anciennes coutumes
locales appelées usemens, suivant l'art. 684 ci-après, de la coutume générale :
« *Plusieurs prélats, comtes, évêques, barons, seigneurs, chapitres et com-
» munautés d'églises et de villes, ont certains priviléges et droits particuliers
» qui ne sont écrits en ce livre coutumier, desquels ils jouiront et seront
» gardés et observés ainsi qu'ils l'ont été par le passé.* »

« L'effet de cette loi a été de transférer du propriétaire au colon la propriété
» du sol et des hautes futayes des domaines ainsi tenus.....
      » Le directoire exécutif joint ici un mémoire sur cet objet, qui lui a été

Il y avait cinq sortes d'usemens de domaines congéables ; ceux de Vannes ou
Brouèrec, de Tréguier ou Goello , de Cornouailles , de Rohan et de Poher.

Le bail à domaine congéable était un féage roturier en vertu duquel le
seigneur acquérait droit de recette et cueillette de ses rentes, suite à son
moulin , à sa cour et jurisdiction, et la sujétion à toutes autres corvées sur
son domanier. *Acte de notoriété du 7 décembre* 1758.

Ce n'était pas une ferme , parce que , dans la ferme , *dominus , fœudum
locando , non amittit dominium* , et que l'homme domanier était sujet à son
seigneur , et justiciable par sa cour , ce que n'est un fermier.

Ce n'était pas un bail à rente , *in quo dominium transfertur* , et le bailleur ne
retient que la rente, parce que , dans le contrat de domaine congéable , le
bailleur demeurait seigneur , et avait toute obéissance sur son homme domanier. DUFAIL , 1er. *livre de ses arrêts , chap.* 243.

C'était un genre particulier de tenue de fonds ruraux , genre inconnu dans
le surplus de la France , et qui était gouverné par deux sortes de titres ;
1°. une convention écrite et souscrite par deux parties, dont l'une s'appelait
propriétaire foncier, et l'autre *domanier* ; 2'. des usemens qui formaient une
espèce de jurisprudence coutumière.

Suivant les propriétaires fonciers, le domaine congéable date du 4e. siècle,
et les domaniers, remontant jusqu'à l'état où se trouvaient les Gaules au
temps de Jules-César, et avant l'irruption des peuples de la Germanie, qui
y sont venus renverser la domination romaine , ont prétendu trouver à cette
époque l'état de l'agriculture soumis à des usages barbares et une servitude
générale , dont ils ont voulu faire descendre l'usage du domaine congéable,
au moyen des diverses métamorphoses que les propriétés et l'état des personnes avaient subis sous ce régime. M. TRONCHET.

Les usemens réglaient les effets du bail entre le domanier et le bailleur,
soit qu'il fût ou non seigneur de fief; leurs dispositions statuaient sur les
différentes questions qui pouvaient s'élever sur l'exécution de l'acte : ainsi
elles décidaient quand et comment le propriétaire pouvait expulser le colon;
comment et par quelle action il pouvait suivre le paiement de la redevance;
en quoi consistaient les droits réparatoires qui appartenaient au colon, et

» remis par le ministre des finances , et il ne doute pas que vous ne jugiez à
» propos de le prendre en considération. »

---

dont le remboursement était dû en cas de congément ; quelles étaient les
limites de la faculté accordée au colon, quant aux améliorations et changemens qu'il était autorisé à faire aux édifices et superficies, afin qu'il ne
rendît point la rentrée du propriétaire trop difficile ; comment le colon pouvait se décharger de la redevance ; enfin , comment la tenure à domaine
congéable pouvait être prouvée.

Le domaine congéable était présumé de droit, et tout colon, détenteur
d'un bien rural, était déclaré tenir à ce titre , et ne pouvait être réputé
propriétaire et avoir acquis le droit de propriété par prescription , s'il ne
justifiait d'un titre contraire à l'usage.

A l'expiration du terme fixé par le bail , les usemens ne donnaient qu'au
foncier le droit de continuer ou de ne pas continuer le bail, et ils ne per-
mettaient point au domanier de se retirer , en demandant le remboursement
de ses droits réparatoires , en sorte que *l'effet du terme stipulé n'était que
d'ôter au foncier la faculté de congédier avant l'expiration du délai , sans
laisser au domanier celle de se retirer à cette époque :* ce qui était rendre la
convention indéfinie pour le bailleur, et à temps contre le preneur, et détruisait la réciprocité naturelle qui doit résulter d'une convention entre les parties
contractantes.

L'usement de Rohan était le plus extraordinaire, et son arrondissement était
le plus étendu. Il établissait le droit de déshérence en cas de décès du domanier sans enfans ; et entre les enfans mâles , c'était le dernier fils qui succé-
dait. A défaut d'enfant mâle , c'était la cadette des filles.

Voici le texte ordinaire des baux du domaine congéable :

« Pardevant.... avec soumission expresse et prorogation de jurisdiction.... fut présent.... lequel a vendu , cédé et transporté, et promis
garantir de tous troubles et évictions quelconques, à.... les édifices et superficies de la métairie.... où demeure.... dont les logemens consistent...
consent que le preneur bâtisse.... les bâtimens entreront en prisagement
de congément, de même que les précédens édifices.... SANS RIEN EXCEPTER
QUE LE FONDS SEULEMENT.... de tout quoi le preneur a dit avoir connaissance ; à la charge à ce dernier de tenir et posséder lesdits édifices à titre
de domaine congéable , SUIVANT L'USEMENT DE.... de la terre et seigneurie

Extrait du mémoire du ministre des finances.

« . . . . . Les cahiers remis en avril 1789 aux députés envoyés aux états-généraux, contenaient la demande de la sup-

de...., sous le proche fief de...., et d'acquitter à l'avenir les rentes et
charges sur ce dues.... ladite rente faite pour la somme de.... laquelle
le preneur a présentement payée au bailleur.... dont quittance : au moyen
de quoi le.... bailleur s'est démis de la propriété, possession et jouissance
des édifices sus vendus, et y a subrogé ledit acquéreur, consentant qu'il en
jouisse et dispose dès ce jour à l'avenir comme de ses autres propres biens et
loyaux acquets, qu'il en prenne possession, s'en fasse bannir et approprier,
soit par ministère de justice ou laps de temps ou autrement, et pour s'induire en ladite possession, etc..... le... vendeur a institué son procureur
général et spécial le porteur d'une grosse des présentes, auquel il a donné les
pouvoirs requis en pareil cas.

« Et par lesdites présentes, le.... a aussi baillé, délaissé et promis
garantir audit acquéreur à titre de domaine congéable, suivant l'usement
de.... pour 9 ans, la jouissance et disposition DU FONDS de ladite métairie,
à la charge d'en jouir en bons ménagers, sans rien dégrader, démolir ni in-
nover, sans pouvoir couper aucun arbre par pied ni tête, ni émonder ceux
qui auraient pris vent. Ne pourra le preneur construire aucun autre édifice
que celui ci-devant permis, ni sous prétexte de réparations changer la forme
des anciens sans le consentement exprès par écrit du.... bailleur, mais
seulement les rétablir et réparer sur les anciens fondemens, dont le preneur
ne pourra être évincé, que par prisage suivant ledit usement....; acquittera
outre, ledit preneur, toutes les tailles, rentes et charges tant ordinaires qu'extraordinaires, auxquelles le fonds de ladite métairie, actuellement converti
en tenue, peut être assujéti, fera les corvées et obéissances ordinaires à cour
et moulin, suivra le moulin de.... fournira, au premier réquisitoire du ...
bailleur, déclaration par tenans et aboutissans des édifices sus vendus, et des
différentes espèces d'arbres y étant, et lui paiera annuellement, pour lesdites
jouissances, à son comptoir de.... à chaque Saint-Gilles, tant de perrées de
seigle, tant d'idem de froment, etc.... et tant d'argent, lesdits grains nets,
loyaux et marchands.... à tout quoi faire, accomplir et exécuter, le.....

pression des *usemens*, espèces de coutumes locales, qui, rédigées sous le règne de la féodalité, en avaient reçu l'empreinte.

» .... Le vœu le plus général fut, en reconnaissant que les *domaniers* n'étaient pas propriétaires du fonds, d'appeler une réforme utile dans les conditions des contrats.

» .... La loi du 7 juin 1791 (*) purgeait le domaine congéable de toutes les taches qu'il avait reçues du contact de la féodalité, et le ramenait à la pureté primitive de son origine. Elle détruisait les *usemens*.....

---

preneur obligé avec tous ses biens, présens et à venir, meubles et immeubles, sans division ni discussion de personne et biens, même par corps pour l'exécution de ladite baillée, parce que les parties l'ont ainsi voulu......

(*) Art. Ier. Les concessions ci-devant faites dans les départemens du Finistère, du Morbihan et des Côtes-du-Nord, par les propriétaires fonciers aux domaniers, sous les titres de baux à convenant ou domaine congéable, et de baillées ou renouvellement d'iceux, continueront d'être exécutées entre les parties qui ont contracté sous cette forme, leurs représentans ou ayans cause, mais seulement sous les modifications et conditions ci-après exprimées, et ce nonobstant les usemens de Rohan, Cornouailles, Brouerec, Tréguier et Gouello, et tous autres qui seraient contraires aux règles ci-après exprimées, lesquels usemens sont à cet effet et demeurent abolis, à compter du jour de la publication du présent décret.

II. Aucun propriétaire foncier ne pourra, sous prétexte des usemens dans l'étendue desquels les fonds sont situés, même sous prétexte d'aucune stipulation insérée au bail à convenant ou dans la baillée, exiger du domanier aucuns droits ou redevances convenancières de même nature et qualité que les droits féodaux supprimés sans indemnité par les décrets du 4 août 1789 et jours suivans, par le décret du 15 mars 1790 et autres subséquens, et notamment *l'obéissance à la ci-devant justice ou jurisdiction du foncier, le droit de suite à son moulin, la collecte du rôle de ses rentes et cens, et le droit de deshérence ou échûte.*

III. Pourront les domaniers, nonobstant tous usemens ou stipulations contraires, aliéner les édifices et superficies de leurs tenues pendant la durée du bail, sans le consentement du propriétaire foncier....

IV. Le propriétaire foncier ne pourra exiger du domanier aucunes journées d'hommes, voitures, chevaux ou bêtes de somme *qui n'auront point été stipulées et détaillées par le bail ou la baillée, et à leur défaut par actes récognitoires, et qui n'auroient été exigés qu'en vertu des usemens ou d'une clause de soumission à iceux....*

» Mais ces sages mesures ne satisfirent point la cupidité des domaniers. On épia l'instant favorable ; et dans l'agitation que devait causer la chûte du trône, on obtint, le 27 août 1792, de l'Assemblée législative, un décret d'urgence, par lequel, induite en erreur sur le véritable caractère du bail à domaine congéable, et le considérant comme ennemi de la liberté, elle ordonna l'expropriation des bailleurs en faveur des preneurs, ou des fonciers en faveur des domaniers. . .

» .... Si des clauses accidentelles avaient été ajoutées sous l'empire de la féodalité, il était facile de les proscrire sans anéantir le contrat ; .... la loi de 1792 a porté atteinte à la propriété ; comment, d'après cela, pourrait-elle subsister ?

» On ne saurait trop tôt réparer une injustice ; il est de l'intérêt des domaniers eux-mêmes que la loi soit promptement portée, afin qu'ils n'agissent pas plus long-temps comme propriétaires d'un fonds qui doit leur être retiré ; enfin, l'intérêt de la République veut qu'on la fasse rentrer au plutôt dans les biens dont la loi de 1792 (*) l'a dépouillée.... »

Dans la séance du 18 fructidor an 4. « Le Directoire exécutif, au Conseil des cinq cents :

« Citoyens représentans, ... le directoire exécutif a fait tout ce qui était

---

(*) *Loi du 27 août* 1792. Art. Ier. La tenure convenancière ou à domaine congéable est abolie. Les coutumes locales qui régissent cette tenure sous le nom d'usement, sont abrogées : en conséquence, les ci-devant domaniers sont et demeurent propriétaires incommutables du fonds, comme des édifices et des superficies de leur tenure.

II. Il ne sera fait, à l'avenir, aucune concession à pareil titre ; celles qui seront faites ne vaudront que comme simples arrentemens. L'entière propriété des terres ainsi concédées appartiendra aux cessionnaires, avec la faculté perpétuelle de racheter les rentes,

en lui pour remplir le vœu de la loi du 28 fructidor an 3, et d'après les mesures qu'il a prises pour le département de la Seine, les opérations du triage s'y suivent avec la plus grande activité.

» Mais il n'a pu donner le mouvement aux mêmes opérations dans les autres départemens, *où, pour la plus grande partie, rien n'est organisé, et tout est encore à faire.*

» La loi du 7 messidor, à raison des circonstances survenues depuis, exige indispensablement dans une partie de ses dispositions, diverses modifications sans lesquelles il n'est pas possible au Directoire exécutif d'en suivre l'exécution dans les départemens.

» Cet objet est traité avec les détails et les développemens dont il est susceptible, dans un mémoire ci-joint. Le Directoire exécutif ne peut donc, citoyens représentans, que vous inviter à vous occuper, le plus promptement possible, de l'examen de la loi du 7 messidor an 2, et à vouloir bien y apporter les modifications et changemens que vous jugerez nécessaires, pour la faire exécuter dans les départemens, et y faire procéder avec autant de soin que de célérité aux opérations qu'elle prescrit. »

Mémoire du ministre des finances.

» Le triage des titres, ordonné par la loi du 7 messidor an 2,

---

III. Dans les concessions précédemment faites, les droits de congément, baillées, commissions et nouveautés, et le droit de lods et ventes qui ne seraient point expressément stipulés dans le titre primitif de concession, sont abolis sans indemnité.

XI. Il sera libre aux ci-devant domaniers de racheter leurs redevances ci-devant convenancières ; et soit avant, soit après ce rachat, ils pourront racheter aussi les rentes suzeraines ou chefs - rentes dues sur leurs tenues.

XII. Ils continueront, jusqu'au rachat effectué, de payer annuellement, comme par le passé, et aux termes ordinaires, en nature de *rentes purement foncières*, les redevances annuelles ci-devant convenancières en argent, grains, poules, beurre, et autres denrées, ainsi que les corvées abonnées ou expressément stipulées et détaillées par les baillées courantes et actuelles.

XIII. Les corvées exigibles en vertu des seuls asemens, ou d'une clause de soumission à iceux, demeurent supprimées sans indemnité, conformément au décret des 30 mai, 1er., 6 et 7 juin 1791.

Z.

dans tous les anciens dépôts domaniaux, judiciaires et d'administration, a deux objets principaux ; la recherche et le recouvrement des propriétés nationales d'ancienne et de nouvelle
origine, et la formation d'archives nationales dans toute la
république.

» Suivant cette loi, dans chaque département le nombre des
préposés au triage peut être porté à neuf. *Art.* 20.

» Ils doivent de suite faire et envoyer au comité des archives
un inventaire des titres domaniaux qui resteront provisoirement
dans les mêmes dépôts jusqu'à ce qu'il en soit autrement ordonné.
Art. 24.

» L'agence temporaire des titres est chargée de s'occuper du
triage de tous les titres qui existent à Paris et de l'examen des
inventaires qui seront envoyés des départemens. *Art.* 29.

» Elle doit désigner ceux des titres qui seront susceptibles
de l'anéantissement. *Art.* 30.

» La plupart des préposés qui ont été nommés ont donné
leur démission ou négligé d'exercer leurs fonctions.

» Cette défection peut être rapportée à trois causes : 1°. l'insuffisance du traitement de 10 liv. par jour ; 2°. les déplacemens
auxquels les préposés étaient obligés pour faire le triage dans
chaque district ; 3°. la brièveté et l'insuffisance réelle du délai
fixé pour l'achèvement du triage.

» L'opération du triage n'a pas même été commencée dans
soixante-treize départemens.... Elle a été nulle jusqu'à présent dans les 6/7es. des départemens.

» .... Le Directoire exécutif, ne pouvant pas, *d'après le
nouvel ordre de choses survenu depuis la loi du* 28 *fructidor
an* 3, donner à l'opération du triage dans les départemens *la*

suite et l'activité QUE COMMANDAIT LA LOI, a cru devoir, par un message, appeler l'attention du Corps législatif, sur la nécessité de modifier et *completter* les dispositions de la loi du 7 messidor an 2.

» . . . . Le ministre de la justice a fait passer au ministre des finances les registres, papiers et cartons concernant l'opération du triage.

» Il s'agit donc de donner à cette partie toute l'activité désirée par la loi.

» On n'y voit pas de difficulté pour le département de la Seine. L'art. Ier. de l'arrêté du 5 floréal détermine les fonctions des membres du triage, consistant dans le triage, le classement et la remise des papiers *à conserver*, et dans l'exercice des fonctions attribuées par la loi du 7 messidor à l'Agence temporaire des titres.

» . . . . L'opération doit marcher sans entrave ni retard pour le département de la Seine.

» On croit devoir tracer les bases et les motifs des modifications et nouvelles dispositions que l'exécution de la loi exige pour les autres départemens.

» 1°. A l'époque de la loi du 7 messidor an 2, la réunion de la Belgique et pays adjacens n'avait pas encore été ordonnée. Mais aujourd'hui l'exécution de cette loi paraissant devoir être suivie dans les neuf départemens réunis, il semble convenable que cela soit ordonné par la nouvelle loi à intervenir.

» 2°. Les préposés au triage étaient tenus de se transporter dans tous les dépôts existans dans le département. Ces transports présentent deux inconvéniens. L'un doit occasionner beaucoup de lenteur dans le travail, l'autre peut empêcher des sujets capables d'accepter ces sortes d'emplois.

» *Il serait préférable d'ordonner que les différens dépôts répandus dans un même département, seraient transférés au chef-lieu du département pour y subir le triage.*

» 3°. La loi du 7 messidor ne prononce rien sur la formation des dépôts dans les départemens, et c'est un objet essentiel à déterminer.

» .... Il semble qu'il serait plus convenable, sous tous les rapports, de suivre le plan adopté pour le département de la Seine, et de former dans le chef-lieu de chaque département un seul dépôt, qui serait divisé en deux sections, l'une domaniale, et l'autre judiciaire et administrative.

» Au surplus, soit que cette mesure soit adoptée par la nouvelle loi, soit qu'elle ordonne l'établissement de plusieurs dépôts par département, il est indispensable qu'elle détermine le mode d'après lequel il sera procédé au placement des dépôts dans les locaux qui conviendront à cette destination, ainsi qu'à la nomination des dépositaires, et qu'elle règle en même temps le traitement qui leur sera attribué tant pour appointemens que pour les frais de chaque dépôt.

» L'établissement des dépôts devant être permanent, leur placement semble devoir être fait dans des édifices nationaux, et conséquemment devoir être autorisé par le Corps législatif; mais, attendu que la formation de ces dépôts serait véritablement urgente pour faciliter et accélérer les opérations du triage, il serait à désirer que le Directoire exécutif pût ordonner provisoirement ces sortes de placemens, sauf à les soumettre successivement à l'autorisation du Corps législatif.

» L'article XXI de la loi du 7 messidor porte que les préposés seront présentés par le comité des archives et nommés par la Convention; cet ordre de choses ne pouvant plus avoir lieu, il semble que c'est le cas d'attribuer au Directoire exécutif la nomination et le remplacement de ces préposés.

» .... L'article relatif aux dépenses du triage est également susceptible de modification, et il semble y avoir lieu de faire ordonner par la nouvelle loi que les dépenses seront proposées par le Directoire exécutif au Corps législatif. . . .

» Enfin, comme indépendamment des articles de modification ci-dessus indiqués, il semble nécessaire que la loi nouvelle contienne une dernière disposition, par laquelle il sera dit, qu'au surplus la loi du 7 messidor an 2 est maintenue et qu'elle sera exécutée. »

Le ministre des finances, signé RAMEL.

Renvoyé à la commission existante pour cet objet, et composée des représentans du peuple DAUNOU, BOREL (de l'Oise) et LECOINTRE-PUIRAVEAU.

Extrait du procès-verbal de la séance du Conseil des cinq cents, du 19 vendémiaire an 5.

« Un membre, au nom de la commission relative au triage des titres, fait un rapport sur cet objet, et le termine par un projet de résolution qui est adopté ainsi qu'il suit :

» Le Conseil des cinq cents, considérant que la conservation des titres et papiers acquis à la république exige leur réunion prompte dans les dépôts publics ;

» *Considérant que le triage ordonné par la loi du 7 messidor an 2, entraîne des dépenses considérables, et que ce travail peut être ajourné sans inconvénient ;*

» Déclare, etc.

Art. Ier. » Les administrations centrales des départemens feront rassembler, dans le chef-lieu du département, tous les titres et papiers dépendans des dépôts appartenans à la république.

Art. II. » Le directoire exécutif pourra autoriser leur placement provisoire dans des bâtimens nationaux. Le placement sera fait, autant qu'il sera possible, dans les édifices destinés aux séances des administrations du département.

Art. III. » Le directoire exécutif fera procéder immédiatement au triage des dépôts existans dans les départemens réunis....

Art. IV. » Dans les départemens autres que celui de la Seine et les neuf départemens réunis, l'exécution de la loi du 7 messidor an 2 demeure suspendue.

Art. V. » Le directoire exécutif est chargé de faire acquitter les indemnités qui sont dues aux préposés du triage, pour le travail fait jusqu'à la publication de la présente.

Art. VI. » Il n'est pas dérogé aux dispositions des lois des 12 brumaire et 7 messidor an 2, quant aux archives de la république. »

Le Conseil des anciens l'approuva, le 5 brumaire suivant.

Autre loi du même jour. — Art. Ier. Le préposé au dépôt des archives judiciaires de Paris est autorisé, pendant tout le temps du triage des titres, à remettre aux citoyens les titres non féodaux et les procédures qu'ils justifieront leur appartenir.

II. Le préposé est chargé d'extraire des pièces, avant leur remise, *les titres purement féodaux* qui pourraient s'y trouver.

Il prendra des récépissés sur les registres déjà ouverts pour l'exécution des lois des 7 messidor an 2, 22 pluviôse et 28 fructidor an 3.

Livré à des idées d'amélioration, le Corps législatif revoyait toutes les lois de la Convention nationale, et il corrigeait celles de leurs dispositions qui lui paraissaient vicieuses.

Séance du 7 brumaire an 5. « Le Conseil des cinq cents,
» *considérant qu'il est instant de rendre aux stipulations*
» *autorisées par l'équité ou par les lois, leur exécution, et*
» *de détruire l'effet rétroactif qui aurait été donné, au pré-*
» *judice des conventions entre les citoyens, à des lois pro-*
» *hibitives,* a résolu....

» Art. Ier. Les propriétaires qui, en exécution des décrets des

11 avril 1791 et 25 août 1792, et antérieurement à la loi du
1er. brumaire an 2, avaient stipulé dans leurs baux à ferme,
qu'il leur serait payé une valeur séparée du prix du fermage,
en équivalent de la dîme ou d'autres droits supprimés (*rentes
seigneuriales , droits féodaux , droits censuels*), ont droit
d'exiger le paiement de cette valeur, nonobstant la disposition
de l'art. Ier. du décret du 1er. brumaire an 2, laquelle est
rapportée. »

Le 27 du même mois, le Conseil des anciens a converti la
résolution en loi, sur l'avis de la commission expliqué comme
il suit :

« Le prix des baux était réglé par la diminution que le paiement de la
dîme et des droits féodaux supprimés occasionnait dans le produit.

» L'assemblée constituante, par son décret du 1er. décembre 1790, ordonna
que les fermiers paieraient aux propriétaires l'équivalent de ce que la suppression de la dîme et des droits féodaux laissaient entre leurs mains. Cette
disposition fut renouvelée par le décret du 11 avril 1791, et l'art. VI de cette
loi veut que l'indemnité due aux propriétaires ne soit retranchée pour
l'abolition de la dîme et des droits féodaux, que par l'effet d'une disposition
expresse.

» L'assemblée législative, par son décret du 25 août 1792, adopta les
mêmes principes.

» La raison, l'équité, *le respect dû au droit de propriété* n'en avouent point
d'autres.

« .... Les lois ne peuvent régler que l'avenir ; *le passé échappe à leur
puissance ; car comment se soumettre à des lois qu'on ignore, puisqu'elles
n'existent pas ?* Le principe de la non-rétroactivité assure le repos des familles,
garantit les droits de tous, et est un frein peut-être nécessaire pour le
législateur...... »

— Depuis le commencement de la session, on parlait du domaine congéable. La discussion n'intéressait que trois départe-

mens, mais elle s'était engagée (*), de manière que l'Assemblée législative et la Convention nationale étaient aux prises, et que l'Assemblée constituante était en présence.

Il s'agissait de prononcer entre la loi du 27 août 1792 et celle du 17 juillet 1793, et de rétablir la propriété qui avait été déplacée par une ou l'autre de ces deux lois.

Les partisans de l'Assemblée législative, enthousiastes défenseurs de la loi du 27 août 1792, lui sacrifièrent le décret du 17 juillet 1793, et le jugeant par les temps où il a été rendu, ils le déchirèrent avec horreur.

« Avant le 9 thermidor, disaient-ils, les hommes probes, les représentans fidèles étaient réduits jusqu'à l'impuissance de proférer librement leurs opinions. La plupart même étaient exclus de la Convention nationale et des Administrations publiques, en récompense de leur courage.

« *Représentans du peuple, le Directoire vous invite à*
» *revoir les lois rendues sur les domaines congéables : il sera*
» *satisfait, et il devra l'être, si vous rapportez le décret du*
» *17 juillet 1793, dont celui du 29 floréal an 2 est la con-*
» *séquence.*

» *La Convention nationale était alors sous la tyrannie*
» *décemvirale. Le décret du 17 juillet 1793 est injuste. Au-*
» *cun débiteur honnête ne cherche à s'en prévaloir. Je me*
» *proposais d'en demander le rapport. J'ai été prévenu ; et si*

(*) Quiconque connaît l'immensité des écrits qui ont paru sur cette matière et *la nature de la défense des domaniers*, est convaincu du travail qu'il a fallu faire pour faire sortir la vérité du cahos ténébreux dans lequel on s'était efforcé de l'ensevelir. M. TRONCHET.

» *on*

» on y a pensé, ce n'est peut-être que d'après l'ouverture que
» j'en avais faite à plusieurs de mes collègues.

  » *Vrais amis de la République, que vous conseille son*
» *intérêt? Rapportez les décrets qui suppriment sans indem-*
» *nité les redevances féodales et convenancières; confirmez*
» *le décret de l'Assemblée législative qui abolit le domaine*
» *congéable; levez les entraves que des Administrations et*
» *des Tribunaux composés de seigneurs convenanciers ou*
» *d'héritiers présomptifs de seigneurs ont mises au rachat des*
» *rentes convenancières; rendez, s'il est possible, le mode du*
» *rachat plus juste.....* » M. BOHAN, *nouveau membre du
Conseil* et *ancien député à l'Assemblée législative.*

Les anciens membres de la Convention nationale répon-
daient : *De mauvaises lois ont été faites, qu'elles soient
abrogées; mais la loi du* 17 *juillet n'est point une mauvaise
loi,* EXAMINEZ-LA.

Examinée dans son texte, dans son esprit, dans son objet,
la loi du 17 juillet n'est nullement une loi spoliatrice de la
propriété.

Les ennemis de la Convention nationale l'accusaient, mais
ils ne prouvaient pas leur accusation : L'ACCUSATION N'A
JAMAIS ÉTÉ PROUVÉE.

Ils se sont toujours rejetés sur l'exécution, qu'ils supposaient
telle qu'ils pouvaient ensuite déclamer à leur aise et conclure que
la loi du 17 juillet était une loi de colère, une loi abominable
comme le temps où elle a été émise.

  « *Nous,* répliquaient les membres de la Convention na-
» tionale qui siégeaient dans les deux Conseils, *nous qui*
» *venons de voter l'abrogation de la loi du* 1er. *brumaire*
» *an 2, nous qui voterons celle de la loi du 27 août 1792,*

A a

» *nous soutiendrons de toutes nos forces la loi du* 17
» *juillet* 1793. »

« Son objet, ainsi que celui de la loi du 25 aout 1792,
» sont *uniquement de libérer de charges qu'elles regardent*
» *comme vexatoires* une propriété acquise (*), *et de*
» *décharger les* propriétaires *de l'obligation du rachat qui*
» *leur avait été imposé.* »

— La commission des finances et celle du 12 prairial an 4
prirent, dans tous les départemens, les informations les plus
précises, les plus certaines sur la manière dont la loi avait été
entendue et exécutée.

Le résultat en a été présenté (**) dans la séance du 4 thermidor an 5.

Déjà, dans celle du 14 germinal précédent (***), M. Fabre
(*de l'Aude*) avait dit :

» Représentans mes collègues, les décrets de la Convention

(*) *Une propriété* acquise ! Or une propriété dont le prix n'a point été
payé, n'a jamais été et ne sera jamais une propriété acquise. Si les détenteurs
n'en ont point soldé le prix, et s'ils ne le soldent pas, ce n'est point pour eux
que la loi du 17 juillet est faite : Le fonds ne leur appartient pas.

(**) Voyez pages 126, 127, 128 de cet ouvrage.

(***) Dans l'intervalle, le Corps législatif prouva de nouveau par les deux
lois ci-après, que par les décrets des 17 juillet et 2 octobre 1793, 7 ventôse
et 6 messidor an 2, il n'a aucunement été préjudicié aux rentes qui sont le
prix de la cession de domaines fonciers.

Loi du 15 *pluviôse an* 5. Les arrérages des rentes tant *perpétuelles* que
viagères fondées sur des titres qui ont une date antérieure au 1er. juillet
1790..... pourront être exigés, dès la publication de la présente, en numéraire métallique.

Les rentes et autres prestations stipulées en grains, denrées ou marchandises, continueront d'être acquittées en nature, aux termes convenus entre
les parties.

nationale n'ont point supprimé les rentes qui sont le prix d'une propriété légitime.

» Les interprétations contraires données à ces décrets sont fausses : elles sont l'ouvrage de la malveillance et des éternels ennemis de la Convention nationale.

» Tout ce qui tenait de la féodalité a été aboli ; mais, je le demande à tout homme qui a les premières notions du pacte social, à tout homme qui sait que le maintien des propriétés en est une condition sacrée, à tout homme qui ne veut pas grossir son patrimoine aux dépends de celui des autres, est-il possible que, sous le prétexte que la féodalité est abolie, le preneur d'un fonds soit dispensé de payer soit à la République, soit aux particuliers, la rente foncière qui forme le prix de ce même fonds ?

» Il n'y a dans cette sorte de rente rien de féodal. En aliénant son fonds, le propriétaire a été le maître de stipuler le prix qu'il mettait à son expropriation. Que ce soit une somme une fois payée, ou une rente en argent, ou une prestation en grains, ou une quotité de fruits, c'est toujours le prix de la concession. Affranchir l'acquéreur d'acquitter ce prix, ce serait évidemment attenter à la propriété, dépouiller les uns, sans aucun motif,

---

Les conventions au sujet des retenues à faire sur les rentes auront leur exécution.

A défaut de stipulation, elles seront réglées, relativement aux arrérages échus avant le 1er. juillet 1790, suivant les lois en vigueur, et depuis le 1er. vendémiaire an 5, au cinquième, quant aux rentes perpétuelles.

Loi du 20 *ventôse an* 5. Les administrations centrales désigneront aux hospices civils et aux bureaux de bienfaisance, *des rentes foncières* ou constituées *dues à la république*, en remplacement de celles qu'ils prouveront leur être dues par le trésor public à quelque titre que ce soit.

pour enrichir les autres; en un mot, organiser le pillage; et il
y a pas d'attentat plus formel à la déclaration des droits.

» Rien n'autorise les débiteurs de rentes foncières à retenir
en même temps et les fonds et les rentes ; et il n'est pas au pouvoir des législateurs de disposer ainsi arbitrairement des propriétés des citoyens.

» Le pacte social leur inhibe également de gratifier quelques
individus des propriétés publiques. Ce serait une entreprise sur
la propriété de tous, une véritable déprédation, un abus de confiance et de pouvoir, *dont la nation ne manquerait pas un
jour de demander un compte sévère à ses délégués.*

» ..... IL IMPORTE QUE LE GAGE SACRÉ DE LA RÉCOMPENSE
NATIONALE PROMISE A NOS BRAVES GUERRIERS, NE SOIT POINT
AFFAIBLI.

Le Conseil ordonna l'impression et la distribution; et à l'ouverture de sa seconde session, l'impression et la distribution
furent réordonnées et faites, le 12 prairial an 5, aux membres
entrant.

Dans la séance du 4 thermidor, LE RAPPORTEUR DE LA
COMMISSION DES FINANCES termina de la manière suivante le
le rapport que nous avons copié, *pages* 126, 127 *et* 128 *de cet
ouvrage.*

« Citoyens représentans, *votre Commission des finances ne
» vous propose pas même de modifier les dispositions de la
» loi du* 17 *juillet* 1793. ELLE S'EST RIGOUREUSEMENT REN-
FERMÉE DANS LES TERMES EXPRÈS DE CETTE LOI.

» Il s'agit moins d'une chose à faire, que de celle déjà
faite, et de juger le droit en soi, que d'en faire une juste
application.

» Ici se présente la question de la liquidation des rentes réelles; vient ensuite celle du rachat.

» Quant à la première, elle se trouve décidée par les lois existantes. Le remboursement des rentes en argent est au denier 20 , et celles en nature sont rachetables à vingt-cinq fois la rente.

» Nous avons pensé que ce mode devait être maintenu, de particulier à particulier, mais non vis-à-vis de la nation.

» L'intérêt du gouvernement est aujourd'hui de recevoir ce qui lui est dû. Cet intérêt est commun à la généralité des citoyens qui trouvent dans l'emploi que fait le premier, de ses ressources légitimes, une garantie contre la demande de subventions nouvelles. *Ici le débiteur se trouve seul en opposition avec l'état et la généralité de ses concitoyens.*

» Un moyen nous a paru propre à concilier ces avantages divers; il consiste à trouver ce rapport exact de justice, qui, en nous permettant de faire tout pour le particulier, ne fasse cependant rien perdre à l'état. Nous l'avons vu dans le mode de libération que nous allons vous proposer.

» .... Les débiteurs des rentes et prestations foncières appartenant à la république, qui en provoqueront la liquidation et le rachat, seront admis à se libérer, savoir :

» Pour les 4/5°. en inscriptions sur le grand livre de la dette perpétuelle, calculées sur le pied de vingt fois la rente.

» Et, pour le cinquième restant, en deux obligations payables en numéraire, etc. . . . . .

Le Conseil ordonna l'impression du rapport et du projet de décret, et la distribution.

A la séance du Conseil des cinq cents, le 15 thermidor an 5, M. DUPRAT : « *Oui, pour s'affranchir du paiement des rentes foncières, on a donné une fausse interprétation aux lois relatives à la matière.*

Nous parlons de *la rente foncière* qui est créée dans la tradition et la cession d'un héritage, et qui le représente tellement, qu'autrefois elle était régie par la coutume dans laquelle ce fonds était situé.

» Certes, à moins de supposer que la Convention nationale a voulu se jouer de tout ce qu'il y a de plus sacré parmi les hommes, DU DROIT DE PROPRIÉTÉ, il n'est pas possible de se persuader qu'elle ait entendu supprimer de pareilles rentes.

» .... Si elle eût donné quittance de toutes les dettes, bouleversé toutes les fortunes, dépouillé les propriétaires, pour enrichir de leurs biens des hommes sans probité ;

» Je vous demande, représentans du peuple, si, étant envoyés au nom d'une CONSTITUTION QUI GARANTIT SOLENNELLEMENT LE RESPECT DES PROPRIÉTÉS, vous ne regarderiez pas comme un devoir sacré pour vous de réparer des injustices aussi criantes, et de rendre enfin à chacun ce qui lui est dû.

» Mais je n'attends pas votre réponse : Je me hâte d'examiner le décret du 17 juillet.

» .... Si, au lieu de deux articles, il n'y en eût eu qu'un dans la loi, *le premier, portant que toutes redevances seigneuriales et droits féodaux étaient supprimés sans indemnité*, aurait-on osé prétendre que les rentes foncières mêlées de stipulations accessoires qui auraient trait à la féodalité, étaient comprises dans cette suppression ?

» Non, sans doute ; et si on eût élevé une pareille prétention, on eût répondu avec avantage qu'il n'est permis à personne de donner à la loi une extension qu'elle n'a pas, on eût répondu qu'une rente foncière n'est point une rente féodale, et que ce qui est le prix principal de la concession du fonds, est une propriété inviolable à laquelle le législateur *n'a eu* ni le droit ni *la volonté* de toucher.

» Mais ce qu'on n'eût pas osé prétendre dans le cas où le décret du 17 juillet 1793 n'eût eu qu'une seule disposition, comment le soutenir, lorsqu'après cette première disposition où il n'est question que de rentes *ci-devant seigneuriales*, on trouve un second article qui excepte formellement de la suppression les rentes purement foncières et non féodales ?

» Il serait assez singulier que, dans cette disposition favorable dont le législateur pouvait se dispenser, mais qu'il a cru devoir faire pour mieux garantir la conservation de ces rentes, il serait assez singulier, dis-je, que, dans cette mesure conservatrice, on trouvât un prétexte de les proscrire et de les confondre dans la suppression générale prononcée contre les rentes féodales.

» ....Peu de jours après le décret du 17 juillet 1793, le 8 août de la même année, la convention nationale en rend un second, par lequel elle ordonne au ministre de l'intérieur de surveiller l'exécution du décret du 17 juillet, portant abolition de toutes rentes féodales. *Il ne faut jamais perdre de vue qu'il ne s'agissait que des rentes féodales.*

» ....Le 2 octobre 1793, le comité de législation propose à la convention nationale un projet de déclaration contenant deux points principaux : « *Le premier consistant à séparer dans les actes por-* » *tant concession primitive de fonds à titre d'inféodation ou d'acensement,* » *ce qui était purement foncier, d'avec les droits qui, sous le nom de cens et* » *de casualité, rappelleraient le régime tyrannique aboli par la loi du 4* » *août 1789.*

» *Le second point consistant à proroger à six mois le brûlement des titres* » *féodaux mixtes* ;

» La Convention nationale passe à l'ordre du jour, motivé,

» *est-il dit dans le décret*, sur la loi du 17 juillet, relative aux droits féodaux.

» Faites bien attention, je vous prie, à ces derniers mots: RELATIVE AUX DROITS FÉODAUX.

» Il n'était donc pas question, dans cette loi du 17 juillet, des rentes foncières. On n'a point eu l'intention ni même l'idée d'abolir ou de supprimer ces rentes-là. *La suppression ne porte que sur les rentes seigneuriales, elle ne porte que sur les droits féodaux.* Et c'est ainsi que l'entendirent généralement les hommes de bonne foi; car, depuis comme avant la loi du 17 juillet, un grand nombre de débiteurs de rentes foncières continuèrent d'en poursuivre la liquidation et d'en faire le remboursement.

» .... Je le répète avec votre commission des finances, on a outré le sens de la loi du 17 juillet; on lui a donné une signification qu'elle n'a pas.

» .... Au surplus, s'il était vrai que la loi du 17 juillet frappât également les rentes foncières, comme les rentes féodales, je m'écrierais avec Treilhard, avec le ministre des finances, avec le Directoire : *Quoi , on aurait dépouillé des citoyens de leur propriété, pour en gratifier d'autres, sans motif, sans prétexte , et par une extension également arbitraire et injuste; et vous balanceriez à réparer une grande erreur ! .. et vous aimeriez mieux prélever 4 à 500 millions sur le peuple, sur des hommes qui ne vous doivent rien, que d'exiger cette somme de ceux qui vous la doivent ; de ceux qui s'enrichissent aux dépends de la nation !* ... Non, non. Nous sommes envoyés pour faire des lois sages, et pour être justes envers tout le monde , envers les simples citoyens, comme envers la nation.

» Mais ,

(191)

» Mais, représentans, je n'ai point vu, je ne vois point dans
le décret du 17 juillet 1793 la disposition que *quelques* personnes *prétendent* y trouver. LA COMMISSION L'A PENSÉ , COMME
MOI ; ET VOILA POURQUOI , LOIN DE VOUS EN DEMANDER LE
RAPPORT, ELLE INSISTE , au contraire, POUR QU'IL SOIT
EXÉCUTÉ, et vous propose-t-elle seulement un nouveau mode
d'exécution , *infiniment avantageux aux débiteurs des rentes,
puisqu'il tend à leur accorder une remise de près des deux
cinquièmes sur ce qu'ils doivent à la nation.*

» Aussi n'est-ce que sous ce rapport que l'on peut raison-
nablement attaquer le projet soumis à la discussion.

» J'y trouve un vice; c'est qu'il n'offre aucune garantie que
les inscriptions qui rentreront au trésor public , en remboursement des 4/5ᵉˢ. du capital des rentes , ne seront plus remises
en circulation.

» Il est essentiel de prendre des précautions , après ce qui
s'est passé dans l'affaire de la compagnie Dijon. . . .

» En conséquence, je vote pour le projet avec cet amen-
dement :

« Les inscriptions qui seront fournies pour acquitter les ⅘ du capital des
» rentes , seront barrées et annulées , au moment du paiement , par le rece-
» veur de l'enregistrement , qui sera tenu d'y apposer ces mots, et en présence
» du débiteur , *inscription annulée.* »

Le discours de M. Duprat est imprimé. Il fut distribué par
ordre du Conseil.

— *Même séance.* M. DUCHESNE : « Si l'on remonte à l'origine
des titres d'inféodation proprement dits, on y trouve deux choses
qu'on ne sauroit confondre : 1°. l'abandon au vassal d'une propriété certaine, moyennant une redevance qui tenait lieu de
prix ; et jusque-là sans doute rien qui ne fût licite de part et

B b

d'autre; 2°. sa soumission à la foi et hommage, souvent accompagnée de ces bizarres devoirs que les ci-devant seigneurs avaient multipliés à l'infini , mais qui , blessant la liberté naturelle autant que la dignité de l'homme, ont dû disparaître à jamais.

» Après le contrat d'inféodation , venait l'acensement qui n'emportait pas la soumission personnelle à la foi et hommage , mais seulement la simple obligation de la part du censitaire de payer la rente , et les lods en cas de mutation.

» Dans les nombreuses coutumes qui admettaient le jeu de fief , le vassal pouvait non-seulement sous-inféoder sans le consentement du suzerain, mais encore démembrer le corps du fief, tantôt par des baux à cens ou à locaterie perpétuelle, tantôt par de simples albergemens, en se réservant des rentes foncières ; et , dans tous les cas, la prestation due par le possesseur n'était nullement réputée féodale. Je ne citerai là-dessus que l'usage constant du ci-devant Dauphiné, fondé sur l'article XXII de nos libertés delphinales.

» Quelle source plus pure que celle de ces rentes ? Dans les pays de franc-alleu, les propriétés n'étaient point des fiefs, puisqu'elles ne relevaient de personne. Ainsi , lorsqu'elles étaient acensées ou albergées, sous la réserve d'un cens avec directe, ou d'une simple rente foncière accolée à la directe, de telles redevances n'ont jamais pu être réputées féodales.

» On a étrangement abusé de ce mot *féodalité*, au lieu de le renfermer dans sa véritable acception.

» Votre commission des finances vous propose *le maintien* de toutes les rentes qui ont formé le prix d'une concession ou aliénation de fonds, mais je ne saurais partager son avis sur ce qu'elle appelle une *fausse* interprétation de la loi du 17

juillet. Remarquez que vous ordonneriez implicitement l'exécution de l'article Ier. de cette loi révolutionnaire.

» Conciliez , citoyens représentans, tout ce qu'exige le maintien constitutionnel des propriétés avec les égards et la justice
que vous devez aux débiteurs des rentes ; et ceux-là, seuls,
pourront s'en plaindre, qui se sont habitués , sous le régime de
la terreur, à se jouer des plus saintes maximes.

» .... Il me reste à vous dire un mot des arrérages.

» La nation pourrait faire pour elle-même la remise généreuse de tous les arrérages : mais pouvez-vous, devez-vous étendre ce bienfait aux débiteurs des rentes qui sont la propriété
des citoyens ? L'intérêt des créanciers des rentes foncières mérite
des égards. Quelques-uns n'avaient pas d'autres revenus : depuis
très-longtemps ils en sont privés par suite des événemens de la
révolution. La plupart des débiteurs avaient cessé de payer
depuis 1789. De quel droit prétendraient-ils à une libération
absolue de tout ce qu'ils ont eu la mauvaise foi de laisser ainsi
arrérager ?

Même séance. M. DARRAQUE. « Je viens demander la
question préalable sur plusieurs articles du projet qui me paraissent inutiles et dangereux, puisqu'ils violent les principes
les plus sacrés , et tendent à ruiner des milliers de citoyens. »

» La commission reconnaît qu'on n'a cessé de payer que par
une fausse interprétation des lois , et cependant elle dispense des
arrérages arriérés ! Comment concilie-t-elle le principe qu'elle
établit avec les conséquences qu'elle en tire ? Le débiteur n'a
pu trouver dans la loi aucun prétexte pour ne pas payer. Pourquoi donc légitimer son refus ?

» Puisque votre commission et TOUS SES PRÉCÉDENS RAP-
PORTEURS sont convenus de la fausse interprétation de la loi,

faut-il en punir les légitimes créanciers ? ne serait-ce pas servir la mauvaise foi, surtout lorsqu'il est notoire que la fausse interprétation n'a point été générale?

» Jettons un voile sur le passé, *dit-on ;* oui, sans doute : mais non pas en consacrant une injustice révoltante. Si vous voulez ramener le calme, réparez les maux de l'injustice. On vous menace de la calomnie ; faites le bien et toujours le bien ; la calomnie sera forcée de se taire. *Je demande qu'on ne fasse point de loi nouvelle.* La loi existante est claire, précise et formelle. Elle a dû être exécutée : elle doit l'être. Il ne s'agit que d'adopter un mode de liquidation, et au lieu du projet de résolution, la disposition suivante : *Les lois relatives aux fermages serviront de règle pour la liquidation des rentes et prestations foncières dues tant à la République qu'aux particuliers.*

« Un autre membre, *porte le procès-verbal*, combat le projet de résolution, en soutenant que les lois des 17 juillet et 2 octobre 1793 doivent être abrogées, comme attentatoires à la propriété. »

« Fabre (de l'Aude) appuie le projet et conclut cependant au renvoi à la commission *pour prendre en considération les observations et propositions qui sont faites.*

» Rouzet demande la réunion des diverses commissions chargées de travaux qui ont des rapports intimes avec le projet présenté, et l'adjonction de Fabre à la commission des finances.

» Adopté. »

— Le lendemain, le Conseil discuta la question du domaine congéable, et il prit les deux résolutions (*) dont suit le texte :

Première résolution. « Le Conseil des cinq cents, après avoir entendu le rapport des domaines congéables ;

(*) Elles ont été converties en loi, le 9 brumaire an 6.

» Les trois lectures faites. . . .

» Art. Ier. Les décrets de l'Assemblée législative des 23 et 27 août 1792 sur la tenure convenancière, celui du 29 floréal an 2, rédigé définitivement le 2 prairial suivant, et toutes autres lois qui seraient la suite de celle du 27 août 1792, sont abrogés.

» Art. II. Le décret rendu par l'Assemblée constituante les 3o mai, 1 , 6 et 7 juin 1791, sera exécuté selon sa forme et teneur : En conséquence, tous les propriétaires fonciers de domaines congéables sont maintenus dans la propriété de leurs tenures, conformément aux dispositions dudit décret. »

Deuxième résolution. « Art. Ier. Tous procès existans , même ceux pendans au Tribunal de cassation , toutes offres faites , tous jugemens intervenus, tous remboursemens, dépôts ou consignations de deniers, et tous autres actes qui auraient leur fondement dans les dispositions de la loi du 27 août 1792, relative aux domaines congéables , ou dans les dispositions des lois subséquentes rendues en interprétation ou confirmation, sont abolis et annulés.

» Art. II. Les propriétaires fonciers qui ont reçu des domaniers le remboursement des capitaux de leurs redevances convenancières, et qui sont maintenus par l'art. Ier. de la résolution de ce jour, seront tenus préalablement de rendre et restituer aux domaniers les sommes qu'ils en ont reçues; cette restitution sera effectuée suivant l'échelle de proportion.

» Art. III. Les propriétaires fonciers sont réintégrés dans la propriété de leurs tenures , nonobstant tous dépôts ou consignations de deniers qui auraient été faits par les colons pour parvenir au remboursement des capitaux, sans que le refus ou retardement des colons pour retirer les valeurs par eux déposées ou consignées, puisse apporter aucun obstacle à la jouissance des propriétaires fonciers.

» Art. IV. Les arrérages des rentes convenancières qui seraient dus par les colons depuis les remboursemens ou dépôts par eux faits jusqu'au jour de la publication de la présente loi, demeurent compensés avec les intérêts des capitaux qu'ils auraient consignés ou déposés. »

Le 29 *fructidor an* 5 *,* on reprit la discussion du projet de la commission.

Extrait du procès-verbal des séances du Conseil des cinq cents , du 29 *fructidor an* 5.

» . . . . Le rapporteur présente une nouvelle rédaction de l'article concernant les rentes foncières.

» La discussion s'engage sur cette rédaction , et se reporte ensuite sur le fond de la disposition relativement aux moyens de discerner ce qui, dans la stipulation des rentes, représente le prix de la concession du fonds , et d'en séparer tout ce qui est entaché de féodalité.

» Après quelques débats, le Conseil renvoie de nouveau cet objet à la commission. »

Le Moniteur, n°. 2 , *an* 6 , a publié ces débats : Lisons.

— M. FABRE. «Il s'agit des rentes *pour concession de fonds*.... Je crois que cela est clair et lève toutes les difficultés. — OUDOT. Si l'article passe , on prouvera des concessions de fonds, là où jamais il n'y en aura eu.... On demande le renvoi à la commission. — PONS (de Verdun). « J'ai été chargé d'un rapport sur cette matière (*) et *j'examine les difficultés que présente*

(*) Voyez pages 110 à 115 de cet ouvrage.

la loi du 17 juillet 1793 (*). *J'avoue que je ne regarde pas comme une ressource réelle pour le trésor public l'article proposé.*

— Passons à la *séance du 2 des complémentaires.* M. GAY-VERNON.... « Je demande que votre commission du 21 fructidor soit tenue de faire promptement son rapport et que vous lui adjoigniez Pons (de Verdun), qui, pendant la Convention, s'occupa beaucoup des mêmes matières. »

Nota. *Le Conseil adjoignit M. Pons à la commission.*

Continuons de lire le procès – verbal de la même séance. « .... MALÈS entre de nouveau dans des développemens assez étendus sur la nécessité de bien préciser dans la loi, qu'on n'entend nullement parler des rentes féodales. Si vous ne le faites pas, dit-il, le trésor gagnera peu en argent, le gouvernement perdra beaucoup en opinion. La compensation n'est pas avantageuse. En effet, le mot, *rentes foncières*, n'explique pas ASSEZ, n'explique même rien. Il n'indique point la nature, ni l'origine de la rente. On voulut, sous la Convention nationale, s'occuper d'un travail à cet égard ; mais la difficulté parut presqu'insurmontable, on laissa là le travail (**) et le décret du 17 juillet 1793. Maintenant vous êtes dans la même position : vous avez à établir entre les rentes LA DISTINCTION QUE LA

(*) Toujours des preuves réitérées de tout ce que nous avons déjà dit. M. Pons, le rapporteur du comité de législation de la Convention nationale, réexaminant, *le 29 fructidor an 5*, la loi du 17 juillet, ne trouve pas qu'elle ait nui aux intérêts du trésor public ; il ne regarde pas une nouvelle loi comme nécessaire pour procurer une ressource *réelle !*

(**) Ce travail effectivement n'est point du tout le travail des législateurs. *voir page* 120. M. le législateur Delorme l'a fort judicieusement et victorieusement expliqué dans la séance du 17 frimaire an 6. *Voir la page* 199.

MATIÈRE EXIGE ; mais pour cela , il faut du travail et un long examen. Mais un fait doit être remarqué. On vous propose d'exiger la représentation du titre primordial. A-t-on oublié qu'une loi ordonnait le brûlement de tous ces titres (*) ? Est-ce à dire aujourd'hui que celui qui aura exécuté la loi sera ruiné , et que celui qui l'aura méconnue recevra le paiement de sa rente ?... Je conclus au renvoi de cette difficultueuse question à une commission spéciale.

» Le renvoi à la commission existante est décrété. »

— *Dans la séance du* 17 *frimaire an* 6. M. DELORME. « Le preneur à rente ne devient propriétaire du fonds qu'elle représente, qu'en affranchissant le capital de cette rente.

« Aucune loi ne s'est encore expliquée sur ce qui concerne la

---

(*) Il ne s'est donc toujours agi que des rentes féodales , des rentes dans la composition desquelles le peu qu'il pourrait y avoir de foncier est mélangé , confondu avec le féodal qui enveloppe et qui domine.

M. Malès ne laisse ici nul doute. En rappelant la loi qui ordonnait le brûlement des titres des droits supprimés, lui qui savait si bien que SEULEMENT les titres purement féodaux avaient pu être brûlés , il met dans le plus grand jour comment et pourquoi on a toujours fini par ne point changer la loi du 17 juillet 1793.

Cette loi et celles des 8 pluviôse, 7 et 11 messidor an 2, étaient bien connues de tous les membres des deux Conseils, particulièrement *des anciens conventionnels.*

Ils n'ont, en conséquence, jamais pu ne pas croire qu'on voulait faire revivre des rentes vraiment féodales, toutes les fois qu'on leur a parlé de rétablir des rentes, tant ils étaient convaincus, et ils devaient l'être, que , par l'article II de la loi du 17 juillet, et les lois des 8 pluviôse, 7 et 11 messidor an 2 , enfin , par toutes celles que nous avons présentées dans cet ouvrage, la Convention nationale avait, *autant que possible* , pourvu à la conservation des rentes qui n'étaient pas des effets de la puissance féodale.

nature ,

nature, le mode, l'effet du déguerpissement et des clauses conservatrices de la rente au-delà de l'existence des objets arrentés, notamment de la clause suivante : *Obligation de fournir et de faire valoir. . . . de payer la rente à perpétuité. . . . de méliorer tellement l'héritage, qu'il puisse toujours valoir la rente et plus.*

» . . . . Il existe dans la situation des débiteurs une foule de nuances et d'intérêts particuliers : Vous ne pouvez ni ne devez prononcer sur les réclamations individuelles. *Les administrations sont là pour ce qui concerne les domaines nationaux ; les tribunaux, pour ce qui regarde les différens des particuliers : c'est à eux de statuer sur les diverses réclamations.* Par ce moyen, la cupidité ou l'intérêt personnel ne pourront abuser de la loi. »

Loi du 14 *nivôse an* 6.

Art. Ier. Les propriétaires d'édifices incendiés ou démolis, et d'héritages dévastés par suite de la guerre civile connue sous le nom de *guerre de la Vendée*, dans les départemens situés entre la mer et la rive gauche de la Loire, seront déchargés pour l'avenir des rentes imposées sur les édifices, par l'exponce ou déguerpissement, auxquels ils seront admis nonobstant toutes clauses de *fournir et faire valoir* ou autres équivalentes.

II. Dans le cas où le contrat de bail à rente exprimerait quelques-unes des clauses prohibitives énoncées en l'article précédent, la demande en déguerpissement devra être formée dans les six mois de la publication de la loi, à peine de déchéance.

III. Les administrations centrales, sur l'avis des municipalités et des préposés de l'enregistrement, et d'après un procès-verbal estimatif, sont autorisées à réduire les rentes nationales assises sur les édifices incendiés ou démolis, ou autres ouvrages dévastés, en faveur des propriétaires qui contracteront l'obligation de rétablir, dans un délai fixé, lesdits édifices ou héritages.

IV. Les mêmes administrations sont autorisées à remettre aux débiteurs,

C c

à titre d'indemnité nationale , tout ou partie des arrérages de rentes échus depuis l'incendie , démolition ou dégradation des édifices ou des héritages , en proportion de la diminution de valeur opérée par la force majeure.

V. Les tribunaux sont pareillement autorisés à régler , après un rapport d'experts , les arrérages de rentes échus pendant la durée de la guerre , et dus de particulier à particulier , sur les édifices incendiés ou démolis dans les mêmes départemens.

— *Dans la séance du 22 ventôse suivant,* un sieur Moreau de Bessing , département *de la Haute-Vienne ,* dénonça des ci-devant seigneurs comme dirigeant des poursuites en paiement d'arrérages de rentes féodales.

» *Renvoyé à la commission existante , pour en faire son rapport quintidi prochain.* »

La dénonciation, vérifiée à la commission, y fut reconnue fausse.

Mais la commission n'en fit pas son rapport au conseil , parce que la question était judiciaire, quant à l'affaire des rentes poursuivies , et de police, quant à M. le dénonciateur.

Le principe de la commission a toujours été qu'*il ne faut pas substituer une loi nouvelle à une loi ancienne , parce que celle-ci aura été mal entendue ou violée. Cette nouvelle loi , quelque soignée qu'elle pût être dans sa rédaction , serait également susceptible d'être mal entendue ou violée.* N'est-il pas vieux comme le monde, que les lois ne peuvent point prévenir tous les procès, et faire taire toutes les passions , sans l'action des tribunaux et des corps administratifs, dans leurs attributions respectives ?

Ce principe fut aussi toujours le principe de l'immense majorité des deux Conseils.

Un membre, par motion d'ordre, avait demandé, le 21 nivôse précédent, que la commission chargée de faire un rapport sur la loi du 17 juillet 1793 fût tenue de présenter in-cessamment son travail, pour fixer le sort des redevables, et de se concerter avec la commission des finances pour la fixation tant du mode de rachat des rentes et pensions foncières, que du mode de liquidation des arrérages du passé.

Ces propositions mises aux voix, avaient été adoptées ; mais la première ne convenait point : elle fut bientôt abandonnée sur les observations motivées d'un très-grand nombre de membres, observations qu'à l'occasion de la dénonciation du sieur Moreau, dont on se prévalait pour insister sur ce qu'on appelait la nécessité de mettre une nouvelle loi à la place de la loi du 17 juillet 1793, M. Crévellier répéta, et que le Conseil accueillit dans sa séance du 5 messidor.

Séance du 5 messidor an 6. — M. Crévellier : » Pour prouver la nécessité d'une loi nouvelle, on objecte que celle du 17 juillet 1793 excepte formellement de la juste suppression qu'elle prononce, les rentes foncières, et que cependant, dans certains départemens, notamment dans celui de la *Haute-Vienne*, on refuse de les acquitter.

» Eh bien ! j'admets pour un moment cette dernière assertion, et *j'en conclus seulement qu'il faut charger le Directoire de faire cesser un semblable état de choses*, en assurant par tous les moyens que la constitution lui donne, l'exécution ponctuelle de la loi.

» Si vous reconnaissiez la nécessité d'une nouvelle loi pour faire exécuter celle existante du 17 juillet 1793 ; si des motifs, tels que ceux dont on argumente, pouvaient jamais prévaloir, on n'envisage point, sans frémir, les résultats funestes qu'amènerait un système aussi extraordinaire ; CE SERAIT, D'UNE PART, DÉCLARER L'IMPUISSANCE ; DE L'AUTRE, ENCHAÎNER L'ACTION, *l'action si nécessaire du gouvernement !* Et par là, prenez-y garde, vous porteriez atteinte à la constitution.

» Les exemples cités ne prouvent que la nécessité de demander que le Directoire soit chargé de faire exécuter la loi.

» Citoyens représentans, la proposition renvoyée à l'examen de votre commission m'a paru avoir un double but. Il ne s'agit pas seulement de faire payer ; il est, en outre, question de rétablissement, ce qui suppose nécessairement une suppression antérieure, *car on ne rétablit point ce qui est maintenu.*

» Si l'on n'entend parler que des rentes purement foncières, et encore un coup, si quelque part l'autorité est méconnue, vous devez vous borner à charger le Directoire de faire exécuter.

» Hâtez-vous donc de rapporter votre arrêté qui a créé la commission ; écartez par la question préalable, la proposition vaguement faite de *rétablir* les rentes dites foncières ; ordonnez l'envoi au Directoire exécutif d'un message, par lequel il sera invité à faire exécuter envers qui il appartiendra, la loi du 17 juillet 1793, qui excepte de la suppression les rentes purement foncières ; et c'est à quoi je conclus. »

Les observations étaient justes ; mais la conclusion ne l'était pas. Aussi elle ne fut point suivie. Le Directoire n'avait pas besoin du message, et la commission était nécessaire pour continuer de défendre et de justifier la loi du 17 juillet 1793.

MM. Pons *de Verdun*, Laloi, Poulain-Grandpré, Malès, *anciens conventionnels*, et Bohan, la composaient (*).

(*) *Séance du 4 brumaire an 6.* « Sur la désignation du bureau, le Conseil nomme les représentans du peuple Bohan, Laloi, Poulain-Grandpré et Malès, à la commission relative aux rentes foncières, pour la compléter, et être

Les amis de la loi du 27 août 1792 sollicitaient toujours le rappel de cette loi, et, pleins de l'idée qu'ils l'obtiendraient si la loi du 17 juillet était abrogée, ils ne cessaient de l'attaquer et de la faire attaquer avec acharnement.

D'un côté, ils excitaient les ci-devant seigneurs de fief à sommer le conseil de leur appliquer le système adopté pour le domaine congéable ; et ils disaient à tous les propriétaires de rentes créées irracquitables : « *On a porté atteinte à* LA PER-*PÉTUITÉ de vos rentes, on a permis aux preneurs , aux concessionnaires de vos fonds de terre , de racheter leurs redevances , de vous évincer, contre le vœu formel de vos conventions , et le droit de copropriété que vous aviez conservé dans ces fonds.*

« *C'est une loi agraire ; c'est un attentat contre la propriété ; demandez - en justice. Demandez qu'on déclare vos rentes non rachetables , ou bien qu'au lieu de permettre à vos preneurs à rente de vous rembourser et de vous congédier, on vous autorise à les rembourser et à les congédier eux-mêmes. En un mot, que la loi soit égale pour tous : vous devez être traités comme sont traités les seigneurs convenanciers , et vos preneurs à rente , comme les domaniers.*

D'un autre côté, ils disaient au Conseil : « *La demande est pressante* (*). *Si vous la rejettiez , vous annonceriez à*

adjoints au représentant du peuple Pons (*de Verdun*) , seul membre restant.

Arrivé à la commission , M. Bohan a appris de suite à mieux connaître la loi du 17 juillet , mais il était aveuglément dévoué à celle du 27 août 1792.

(*) Dans la séance du 12 brumaire an 5 , on obtint la nomination d'une commission spéciale composée des représentans du peuple TREILHARD , OZUN

toute la France que l'égalité des droits n'est qu'un vain mot. . . . . »

« *Pourquoi* , s'écriait M. Bohan , *les domaniers de la ci-devant Bretagne qui ont été constamment plus maltraités par la tyrannie féodale que les autres hommes de fief, seraient-ils encore les plus maltraités aujourd'hui ?....*

Ils finissaient par dire : » *Et si vous confirmez dans toute la république la servitude des propriétés , comment garantirez-vous les propriétaires de la servitude personnelle ?*

---

et RÉAL , pour examiner les réclamations de propriétaires qui avaient transmis leurs propriétés à titre de bail à locaterie perpétuelle , sous une rente annuelle *non-rachetable ,* et qui se plaignaient d'avoir été forcés, *sous la Convention nationale ,* d'en recevoir le remboursement.

Dans la séance du 17 messidor suivant, « on demande *, porte le procès-verbal ,* que plusieurs commissions qui se trouvent désorganisées par l'effet du tirage au sort , soient formées de nouveau ou complettées.

« En conséquence, sur la présentation du bureau , le Conseil nomme les représentans du peuple GAILLARD , FAYOLLE et BERNARDI , à la commission chargée de l'examen des réclamations sur les remboursemens de rentes perpétuelles créées irracquittables. »

Extrait des procès-verbaux du conseil des cinq cents , séance du 18 messidor an 7.

« Des citoyens du département de l'Aveyron invitent le Corps législatif à déclarer que les rachats de rentes foncières établies par des contrats connus sous le titre de locaterie perpétuelle , faits au taux et suivant le mode prescrits par les lois de la République , ne peuvent être attaqués sous prétexte de lésion quelconque , ou , s'il admet le principe contraire , à fixer les cas où l'action en rescision pour cause de lésion peut être intentée, et à déterminer le mode de l'action.

« Renvoyé à l'examen d'une commission spéciale , composée des représentans du peuple *Cambe , Grenier* et *Laujacq.* »

Nota. La commission n'a point donné son travail.

(205)

» .... *Souvenez-vous, citoyens représentans , que cette disposition :* IL N'Y A PLUS DE RÉGIME FÉODAL, *se trouvait dans la constitution de* 91 , *et qu'elle ne se trouve pas dans celle de l'an* 3 (*) ; *craignez qu'on ne veuille profiter de cette lacune , ou plutôt sachez qu'on médite d'en profiter.* »

Le 16 fructidor an 6 , ils eurent le suffrage d'une commission spéciale. Déjà ils semblaient triompher.

Le 27 vendémiaire an 7 , le Conseil invita , par un message, le Directoire exécutif à lui donner des renseignemens précis, 1°. sur la quantité et le montant du prix des ventes faites des tenues à domaine congéable, provenues des biens des émigrés et de ceux du ci-devant clergé dans les départemens du Morbihan, du Finistère et des Côtes-du-Nord ; 2°. sur le nombre et la valeur présumés des tenues restant à vendre ; 3°. sur tout ce qui peut intéresser la République relativement à ces propriétés.

Le 5 pluviôse, *le Directoire exécutif au Conseil des cinq cents.*

« ..... Il existait au ministère des finances quelques renseignemens sur le premier point, il a fallu les completter. On a recueilli en même temps des notions sur le second ; quant au troisième, le Directoire vous fera part de ses réflexions.

» ...... Les ventes se feront avec plus d'avantage quand les délibérations du Corps législatif auront fixé invariablement l'opinion sur ce genre de propriétés.

» Il reste au Directoire à s'expliquer sur ce qui peut intéresser

(*) Cette disposition n'était pas non plus dans la constitution de 1793. *Note de l'auteur de cet ouvrage.*

(206)

la République, relativement aux biens dont il s'agit. Ici deux objets se présentent, l'intérêt public, les considérations politiques.

» Relativement au premier, il est évident que la République éprouverait une perte considérable, si la loi du 9 brumaire an 6 était rapportée.

» Quant aux considérations politiques, le Directoire croit également qu'elles réclament le maintien de la loi du 9 brumaire. LE CORPS LÉGISLATIF NE PEUT VOULOIR QUE MAINTENIR LE DROIT DE PROPRIÉTÉ. Le Directoire ne peut, à cet égard, que persister dans l'opinion qu'il avait en l'an 4, lors du message qu'il adressa au Conseil.....

» *Le Directoire pense encore qu'on n'est pas fondé à alléguer que les baux à convenant sont un reste des abus de la puissance féodale.* SANS DOUTE LES CONTRATS EN ÉTAIENT INFECTÉS AVANT LA LOI DU 7 JUIN 1791 ; MAIS ELLE LES A PURGÉS DE CE VICE, *et ils n'offrent plus qu'un genre de conventions dont la liberté et l'égalité ne sont point blessées.* »

Le 21 ventôse an 7, le Conseil ferma la discussion et il fit justice du projet tendant à rapporter la loi du 9 brumaire an 6, destructive de celle du 27 août 1792, sur le domaine congéable.

Avant cette lutte, les rentes foncières établies par des titres qui établissaient à la fois des redevances féodales et censuelles, étaient exigées et payées sans difficulté. On séparait, dans les actes portant concession primitive de fonds à titre d'inféodation ou d'acensement, ce qui était purement foncier d'avec les droits qui, sous le nom de cens et de casualité, rappelaient le régime tyrannique aboli par la loi du 4 août 1789.

Le véritable esprit de la loi du 2 octobre 1793 était saisi, la loi du 17 juillet était vue, entendue et exécutée dans le sens

des

des lois explicatives des 8 pluviôse, 7 et 11 messidor an 2,
11 et 28 floréal an 3. Les principes des décrets des 6 germinal,
2 et 13 prairial an 2 étaient suivis.

Il n'y avait que quelques débiteurs malavisés ou d'une
mauvaise foi *aveugle*, des tribunaux en très-petit nombre, et
des administrations en beaucoup plus petit nombre encore, qui,
par erreur, par ignorance ou par esprit de parti, ajoutaient à
la loi et l'ont calomniée.

Nous sommes, *d'après des vérifications exactes,* à même
de pouvoir en convaincre toutes les personnes qui en douteraient.

On voyait généralement dans le décret du 7 ventôse an 2,
1°. que *pour juger les rentes, il ne faut pas s'attacher à leur
dénomination*, et qu'en conséquence, une rente purement foncière et non féodale qui dans les titres a été dénommée seigneuriale, est conservée, tout comme est abolie la rente féodale qui
n'a été désignée que sous le nom de *rente* ou de *rente foncière ;*

2°. Quelles rentes foncières peuvent être féodales ou entachées
de féodalité et conséquemment comprises dans la *suppression
de toutes les redevances ci-devant seigneuriales.*

Les mots, *même* PAR *concession de fonds*, éclairaient les
débiteurs, les tribunaux et les administrations, en sorte que
toute rente créée POUR *concession de fonds* était, sans autre
examen, *reconnue purement foncière et non féodale.*

Mais pendant la lutte, on a lu POUR au lieu de PAR, et c'est
alors que l'on a pu déclamer contre la Convention nationale
et contre son comité de législation, auteur et rédacteur de ce
décret, décret qui apparaîtra toujours aussi sage que solide,
lorsqu'on le lira tel qu'il a été rendu, et tel qu'il existe.

Voici pourquoi et comment les amis de la loi du 27 août
1792 déchirèrent celle du 17 juillet 1793.

D d

L'art. II de la loi du 27 août 1792 accordait aux ci-devant domaniers la liberté de racheter les redevances convenancières, les rentes suzeraines ou chefs-rentes dues sur leurs tenues, et les corvées abonnées ou expressément stipulées et détaillées par les baillées courantes.

Les domaniers usaient de cette liberté. Les propriétaires fonciers en étaient désolés : c'était leur expropriation. Plusieurs refusaient le rachat. De là des consignations, de là des procès.

Le Tribunal du district de Pontrieux, département des Côtes-du-Nord, vint au secours des propriétaires fonciers.

Il éleva diverses questions et il les soumit à la Convention nationale.

La manière de présenter une question dirige souvent vers la décision que l'on désire, sans que l'autorité qui rend la décision ait sujet de s'en apercevoir.

Les juges Bretons qui ne l'ignoraient pas, s'y prirent si bien, que le comité de législation ne porta pas son attention au delà de la question suivante qui lui parut renfermer toute la série des questions proposées :

« Par l'art. Ier. de la loi du 17 juillet 1793, les rentes » entachées ORIGINAIREMENT de la plus légère marque de » féodalité, sont-elles supprimées sans indemnité, quelle que soit » leur dénomination, quand même elles auraient été déclarées » rachetables ? »

Et sur le rapport de M. Bézard, le comité vota l'affirmative. L'affirmative fut prononcée par la Convention nationale dans son décret d'ordre du jour, du 29 floréal an 2.

Aussitôt on vit les propriétaires fonciers opposer et l'art. Ier. de la loi du 17 juillet et le décret du 29 floréal an 2 aux

(209)

domaniers qui durent cesser de poursuivre le rachat de leurs
rentes et redevances.

Les domaniers croyaient bien que les rentes et redevances
assises sur leurs possessions avaient pu être déclarées rachetables,
et que le rachat leur transmettait tous les droits des propriétaires
fonciers, mais ils ne croyaient point pouvoir acquérir ces mêmes
droits sans les payer.

L'application qui leur avait été faite de l'art. Ier. de la loi
du 17 juillet 1793 le leur avait rendu odieux.

Cet article avait été faussement appliqué. La loi du 9 brumaire an 6 l'a prouvé, en ordonnant, *sans le changer*, aux
domaniers de payer suivant la loi du 7 juin 1791.

Ce ne sont effectivement que des « PRÉTEXTES qui, depuis
» les lois de juillet et d'octobre 1793, ont privé la République
» comme les particuliers, du prix incontestable de la concession
» des fonds.

» Les droits seigneuriaux et féodaux sont en horreur au peuple
» français ; mais juste dans la proscription qu'il leur fit subir,
» son intention ne fut jamais de l'étendre à une redevance très-
» licite et même favorable, absolument étrangère à cette foule
» de droits oppressifs que sa puissance a fait disparaître.

» Il faut bien se garder de confondre la rente foncière avec
» ces *droits odieux prétendus être le prix d'une concession de
» fonds, pour la preuve desquels l'Assemblée législative,
» par la loi du 25 août 1792, a exigé la représentation d'un
» titre primordial et constitutif, droits déclarés rachetables
» par l'Assemblée constituante, et supprimés ensuite sans
» indemnité par le décret du 17 juillet 1793.* »

Séance du 18 ventôse. — « Le Corps législatif arrête que le

» projet de loi sur les rentes foncières et l'aliénation de celles qui appar-
» tiennent à la République, présenté aujourd'hui au Corps législatif par
» les orateurs du gouvernement, ainsi qu'une expédition de l'acte du Conseil
» d'état, relatif à la présentation de ce projet de loi et de l'exposé des
» motifs, seront transmis au Tribunal par un message. »

RAPPORT *de la commission spéciale du Tribunat, à la séance du 23 ventôse an 8, au Tribunat.*

» Votre Commission pense, et elle ne craint point de l'énoncer avec franchise, que le législateur aurait dû porter plus loin la prévoyance, et que la loi proposée aurait pu être plus complette et plus avantageuse pour le trésor public, sans cesser d'être juste..... »

25 *ventose an* 8. M. GARY : « Je n'examinerai pas à quelle
» nature de contrat appartient plus particulièrement le bail
» à rente. Est-ce un contrat de vente dont le prix, au lieu
» d'être une fois payé, est une prestation annuelle en argent ou
» en denrées ? Est-ce une location qui ne diffère que par la
» perpétuité, des autres actes de cette nature? Est-ce une cons-
» titution de rente, dans laquelle c'est un fonds de terre qu'on
» prête, au lieu d'une somme d'argent, mais dont, au fond,
» l'objet et le résultat sont les mêmes ?

» Tout ce que je sais, c'est que les baux à rente, comme
» toutes les autres conventions autorisées par les lois, lient
» toutes les parties qui les ont contractés, et qu'on ne peut
» rompre leurs engagemens sans renverser toutes les règles du
» droit naturel et positif, sans ébranler tous les fondemens de
» la société civile.

» Je ne me suis pas dissimulé la critique dont l'article Ier.
» est susceptible, pour ne s'être pas servi de la dénomination de
» *rentes provenant de concession de fonds.*

» Ces expressions eussent mieux rempli l'intention du Conseil
» d'état, manifestée dans ses motifs.

» Il était plus convenable d'énoncer dans le texte de la loi,
» comme on l'a fait dans les motifs, qu'*il s'agissait de rente for-*
» *mant le prix d'une concession de fonds , faite par celui qui en était le pro-*
» *priétaire et par l'exercice des moyens légitimes qui transmettent et assurent*
» *les propriétés dans les mains des citoyens.* »

26 *ventose.* M. BEZARD (*), *ancien membre du comité*
de législation : « Si le projet qui vous est communiqué avait
» été rédigé avec les précautions que la politique exige et que
» la justice commande, j'en voterais l'adoption, comme j'ai
» voté, dans le décret du 17 juillet 1793, l'exception portée,
» art. II, en faveur des rentes purement foncières et non
» féodales.

26 *ventose.* M. GILLET *de Seine et Oise :* » Les rentes de
» bail d'héritages, soit qu'elles fussent ou non accolées au cens,
» n'ont été supprimées par aucun acte promulgué, par aucun
» acte emportant obligation publique, par aucun acte de la
» volonté générale.

» Toute loi pour les faire revivre est superflue, sur ce seul
» motif qu'aucune loi ne les a supprimées.

» Le Gouvernement a pensé de même, comme on peut le
» voir dans les motifs de ses orateurs.

» Le décret du 17 juillet 1793 porte, dans son article Ier. :

« Toutes redevances ci devant seigneuriales, droits féodaux, censuels, fixes
» et casuels, même ceux conservés par le décret du 25 août dernier, sont
» supprimés sans indemnité. »

» *Les redevances seigneuriales, les droits féodaux* seule·
» ment : ceci est remarquable.

(*) Voyez aussi pages 79 et 80.

» L'art. II porte : « Sont exceptées des dispositions de l'article
» précédent les rentes ou prestations purement foncières et non féodales. »

» Cet article, ajouté après coup, comme un de nos collègues
» le tribun Bézard, membre, à cette époque, du comité de lé-
» gislation, vient de vous le dire, n'était que conservateur, et
» cependant c'est de lui qu'on a abusé.

» Ce n'est point par le titre et le nom qui est donné à une
» obligation, qu'il faut la juger, c'est par sa nature et son essence;
» ce n'est pas non plus parce que deux obligations sont réunies,
» qu'il faut les regarder comme dépendantes. Quand l'une n'est
» pas la conséquence *nécessaire* de l'autre, elles se touchent,
» mais elles ne se lient pas; et l'une peut être anéantie sans
» que l'autre en soit moins valide et subsistante.

» Dans les baux à *cens* et rente le principe a été légitime,
» quand l'héritage concédé par le bailleur, était possédé par lui,
« à titre de pleine propriété, en vertu du droit civil commun
» à tous les citoyens. »

Le principe a été vicieux quand l'héritage concédé par le
bailleur n'était possédé par lui qu'en vertu du droit féodal.

« Confondre ces deux choses, ce serait favoriser les ennemis
» de la révolution (*).

» . . . . Mais le plus grand défaut du projet, c'est qu'il ne
» parle que des moyens de prouver l'existence de la rente,
» sans s'occuper des moyens d'en prouver la nature; cependant
» c'est la nature surtout qu'il est important de prouver; le
» point essentiel est bien moins de justifier qu'une rente
» subsiste, que de justifier quelle rente subsiste.

» Si ces diverses difficultés eussent été prévues et applanies,

---

(*) Voyez pages 147 et 148.

» si dans la rédaction on se fût approché davantage des modèles
» qui étaient sous les yeux, vous n'auriez aucun reproche à faire
» au projet, et le principe sur lequel il repose sortirait pur et
» lumineux de votre discussion. . . . . »

26 *ventose.* — M. BERENGER : » Les rentes dont l'origine
» foncière est incontestable, sont considérées avec raison comme
» une propriété semblable, à tous égards , aux autres propriétés.
» Les droits des créanciers, fondés sur des contrats authen-
» tiques, sont exempts de reproche et de suspicion ; la tradition
» de fonds librement consentie par les uns , librement acceptée
» par les autres ; enfin, la réciprocité d'intérêts qui fut le motif
» de ces conventions, ne laissent aucun prétexte à la chicane.
» *La limite qui sépare les droits abusifs des droits réels*
» *est trop bien tracée pour oser la méconnaître.* IL FAUT,
» POUR LA FRANCHIR , QUE LE BRIGANDAGE DEVIENNE UN
» PRINCIPE, ET LE VOL, UNE ACTION VERTUEUSE.

» L'injustice associée aux plus justes innovations est un fruit
» pourri , dont la corruption se répand sur ceux qui l'avoisinent.

» Le Gouvernement est là pour faire respecter les propriétés
» publiques et particulières ; s'il ne nous assurait cette garantie,
» je ne concevrais ni comment ni pourquoi nous conserverions
» un gouvernement.

» Ce n'est pas pour abandonner ses droits au premier venu
» que la république nous a chargés de défendre ses intérêts. Je
» ne sais comment nous oserions après cela demander à nos
» concitoyens les nouveaux sacrifices que pourrait exiger la
» défense de la liberté.

26 *ventose.* M. VEZIN. « Le projet n'a point précisé , défini
» ce qu'on entend, et ce que les juges qui devront appliquer la
» loi devront entendre par rente foncière.

» Le projet se sert du terme générique *rente foncière*, ce
» qui, aux yeux des intéressés, comprendrait toute la kirielle
» des droits.... C'est le vague indéfini que je viens combattre.

» *Je lis les articles Ier. et II de la loi du 17 juillet* 1793.
» *Il résulte clairement de leurs dispositions, que les rentes*
» *foncières ont été sauvées, ont été exceptées de l'anéantis-*
» *sement prononcé par cette loi.*

» Par une conséquence invincible, il doit être évident égale-
» ment que cette même loi prononçant le brûlement des titres
» féodaux, n'a pas soumis à cette brûlure ceux établissant les
» rentes foncières, *puisqu'elle les excepte expressément*; et
» que, par conséquent, ils n'ont pas dû être brûlés. (Ils ne
» l'ont pas été en effet.)

» *Je répète avec la loi du* 17 *juillet* 1793, *qu'il n'a dû*
» *y avoir de brûlé que les titres féodaux, et non ceux éta-*
» *blissant des rentes foncières, puisque la même loi qui*
» *ordonne de les brûler, en excepte ces derniers.*

27 *ventose.* M. Benjamin Constant : « Le projet de loi
» introduit un genre de preuve, inutile dans le cas actuel,
» puisque, comme l'a très-bien prouvé hier un de nos collègues,
» les titres des rentes purement foncières n'ont pas dû être
» brûlés ; un genre de preuve qui donne à tous les ci-devant
» seigneurs un moyen sûr de faire passer pour foncières leurs
» rentes féodales, en dérobant leurs titres aux tribunaux, et
» en y suppléant par la preuve vocale.

» Enfin, ce projet est tellement incomplet, tellement vague,
» qu'il ne rassure pas même les propriétaires qu'il a voulu
» favoriser.

» *Il en est venu plusieurs chez moi pour me faire remar-*
» *quer cette lacune avec inquiétude.* Ainsi ce projet de loi
» que

» que vous croyez populaire, ne l'est pas plus parmi les créan-
» ciers que parmi les débiteurs. *En le combattant, je crois*
» *plaider pour les propriétaires au moins autant que pour*
» *les débiteurs ; et je puis assurer que tous ceux que j'ai*
» *vus le considèrent ainsi.*

» Il y a donc possibilité d'interprétations différentes. Cela doit
» suffire pour le rejet. Nous ne pouvons sanctionner une loi dont
» l'exécution peut être directement opposée à l'intention que
» nous aurions manifestée en la sanctionnant.

» Je le répète : Si je voyais dans le projet les principes de
» justice qui sont réclamés en sa faveur, je le soutiendrais de tous
» mes moyens; mais je ne puis l'adopter avec toutes ses incohé-
» rences, toutes ses lacunes, toutes ses ambiguïtés.

27 ventóse. M. CHAZAL : « L'Assemblée législative et la
» Convention jugèrent qu'une prestation féodale n'était pas plus
» respectable sous le nom de *rente* (*) que sous son nom propre.

» Les mêmes raisons vous forcent de la maintenir anéantie.
» Les rentes féodales et tous les autres droits féodaux resteront
» abolis sans retour. Je vote le rejet du projet.

(*) Par acte du 31 octobre 1273 , l'évêque de Paris affranchit les habitans
de Vuissons, moyennant 60 liv. parisis de *rente foncière.*

Les habitans d'Antoni et de Verrières s'affranchirent également moyennant 100 liv. parisis de *rente foncière.*

Il est de vérité historique que, dans quantité de seigneuries, la mainmorte a
été rachetée par des *rentes foncières.*

Philippe IV changea la servitude de corps en une *rente foncière.*

Louis XI et Louis XII, par leurs ordonnances de 1479 et 1504, accordèrent
la permission de racheter par des *rentes foncières* l'obligation imposée à
tout habitant non - noble ou ecclésiastique de garder le château de son
seigneur. *Note de l'auteur de cet Ouvrage.*

Même séance. M. Leroi, membre de la commission : « La rente foncière subsiste ; elle appartient au propriétaire du fonds. Vous ne pensez pas que toute la France ait perdu toute idée de morale, toute idée du juste. L'homme est en général subjugué par le sentiment de sa conservation et de celle de ses propriétés ; *s'il s'empare de la propriété de son voisin, il voit la sienne exposée aux attaques d'un plus fort.*

» L'acquéreur d'un bien national a payé le prix de ce bien ; c'est à ce titre légitime qu'il est devenu propriétaire. Le détenteur d'un domaine à rente foncière ne l'a point payé, il n'est donc pas propriétaire.

» Le titre d'un acquéreur de biens nationaux est consacré par la constitution ; celui d'un détenteur de domaine sous condition d'une rente foncière est régi par le droit commun et la loi fondamentale de la République, qui dit : « *Le but de toute association politique est la conservation des droits naturels et imprescriptibles de l'homme ; l'un de ces droits est la propriété. La propriété étant un droit inviolable et sacré, nul n'en peut être privé, si ce n'est que lorsque la nécessité publique,* LÉGALEMENT CONSTATÉE, *l'exige évidemment, et sous la condition d'une juste et préalable indemnité.*

» Le débiteur ne peut se prétendre affranchi de la rente, sous prétexte que, par le même titre, le créancier se serait réservé un droit seigneurial.

» Tout ce qui tient au régime féodal a été aboli, parce que tout ce qui en était une émanation, était le résultat de l'usurpation.

» Mais tout ce qui tient à la propriété a été conservé par la force des principes inaltérables de la justice sur lesquels repose le maintien de l'ordre social. *La liberté* veut que nul ne soit blessé dans sa propriété; *l'égalité* veut que chacun jouisse de ce qui lui appartient légitimement; *la sûreté* veut que les propriétés soient acquises et que le prix de l'acquisition soit payé.

» La révolution française faite pour affranchir l'homme de tout ce qui le dégradait, ne veut pas se souiller de dispositions spoliatrices et subversives de tous les droits de la propriété. »

Même séance. M. Chabot *de l'Allier :* « La rédaction du » projet de loi est obscure et ambigue, puisqu'elle ne fait pas » connaître, d'une manière claire et non équivoque, l'intention » du législateur et le sens de la loi : et déjà ce serait un motif » suffisant pour voter le rejet du projet ; car il n'est pas de qualité » plus nécessaire dans une loi que la clarté.

» Les expressions de l'exposé des motifs laissent la même » latitude dans l'interprétation.

» On a trop long-temps confondu dans le régime féodal des » droits qui étaient des propriétés légitimes, des droits qui » n'avaient pas été arrachés par la violence ou l'usurpation. » Mon but est de faire sortir de la confusion ces droits sacrés, » et de leur appliquer les principes de la justice, d'après lesquels » doivent être régies toutes les conventions qui n'ont rien de » contraire ni aux lois ni aux bonnes mœurs.

» Mably a dit qu'on était toujours sûr de plaire aux citoyens, » quand on parlait d'établir entr'eux les règles de la plus exacte » justice, et jamais cette vérité ne fut plus applicable au » peuple français que depuis le 18 brumaire. »

Dans la même séance, M. Pénières a discuté l'art. III du projet. Le procès-verbal annonce que : « Il l'a combattu, en ce » que, se bornant à admettre seulement l'existence de la rente,

» il n'exige pas qu'on remonte jusqu'à son origine. Cet article,
» rédigé comme il est, lui semble propre à ouvrir la porte à la
» fraude, et à autoriser, contre l'intention de ses auteurs, le
» propriétaire à demander et à exiger le paiement de rentes qui
» n'étaient que purement féodales, imposées par la violence
» et la fraude, non librement consenties, non établies à cause
» et POUR une concession de biens patrimoniaux. »

27 *ventôse*. M. DUCHESNE, *rapporteur de la commission :*
« Votre commission a été tellement pénétrée de la justesse des
» observations qui vous ont été présentées, qu'elle n'a pas craint
» d'accuser elle-même d'imprévoyance le projet de loi.

» La discussion a produit ce résultat que nous sommes d'ac-
» cord sur un point capital : c'est que *toutes les véritables*
» *rentes foncières ont été nommément conservées par l'art.* II
» *du décret du* 17 *juillet* 1793.... »

— Dès que toutes les véritables rentes foncières, *celles de bail*
d'héritages, ont été nommément conservées par la loi du 17
juillet 1793;

Dès qu'elles sont étrangères à cette foule de droits oppressifs
que la puissance du peuple a fait disparaître, et qu'elles n'ont
pas été confondues avec ces redevances odieuses imposées par
la violence, l'usurpation ou la fraude;

Dès que la loi du 17 juillet 1793 a expressément excepté du
brûlement tous les titres fonciers;

Dès que le détenteur d'un domaine concédé à rente foncière
n'en est point propriétaire tant que la rente n'a pas été rachetée;

Dès que la révolution française, faite pour affranchir l'homme
de tout ce qui le dégradait, n'a pas voulu se souiller de dispositions spoliatrices et subversives des droits de la propriété;

Dès qu'il n'y a eu que des prétextes qui aient privé la République et les particuliers du prix de la concession des fonds ;

Dès que c'est par la nature et l'origine d'une obligation qu'il faut la juger, et non par le titre et le nom qui lui ont été donnés ;

Enfin, dès que ce n'est point parce que deux obligations sont réunies qu'il faut les regarder comme dépendantes ;

Quelle loi pourrait être plus prévoyante que la loi du 17 juillet 1793, remplir davantage l'intention du gouvernement, être plus complette, mieux rédigée avec les précautions que la politique exige et que la justice commande ?

Pourquoi une loi pour faire revivre les rentes foncières ? N'est-elle pas superflue, sur ce seul motif qu'aucune loi ne les a supprimées ?

Eh ! si l'article Ier. de la loi du 17 juillet 1793 violait la propriété, ne serait-il donc pas inconciliable avec la constitution ? N'aurait-il pas été abrogé par le seul fait de sa promulgation ? Ne serait-il point inutile de s'adresser au législateur pour lui demander cette abrogation ?

Bulletin des Lois, n°. 342. *Extrait du registre des délibérations du Conseil d'état, du 4 nivôse an 8.*

« Le Conseil d'état.... est d'avis que les lois dont le texte serait inconciliable avec celui de la constitution, ont été abrogées par le fait seul de sa promulgation, et qu'il est inutile de s'adresser au législateur pour lui demander cette abrogation.

« En effet, c'est un principe éternel, qu'une loi nouvelle fait cesser toute loi précédente, ou toute disposition de loi précédente contraire à son texte ; principe applicable, à plus forte raison, à la constitution, qui est la loi fondamentale de l'état.

» Toute loi ancienne qui en contrarierait l'application, a cessé d'exister, du moment où l'acte constitutionnel a été promulgué.

» Le Gouvernement créé par la constitution de l'an 8 a toute la force nécessaire pour être juste, et maintenir dans toute leur pureté les principes *de l'égalité* et de la liberté. »

Le 11 du même mois de nivôse, le Tribunal de cassation avait reconnu que : LA SUPPRESSION DES DROITS FÉODAUX, PRONONCÉE PAR LES LOIS DE LA RÉPUBLIQUE, NE PEUT PROFITER QU'AUX PROPRIÉTAIRES DES TERRES ET BATIMENS. LA LOI DU 17 JUILLET 1793 N'A POINT DÉPLACÉ LA PROPRIÉTÉ, ELLE N'EN EST NI ATTRIBUTIVE NI TRANSLATIVE.

Ainsi, de tous les côtés, et sous tous les rapports, il était certain que la législation, en matière des rentes foncières, n'exigeait point des dispositions nouvelles.

— Le Tribunat nomma MM. Chazal, Vézin et Curée pour ses orateurs dans le sein du Corps législatif.

Mais ses motifs que nous venons de faire connaître entièrement, avaient déjà satisfait les Consuls. Les Consuls retirèrent le projet dans la même séance du 27 ventôse an 8.

— *Le 26 thermidor suivant*, le ministre des finances écrivit à MM. les administrateurs des domaines la lettre suivante :

« J'ai examiné avec soin l'état général des rentes foncières et constituées que vous m'avez adressé le 22.

» Je vois, par les notes de vos directeurs, que le défaut de titre paraît s'opposer, sur quelques points, à ce que les arrérages en soient exactement servis. Mais il s'agit ici d'un intérêt trop majeur pour ne pas chercher à connaître plus particulièrement et la nature de ces difficultés et le moyen de les vaincre : voici, ce me semble, ce que nous avons à faire en conséquence.

» Je pense que vous devez inviter circulairement vos directeurs, dans chaque département, à vous adresser un mémoire instructif sur chacune des rentes dont la perception peut être contestée par le redevable. Il indiquera quels sont les renseignemens qui, à défaut du titre originaire, constatent au moins la perception, soit ancienne, soit récente de la rente ; s'il y a eu poursuites faites ou abandonnées, jugement favorable ou contraire, mutation dans la personne des redevables ou dans les héritages sujets à la rente, titre nouvel à demander à des héritiers ou à un nouvel acquéreur ; en un mot, quels peuvent être les moyens, soit d'après le droit commun, soit d'après les usages reçus, de rétablir ou de continuer, au profit de la république, ces perceptions.

» Ce travail, citoyens Régisseurs, qui paraît considérable au premier aspect, se simplifiera cependant, parce que les espèces sont peu variées, et qu'à très-peu de nuances près, l'indication d'une seule bien exposée dispensera du détail des autres ; en sorte, par exemple, que nous saurons que dans tel département la difficulté la plus généralement applicable au recouvrement des rentes, consiste dans le défaut du titre primordial ou récognitif ; mais que des registres réguliers, des quittances doubles ou déposées chez un notaire, ou telle autre preuve de perception que la loi consacre, peuvent suppléer ce défaut de titre..... »

Signé GAUDIN.

Cette lettre est fondée sur l'art. V de la loi du 25 août 1792, qui n'ordonne la représentation du titre primordial que quand il s'agit de rentes seigneuriales QUI TIENNENT DE LA NATURE DES REDEVANCES FÉODALES OU CENSUELLES;

et sur la loi du 17 *juillet* 1793*, qui ne supprime que les
rentes seigneuriales de nature féodale ou censuelle.*

— Le 10 floréal an 4, le sieur Baron Gachedat, ci-devant
seigneur, haut, moyen et bas justicier de Bajordan, avait cité
la Commune du lieu devant le Tribunal civil du département
des Hautes-Pyrénées, pour se voir condamner à lui payer les
arrérages de neuf sacs de grains, quoiqu'il n'en eût pas le titre
constitutif.

Le 8 germinal an 5, jugement qui condamne la Commune
à payer la rente.

Sur l'appel, le 4 messidor an 9, le jugement a été confirmé,
« attendu que les titres dont la commune de Bajordan excipa dans
» l'instance terminée par l'arrêt du parlement de Navarre,
» du 9 juillet 1762, suffisent pour établir que la rente réclamée
» est purement foncière, puisqu'il est écrit dans celui de 1538,
» que *le bois de Labatut a été baillé aux habitans, sous la
» rente annuelle de neuf sacs de bons grains ;* qu'il est donc
» constant que les habitans acquirent des auteurs du demandeur
» la propriété du bois de Labatut, au moyen d'une rente an-
» nuelle de neuf sacs de grains ; que cette concession n'avait
» rien de féodal ; qu'il n'est pas juste que la Commune profite de
» la chose et du prix ; que, *par l'article V de la loi du* 25
» *août* 1792*, la représentation du titre primordial était seule-
» ment exigée pour les droits féodaux qui furent abolis sans
» indemnité par cet article, à moins qu'on ne justifiât, par
» la remise du titre primordial, qu'ils avaient pour cause
» une concession primitive de fonds ;* que L'EXCEPTION
» PORTÉE PAR CET ARTICLE POUR LES DROITS FÉODAUX QUI
» SERAIENT JUSTIFIÉS AVOIR POUR CAUSE UNE CONCESSION
» DE FONDS, FUT RÉVOQUÉE PAR L'ART. Ier. DE LA LOI DU
» 17

» 17 JUILLET 1793 , qui abolit tous les droits féodaux sans
» distinction et sans indemnité; que l'art. II de cette dernière
» loi excepte des dispositions de l'art. Ier., les rentes et pres-
» tations purement foncières et non féodales , et n'impose pas
» l'obligation de rapporter le titre primordial de la concession,
» qui, comme il a été dit, n'avait été exigé par la loi du 25
» août 1792, que pour les droits féodaux; que la rente demandée
» étant établie purement foncière , la représentation du titre
» primordial n'est pas nécessaire, etc. »

— Le 14 floréal an 7 , Jean Fourquet, successeur de Jean
Dastorg, seigneur d'Avezac , et engagiste de la haute-justice du
même lieu, avait assigné la commune d'Avezac en paiement des
arrérages échus de soixante-dix sacs de grains de rente *censive*,
créée le 20 mars 1645, pour le *nouveau fief perpétuel* de
quatre moulins, à la banalité desquels il les soutenait sujets. La
rente emportait les lods et ventes au 12e. denier, le retrait
féodal , et la sujétion de passer nouvelle reconnaissance à
chaque changement de seigneur.

Et le 3 germinal an 8 , le tribunal civil du département des
Hautes-Pyrénées avait condamné la Commune à payer.

Le 25 thermidor an 9, le Tribunal d'appel séant à Pau
confirma ce jugement, « attendu que les lois invoquées par la
» Commune ont eu pour objet de supprimer les droits qui
» n'avaient d'autre principe que l'effet de la puissance féodale ,
» en conservant les rentes ou prestations purement foncières et
» non féodales ; que, dans l'espèce, le propriétaire des quatre
» moulins s'en dépouilla au moyen d'une rente en grains;
» qu'une pareille stipulation était tout aussi licite de la part
» d'un ci-devant seigneur qui cédait et abandonnait une partie
» de son bien patrimonial , qu'elle l'aurait été de la part d'un

F f

» autre particulier quelconque ; qu'elle doit par conséquent pro-
» duire les mêmes effets ; qu'on ne peut pas dire que cette rente
» prit sa source dans l'abus de la puissance féodale, puisqu'elle
» a pour cause la concession d'immeubles *fonciers* dont le
» bailleur était le propriétaire légitime; qu'il serait bien injuste
» que les habitans d'Avezac retinssent les quatre moulins , sans
» payer la rente foncière, *prix de l'abandon qui leur en fut*
» *fait par le propriétaire* , et qu'ils conservâssent ainsi la chose
» et le prix ; que l'intention du législateur n'est pas telle; qu'aussi,
» en supprimant sans indemnité les redevances ci-devant sei-
» gneuriales et autres droits féodaux, a - t - il formellement
» excepté, par l'art. II de la loi du 17 juillet 1793, les rentes
» ou prestations purement foncières, et que celle dont il s'agit
» étant de cette nature, elle se trouve exceptée de la suppression ,
» comme représentative d'une concession d'immeubles, n'importe
» la dénomination sous laquelle elle pourrait se présenter. »

— Le 4 ventôse an 9, le Tribunal de cassation a jugé
que la rente créée au profit d'un possesseur de fief n'était pas
féodale ni entachée de féodalité *parce que, dans le titre de*
création , le preneur aura été assujetti à la justice du fief et
à la banalité du moulin seigneurial.

La rente jugée avait été imposée par Calloet Canidy, *seigneur*
de Keralion, sur un bien situé à Garsanbhorec, dans la mouvance du domaine de Guingamp, sous la stipulation que, pour
raison de ce bien, le débiteur serait assujetti à la justice et à la
banalité du moulin *de Keralion.*

— Le 22 prairial an 9, la commune de Gueberschwir,
condamnée à payer une rente de dix mesures de vin, par jugement du Tribunal civil du département du Mont-Terrible, du

1⁰⁰. thermidor an 6, sollicitait, à l'audience de la section civile du tribunal de cassation , l'annulation de ce jugement.

Après le rapport fait par M. Liborel, M. Merlin a donné ses conclusions contre la commune de Gueberschwir, et il les a terminées de la manière suivante :

« L'un des grands argumens de la commune de Gueberschwir est la prétendue noblesse de la créancière de la rente ; mais il est fort indifférent que le possesseur d'une rente soit de telle ou telle caste. Ce n'est point par la naissance de celui à qui une rente est due, que se détermine la nature de cette rente elle-même.

» ..... La rente est due par cela seul que, depuis un temps immémorial, elle a été constamment acquittée, et que les débiteurs ne rapportent aucune preuve qu'elle soit dans aucune des hypothèses qui mettraient le jugement par lequel la continuation en est ordonnée , en opposition , soit avec les lois des 25 août 1792 et 17 juillet 1793, soit avec l'ordonnance de 1667.

Et le Tribunal a rejeté la demande en cassation, et condamné la Commune tant à l'amende de 3oo fr. envers la République, qu'en celle de 15o fr. envers la créancière défenderesse, et aux frais,

» Attendu qu'il n'est point constaté que la redevance dont il s'agit soit féodale ni foncière, ni qu'elle doive être considérée comme représentant une dîme inféodée ;

» Attendu , au contraire , que le jugement attaqué porte que la commune de Gueberschwir n'a pu justifier d'aucun des faits qu'elle avait allégués ;

» Attendu que le jugement énonce qu'il était prouvé que plusieurs fonds étaient soumis à une rente en nature envers la commune de Gueberschwir, et que, depuis plus d'un siècle, elle en a fait et continué la perception qu'elle portait en bloc dans ses comptes', et qu'il était encore justifié, par la comparaison du chapitre de recette avec celui de dépense , qu'elle faisait des bénéfices sur cette perception ;

» Attendu que le même jugement porte qu'il était prouvé authentiquement, par les extraits des comptes de la commune de Gueberschwir, que, depuis 1717 jusqu'en 1791 inclusivement , la Commune avait acquitté sans interruption soit aux auteurs de la défenderesse, soit à la défenderesse elle-même , la rente dont il s'agit.

» Attendu que de ce qui précède, il s'ensuit que cette rente doit être considérée comme une charge personnelle de la commune de Gueberschwir à l'égard de la défenderesse ; et qu'ainsi le jugement attaqué en condamnant cette Commune à payer les arrérages de ladite rente , n'a contrevenu à aucune des lois invoquées par l'agent de la commune de Gueberschwir, puisque ces lois sont sans application aux rentes de la qualité de celles dont il s'agit. »

— Le 12 fructidor an 9 , le Tribunal de cassation a prononcé en faveur du ci-devant seigneur haut-justicier de Putanges en Normandie , qui avait baillé par un acte du 18 mai 1740 la forge et le fourneau de Putanges, avec les cours d'eau, bâtimens et terres en dépendans , *le tout faisant partie de la seigneurie de Putanges*, à charge de relever de ladite seigneurie, d'être assujetti envers elle à tous les droits seigneuriaux , et de payer 700 liv. de rente non rachetable.

Le preneur était libre de détruire la forge ; mais il était *tenu d'entretenir le fourneau , les bâtimens et les chaussées en bon état de réparation , en sorte que les 700 liv. ci-dessus non rachetables puissent être toujours aisément prises et perçues.*

Ce ci-devant seigneur avait été autorisé à rentrer dans tous les objets compris en la fieffe de 1740 , procès-verbal préalablement dressé de l'état d'iceux , les 19 et 20 mars 1792 , *faute de paiement de la rente et faute de tenue desdits objets en bon état de réparation*, « attendu que les nouvelles lois, en dé
» clarant les rentes foncières rachetables , n'ont apporté aucun
» changement, soit dans la condition des propriétaires de ces
» rentes à l'égard de leurs débiteurs, soit dans le mode et les
» résultats des actions auxquelles elles peuvent donner lieu ,
» ainsi qu'il est dit en l'art. Ier. du titre V de la loi du 18 dé
» cembre 1790 , dont suit la teneur :
» La faculté de rachat accordée aux débiteurs des rentes

» foncières ne dérogera en rien aux droits , priviléges et actions
» qui appartenaient ci-devant aux bailleurs de fonds, soit contre
» les preneurs personnellement , soit SUR LES FONDS BAILLÉS A
» RENTE; en conséquence , les créanciers bailleurs de fonds
» continueront d'exercer les mêmes actions hypothécaires, per-
» sonnelles ou mixtes qui ont eu lieu jusqu'ici , et avec les mêmes
» priviléges qui leur étaient accordés par les lois , coutumes ,
» statuts et *jurisprudence* qui étaient précédemment en vigueur
» dans les différens lieux et pays. »

« ... Quels étaient , *a dit M. Merlin* , les droits du bailleur à fieffe , en cas de non paiement de sa rente , ou à défaut d'entretien des objets fieffés ?

» Nous avons déjà observé que le *bail à fieffe* était en Normandie , ce qu'est ailleurs le bail emphytéotique.

» Or , 1°. les lois romaines établissent clairement que l'emphytéote qui laisse dégrader le fonds, peut en être dépossédé par le bailleur. Le chap. VIII de la novelle 120 est là-dessus très-positif , et sa disposition forme à cet égard le droit commun de la France.

» En second lieu , le bail emphytéotique est encore résolu, et MÊME DE PLEIN DROIT , par le défaut de paiement de la rente pendant trois ans. La loi II , C. *de jure emphyteutico* , s'explique sur le point avec une grande précision.

» Écoutons Pothier dans son *Traité de bail à rente* , n°. 39 : « De l'obligation
» que le preneur contracte de payer la rente, naît une action qu'a le bailleur
» contre le preneur , non-seulement pour en exiger le paiement , mais même
» pour rentrer dans l'héritage à défaut de paiement. Il y a néanmoins de la
» différence entre les deux objets de cette action : il suffit qu'il y ait un terme
» de paiement de la rente échu , pour que le bailleur puisse , dès le lendemain
» de l'échéance, en exiger le paiement , sans que le preneur puisse obtenir
» pour cela aucun délai. A l'égard de l'autre objet de l'action , qui est de
» rentrer dans l'héritage, à défaut de paiement de la rente , le bailleur n'y est
» reçu que lorsqu'il lui est dû plusieurs termes ; même, en ce cas, le juge,
» avant de statuer définitivement , a coutume d'ordonner que le preneur sera
» tenu de payer dans un certain temps fixé par la sentence , faute de quoi il
» sera permis au bailleur de rentrer. Il y a plus; même après que le bailleur a

» obtenu sentence qui lui permet de rentrer, et qui condamne le preneur,
» faute de paiement, à quitter l'héritage, le preneur peut encore sur l'appel,
» *en payant tous les arrérages qu'il doit*, et en offrant de payer tous les dé-
» pens, se faire renvoyer de la demande du bailleur, et demeurer dans
» l'héritage. Je pense même que quoiqu'il ait été condamné par arrêt à quitter
» l'héritage, *faute de paiement*, n'étant pas, en ce cas, condamné purement
» et simplement, mais *faute de paiement*, avant que l'arrêt soit exécuté, et
» que le bailleur soit rentré dans l'héritage, il peut encore, en payant tout
» ce qu'il doit, ou en consignant sur le refus du bailleur, se conserver en la
» possession de l'héritage ; mais après que l'arrêt a été exécuté, et que le
» bailleur est rentré en possession de l'héritage, il ne serait plus à temps
» d'offrir les arrérages. »

» La jurisprudence Normande tient une sorte de milieu entre cette jurisprudence du ci-devant parlement de Paris, et la loi romaine prise dans toute sa rigueur.

» Le bailleur à fieffe est obligé d'attendre trois ans, mais la sentence d'envoi en possession une fois rendue, et *elle n'est nécessaire que parce que personne ne peut se faire justice à soi-même*, le fieffataire qui s'est laissé déposséder est non recevable à se pourvoir contre cette sentence, même en offrant le paiement des arrérages dûs, *quand même il n'y aurait pas de clause commissoire dans le contrat ;* et s'il appelait de la sentence, le fieffant obtiendrait arrêt sur requête, qui l'enverrait en possession nonobstant l'appel, dans le cas où, dans la sentence, le juge aurait oublié d'ordonner l'exécution provisoire prescrite par l'art. XIII de la déclaration du mois de juin 1559, qui refuse expressément l'effet suspensif à l'appel de toute sentence rendue en faveur d'une partie fondée en titre.

» La propriété étant résolue par cette *cause inhérente au titre même d'où elle dérive*, l'hypothèque des créanciers s'évanouit avec elle : *Resoluto jure dantis, resolvitur jus accipientis.* »

— Le 4 vendémiaire an 10, les rentes dites *de fief, créées sous réserve du retrait féodal* ont été jugées non féodales.

Une redevance de seize conques de froment *de fief* avait été créée, le 28 mars 1774, sur le moulin *de Laxaque*, dans la commune de la Quinge, pays de Soules, au profit de M. *de Laxaque*, sous la *réserve du retrait féodal*, en cas de mutation.

Les motifs sont que la réserve du retrait féodal est indépendante de la rente, et que cette réserve n'aurait pas été stipulée, si la rente eût été de nature féodale, attendu que, par la seule force de la loi alors existante, M. de Laxaque aurait eu l'exercice du retrait féodal.

— Le 3 pluviôse, même année, à l'audience du Tribunal de cassation, section des requêtes, M. Merlin, donnant ses conclusions sur une demande en cassation formée par Sébastien Flecten et consorts, contre la régie de l'enregistrement, a dit :

« Les demandeurs attaquent un jugement du Tribunal civil de l'arrondissement de Strasbourg, du 8 messidor an 9, qui les déboute de leur opposition aux contraintes décernées par la Régie de l'enregistrement et des domaines, à fin de paiement des arrérages de *rentes colongères* dont leurs héritages respectifs se trouvaient ci - devant grevés envers l'évêque de Strasbourg aujourd'hui représenté par la République.

» Ils allèguent que ces rentes colongères étaient ci-devant dues au seigneur de la commune où sont situés les biens qui en étaient grevés : ce qui est vrai ; mais ils en concluent que jusqu'à la preuve du contraire, ces rentes doivent être présumées seigneuriales, et c'est une grande erreur.

» *Ei incumbit probatio, qui ait, non qui negat.* Ainsi, prétendez-vous que telle rente est seigneuriale ? Prouvez qu'elle a été constituée *in recognitionem dominii.* Si vous ne le prouvez pas, la rente sera présumée n'avoir été créée que pour prix de la concession de la pleine et entière propriété.

» L'art. II de la loi du 25 août 1792 est ainsi conçu : *Toute propriété foncière est réputée franche et libre de tous droits*, TANT FÉODAUX QUE CENSUELS, *si ceux qui les réclament ne prouvent le contraire dans la forme qui sera prescrite ci-après.*

» Ainsi, dans le système de cette loi, il est des droits féodaux et censuels que peuvent encore réclamer ceux qui en jouissaient avant la révolution ; il suffit pour cela qu'ils fassent la preuve qu'exige l'article V, *c'est-à-dire*, qu'ils justifient que les droits féodaux et censuels ont POUR CAUSE une concession primitive de fonds, et que cette *cause* se trouve clairement *énoncée* dans l'acte primordial d'inféodation, d'acensement ou de bail à cens.

» Observons-le bien, ce n'est qu'à l'égard des rentes *vraiment* seigneuriales
que la loi s'arme de cette rigueur..... »

» Disons donc que le jugement attaqué n'a ni faussement appliqué l'art. II
de la loi du 17 juillet 1793, ni violé l'art. XVII de celle du 25 août 1792 ;
et par suite, qu'il y a lieu de rejeter la requête des demandeurs, en les condamnant à l'amende. C'est à quoi nous concluons. »

Les conclusions de M. le procureur-général impérial ont été
suivies. La requête des débiteurs a été rejetée, et ils ont été
condamnés à l'amende.

— Le 4 ventôse suivant, le même Tribunal de cassation a
confirmé le jugement rendu le 1er. fructidor an 8, par le
Tribunal civil de l'arrondissement de Chambéry, entre la Régie
de l'enregistrement et les sieurs Jacquier et Lacroix, cessionnaires de Garnier.

Une vigne avait été *acensée* aux auteurs de Garnier, et
Garnier, en vendant sa vigne à Jacquier et Lacroix, les avait
chargés de payer la rente *stipulée dans le bail à cens.*

Les Tribunaux ont considéré que : « *la propriété d'un fonds*
» *grevé d'une rente foncière se divise entre le bailleur et le*
» *preneur ; Garnier n'a point vendu la propriété de la vigne*
» *dont s'agit, mais seulement le droit qu'il avait* DANS L'A-
» CENSEMENT *de cette vigne ; et quand même Garnier*
» *n'aurait point chargé ses acquéreurs de payer* LA RENTE
» STIPULÉE DANS LE BAIL A CENS, *ou aurait même vendu le*
» *fonds exempt de rente, ils n'en auraient pas moins été*
» *obligés de la payer.*

— Le 23 du même mois, au rapport de M. de la Coste, le
Tribunal de cassation a rejeté le pourvoi de la commune de
Greisembach, contre le jugement rendu le 25 floréal an 8, par
le Tribunal civil du département de la Meurthe, en faveur de
Claude

Claude Presseler, concessionnaire, *à titre d'acensement*, d'un droit de cours d'eau,

« Attendu que l'objet de la demande ne tendait, d'une part, qu'à être maintenu dans la propriété et possession d'un droit de cours d'eau sur un ruisseau, ledit droit réclamé en vertu d'un titre de concession faite par l'ancien gouvernement, dans les formes alors prescrites ; et, d'autre part, qu'à repousser cette prétention, en opposant la nullité du titre, la cessation de la possession, et la propriété libérée de toute charge féodale du même ruisseau ;

» Que les questions auxquelles ces demandes et ces exceptions ont donné lieu, étaient de la compétence du pouvoir judiciaire, et ne présentaient aucun caractère attributif de compétence aux autorités administratives ; que l'administration centrale avait reconnu elle-même cette nature de l'affaire, lorsque, par son arrêté du 18 germinal an 7, sur le vu des pièces, elle avait autorisé la Commune à se défendre devant les tribunaux civils ;

» Qu'il suit de là, que les juges n'ont pas excédé leurs pouvoirs, ni porté atteinte à ceux des autorités administratives ;

» Et attendu que la concession, moyennant un prix convenu (*), et motivée pour l'utilité publique du canton, est antérieure aux lois des 28 mars 1790, 28 août 1792, et 14 ventôse an 7 ; que ces lois, en supprimant les effets de la féodalité, n'ont jamais pu être applicables à la validité et à la conservation d'un droit de propriété sur un cours d'eau, *droit qui appartenait alors au*

(*) *Savoir :* un cens annuel de 6 l., cours de France, suivant un arrêt du Conseil d'état, du 28 juillet 1778, portant autorisation de bâtir un moulin à huile dans la commune de Greisembach, dépendante de la haute justice du roi subrogé en cette partie aux droits des anciens ducs de Lorraine.

En l'an 4, le moulin cessa d'être en activité ; les eaux de la fontaine que Presseler avait dirigées vers son moulin, reprirent leur ancien cours, *à l'usage commun de tous les habitans du lieu.*

Mais, le 22 prairial an 7, Presseler a poursuivi devant le Tribunal civil la maintenue dans la jouissance et propriété, tant de l'usine dont l'arrêt du Conseil de 1778 avait autorisé l'établissement, que du cours d'eau dont il lui avait fait la concession.

La Commune soutenait Presseler non-recevable, comme fondant uniquement sa demande sur un titre émané du régime féodal et proscrit par les lois des 4 août 1789, 15 mars 1790 et 28 août 1792. Elle avait ajouté à ses moyens, dans sa requête au Tribunal de cassation, l'incompétence de l'autorité judiciaire pour prononcer sur les contestations élevées entr'elle et le sieur Presseler.

G g

pouvoir qui l'a cédé ; que les lois des 28 août 1792 et 10 juin 1793, en restituant aux communes leurs anciens droits, ont formellement excepté de cette restitution ce qui avait été aliéné par les anciens seigneurs, et ce qui était possédé par des tiers en vertu de ces aliénations; et qu'il n'a été commis par le jugement attaqué, aucune violation de ces lois. »

— Le 27 brumaire an 9, le Gouvernement a revêtu de son approbation les arrêtés de l'administration centrale du département de la Côte-d'Or, des 16 germinal an 7 et 23 ventôse an 8, contre Pierre Bavard et Consorts, à qui les religieux de l'abbaye de la Bussière, seigneurs de la commune du même nom, avaient concédé, par baux emphytéotiques pour plusieurs vies, différens héritages situés dans l'étendue de leur seigneurie, à la charge de diverses redevances seigneuriales en grains et en argent emportant tous droits censaux, amendes, lods et ventes, sujétion à leur moulin banal, et de ne pouvoir vendre du vin en détail, sans leur permission, à peine d'amende, etc.

Lesquels héritages ont été soumissionnés le 29 thermidor an 4, et adjugés le 3 floréal an 6.

Pierre Bavard et consorts s'étaient opposés à l'adjudication, en s'appliquant les lois des 25 août 1792 et 17 juillet 1793, prétendant qu'elles les avaient rendus propriétaires incommutables.

Déboutés de leur opposition, le 16 germinal an 7, ils demandèrent d'être autorisés à faire citer le Commissaire du gouvernement pour discuter la question devant les Tribunaux.

Il leur fut répondu, le 23 ventôse an 8, que des baux emphytéotiques n'étaient point des titres de propriété *incommutable*, et que les lois des 25 août 1792 et 17 juillet 1793 n'ont point déplacé la propriété, qu'elles n'ont fait que l'affranchir, et qu'elles n'ont supprimé, au profit des inféodataires et des censitaires, que les droits, cens et rentes *de nature féodale ou censuelle*, inhérens à des fonds dont la propriété leur appartenait incommutablement au 4 août 1789.

Pierre Bavard et consorts sont revenus à la charge. Ils en ont appelé au Gouvernement, tant sur la question de propriété que sur le paiement des redevances.

La nouvelle discussion ne leur a point été plus favorable. Le Gouvernement, par arrêté *contradictoire* du 11 messidor an 10 , a prononcé en ces termes : « La réclamation de Pierre Bavard » et consorts est rejetée. »

— Le 29 thermidor an 10 , le débiteur d'une rente *seigneu-riale* créée le 20 juillet 1778, *sous réserve de la justice et seigneurie directe, foi et hommage, et droits seigneuriaux au 6e. denier,* par bail emphytéotique , d'un moulin à vent dans la seigneurie du bailleur, poursuivait la cassation d'un jugement du Tribunal d'appel séant à Douai, qui l'a condamné à en continuer le paiement.

M. Merlin a dit dans ses conclusions motivées contre ce débiteur : « Quand la Convention nationale a prononcé sur les redevances seigneuriales qui ont été stipulées par des baux antérieurs à la publication de la loi du 1er. brumaire an 2, elle a prouvé démonstrativement que ces redevances-là n'étaient pas comprises dans celle du 17 juillet précédent.

» Et vainement prétendrait-on établir à cet égard une différence entre les baux ordinaires et les baux, soit emphytéotiques , soit d'une DURÉE INDÉFINIE MAIS RÉVOCABLE.

» La raison est la même pour les uns que pour les autres; car les uns ne sont pas , plus que les autres, translatifs de propriété incommutable ; les uns ne tiennent pas , plus que les autres, nature d'inféodation ou d'accensement ; les redevances stipulées par les uns ne sont , comme les redevances stipulées par les autres, que de simples fermages , que la simple représentation du revenu des fonds.

» La suppression prononcée par l'art. Ier. de la loi du 17 juillet 1793 ne s'étend pas au-delà des redevances *seigneuriales* conservées par la loi du 25 août 1792. Or, la loi du 25 août 1792 ne parle pas des redevances établies soit par de simples baux à ferme, soit par des baux à domaine congéable, soit par tout autre titre de concession précaire ou révocable.

» Et puisque la loi du 17 juillet 1793 s'y réfère, il faut en conclure que la suppression qu'elle prononce n'a pas atteint les redevances de cette dernière espèce. »

C'est ce qui a été décidé par le Tribunal suprême. Il a, en conséquence, confirmé le jugement du Tribunal d'appel de Douai.

— Le même jour, Jean Roux demanda la cassation d'un jugement du Tribunal d'appel de Dijon, rendu le 19 thermidor an 9, en faveur du ci-devant seigneur de Mercy, qui, en 1728, avait donné, *à titre de rente et cens*, 136 ouvrées de vignes sous la redevance annuelle de 36 feuillettes de vin, une mesure de lentilles, une poule et trois deniers, le tout *de rente et cens portant lods, retenue, remuage et tous autres droits censaux.*

Jean et Antoine Roux, preneurs, s'étaient obligés, en outre, à acquitter, chaque année, les rentes foncières et seigneuriales affectées à ces vignes, et à justifier des quittances.

Il était écrit dans le bail, qu'à défaut de paiement de ces rentes et cens pendant deux années, le bailleur rentrerait de plein droit dans ses héritages, sans qu'il fût besoin d'y faire prononcer ; et que, sans cette clause, le bail n'aurait été fait.

M. le procureur général a dit : « C'est un principe incontestable que la nature des contrats se détermine, non par les dénominations qu'il a plu aux parties de leur donner, mais par la substance des clauses qu'ils renferment. Il importe donc peu que, par l'acte de 1728, Simon Benoît, alors seigneur en partie de la commune de Mercy, ait annoncé faire un bail à cens. Si, dans la réalité, il n'a fait qu'un bail à rente foncière, c'est comme bail à rente foncière, et non comme bail à cens, que cette rente doit être considérée ; et par une suite nécessaire, ce n'est point un cens, ce n'est point une rente seigneuriale , c'est une rente simplement foncière et qui forme le prix de la concession.

» La loi du 17 juillet 1793 a-t-elle aboli les rentes qui n'étaient seigneuriales que de nom ? A-t-elle aboli les rentes foncières qu'une vanité mal entendue avait décorées du titre de *cens* ? Voilà où se réduit la question , et elle n'est pas nouvelle. Déjà le Tribunal de cassation l'a jugée deux fois pour la négative , et ses deux jugemens sont à cet égard très-précis.

« Nous estimons qu'il y a lieu de rejeter la requête du demandeur et de le condamner à l'amende. »

Ces conclusions ont été adoptées , *attendu que l'acte du 19 novembre 1728 a* LE CARACTÈRE *de bail à rente foncière , et qu'ainsi le Tribunal d'appel de Dijon , loin de contrevenir à la loi du 17 juillet 1793 , s'est conformé aux termes et à l'esprit de cette loi.*

— Le 20 fructidor an 10 , le Tribunal de cassation, au rapport de M. Oudot, a cassé un jugement du Tribunal civil du département du Puy-de-Dôme, du 8 nivôse an 8 , qui avait déchargé les héritiers Dufayet-de-Latour de l'action intentée contr'eux par Ferrières - Sauvebœuf, en paiement de droits féodaux qu'il avait vendus à leur auteur par contrat du 31 octobre 1788 , et par cet arrêt , a prouvé que : *tous les actes antérieurs à 1789 doivent toujours être exécutés et jugés suivant les principes du droit commun , et que la loi du 17 juillet 1793 n'y forme aucun obstacle* (*).

(*) En effet, l'article III de la loi du 17 juillet 1793 a déclaré, *en éteignant les procès relatifs aux droits féodaux conservés jusqu'alors , et abolis pour la première fois à cette époque*, qu'il les éteignait tant sur *le fond* que sur *les arrérages, sans répétition de frais de la part d'aucune des parties* , expressions qui manifestement ne peuvent s'adapter qu'aux procès entre les anciens seigneurs COMME SEIGNEURS , et les anciens vassaux ou censitaires , COMME VASSAUX OU CENSITAIRES seulement. La loi du 9 frimaire an 2

— Le 6 du même mois, le Tribunal civil de l'arrondissement de Corbeille avait condamné les sieur et dame Robine à payer les trois rentes ci-après : la première de 2500 livres, créée foncière *rachetable* jusqu'à la concurrence de la moitié, par acte du 11 avril 1781, à titre de cens et rente portant lods et ventes, saisine et amende, pour le moulin de Villemoison, chargé de trois boisseaux de froment de cens, la partie du clos tenant au bâtiment du moulin, les prés, etc... Le tout en la censive dudit lieu de Villemoison ;

---

a expliqué que, par les lois des 25 août 1792 et 17 juillet 1793, il n'est porté aucune atteinte à l'action que TOUT ci-devant débiteur solidaire de droits féodaux peut avoir contre son co-obligé, pour se faire rembourser la part qu'il a payée pour lui.

Par l'art. II de la loi du 28 nivôse an 2, il est dit que parmi les procès abolis par la loi du 25 août 1792, ne sont pas compris les procès intentés par des ci-devant fermiers pour restitution des pots de vin qu'ils ont avancés ou des fermages qu'ils ont payés, à raison des droits qui leur étaient affermés et dont ils n'ont pu jouir, attendu leur abolition.

Le Tribunal de cassation a jugé, le 7 frimaire an 12, au rapport de M. Zangiacomi, en rejettant le recours de Papinaud contre un jugement du Tribunal de Barbezieux, que les notaires peuvent encore aujourd'hui exiger des ci-devant censitaires les frais des reconnaissances censuelles qu'ils ont passées sous le régime féodal, et au coût desquels ceux-ci étaient originairement tenus.

Et par arrêt du 3 ventôse an 12, que : *l'action qui dérive d'un contrat antérieur à la suppression des droits féodaux, et qui est motivée sur les principes du droit commun, n'est point une action du nombre de celles dont les lois des 25 août 1792 et 17 juillet 1793 prononcent l'extinction.*

A tel point que : « Nul doute que le prix d'une vente de droits féodaux, » antérieure à leur abolition, ne soit encore exigible; nul doute que le paie- » ment de ce prix ne puisse encore être poursuivi devant les tribunaux. » M. MERLIN. *Recueil des questions de droit*, tome 9, *édition de l'an* 13.

La seconde, de 12 liv. 10 sous par arpent, *rachetable* jusqu'à la concurrence de la moitié, pour le prix de la concession de 35 arpents 91 verges de terre, à titre de cens portant lods et rentes, saisine et amende, et deux chapons de cens, par acte du même jour ;

Et la troisième, de 100 liv., créée *foncière seigneuriale*, avec faculté de rentrer dans la propriété et jouissance de la grange et du quartier de terre, par droit de retrait censuel, avec 5 sols de cens portant lods et ventes, etc., suivant bail à cens et rente du 4 mars 1788 ;

Les preneurs obligés de payer au lieu seigneurial accoutumé de la recette des cens et rentes de la seigneurie, et d'entretenir les objets à eux concédés en tel état que lesdits cens et rentes puissent être aisément pris et perçus.

« Attendu que, d'après les anciennes lois, c'était un principe
» de droit féodal, que les seigneurs ne pouvaient imposer dans
» les baux à cens deux devoirs féodaux d'une manière distincte
» et pour un seul et même objet concédé; que la plus petite
» redevance était relative à la directe ou seigneurie, et que la
» rente en grains ou argent était toujours considérée comme
» la représentation purement utile de la valeur du fonds acensé;
» que, par conséquent, dans le cas où un même acte d'acense-
» ment indiquait deux prestations distinctes, l'une était seigneu-
» riale par sa nature, et l'autre, au contraire, purement fon-
» cière; qu'en appliquant ces principes aux trois baux à cens et
» rentes consentis par Benigne Berthier à Robine et sa femme,
» on voit dans celui du 11 avril 1781, relatif au moulin et
» dépendances, d'un côté, une redevance de trois boisseaux de
» blé-froment de cens, et d'un autre côté, une rente de 2,500 liv.
» qualifiée foncière par l'acte même, et ayant, en outre, le ca-

» ractère d'être *rachetable* par moitié. Dans le second bail à
» cens, du même jour, relatif à une pièce de 35 arpens de terres
» labourables, on voit, d'un côté, une redevance de deux chapons
» de cens, et de l'autre côté, une rente de 12 liv. 10 sous par
» arpent, également qualifiée foncière et *rachetable*. Dans le
» bail du 4 mars 1788, relatif à une grange acensée; d'un côté,
» une redevance de 5 sous de cens, et d'un autre côté, une
» rente foncière de 100 liv. Que ces diverses dispositions sont
» distinctes; que si elles ont le rapport d'être établies pour le
» même objet et dans un même titre, néanmoins elles sont sans
» mélange et sans confusion; que l'article II de la loi du 17
» juillet 1793 excepte de la suppression sans indemnité les
» rentes et prestations purement foncières et non féodales, etc...»

Le 20 frimaire an 11, le Tribunal d'appel de Paris a adopté
tous les motifs qui avaient déterminé les premiers juges.

— Le 29 de ce même mois de frimaire, M. le procureur général
Merlin a exposé au Tribunal de cassation, que : *de règle générale, c'est aux Tribunaux qu'il appartient de décider si une
redevance stipulée par un acte de concession de fonds est ou
n'est pas comprise dans l'abolition prononcée par l'art. Ier. de
la loi du 17 juillet* 1793, parce que le fait est du ressort de la
nature et non de la loi, que la lettre de la loi est morte, qu'entre
cette lettre et l'action qu'il s'agit de donner, il y a la déclaration du fait par un jugement, *après une instruction juridique*,
et que les lois ne sont pas autre chose que des décisions abstraites
et hypothétiques, *positis ponendis;*

Mais que la règle admet une exception dans le cas où la rente
a été vendue par les corps administratifs ou par le Gouvernement, comme bien national, la rente alors étant assimilée aux
biens qui ont été adjugés au nom de la République, et dont les
Tribunaux

Tribunaux ne peuvent connaître, d'après la loi du 16 fructidor an 3 et l'arrêté du Directoire exécutif du 2 nivôse an 6;

Que le district de Sarguemines a vendu, le 24 frimaire an 3, une rente emphytéotique *perpétuelle* que doit le sieur Pieffer;

Que Pieffer, en nivôse an 7, a intenté action contre l'adjudicataire, à fin de nomination d'experts pour estimer la valeur du moulin de la ci-devant seigneurie de Puttelange, et réduire en conséquence la rente, prétendant qu'elle aurait été créée, partie à cause de ce moulin, et partie à cause de certains droits féodaux qui y étaient annexés au temps de la constitution qui remonte à 1669;

Et que cette action tendait à faire mettre en question devant les Tribunaux l'étendue et l'effet de l'adjudication du 24 frimaire an 3.

Le Tribunal, s'en étant assuré, a déclaré l'action de Pieffer non recevable.

— 5 pluviôse an 11. *INSTRUCTION générale de M. le Conseiller d'état, commandant de la Légion d'honneur,* DUCHATEL, *Directeur général de l'administration des Domaines et de l'Enregistrement*, n°. 118.

« Un avis du Conseil d'état, approuvé par les Consuls, le 4 thermidor an 8, » et inséré dans le 43°. *Bulletin des Lois*, sous le n°. 279, sur les baux à » portion de fruits, usités dans le département de la Loire inférieure, a main- « tenu les bailleurs, leurs héritiers ou représentans, dans la propriété des » biens concédés sous ce titre, ainsi que dans le droit d'exiger la portion de « fruits réservée par l'acte.... ; et l'administration a été chargée de se con- » former à ces principes, relativement aux redevances de même nature qui » appartiennent à la nation.

» Des bailleurs de fonds à devoir de tiers et de quart, dans les départemens » de Maine et Loire et de la Vendée, ont demandé, depuis, que cet arrêté » fût déclaré commun aux tenures qui sont en usage dans leurs départemens.

» Il est intervenu, sur leur demande, le 21 ventôse dernier, un nouvel

H h

» avis·du Conseil d'état, qui a été approuvé le 23 messidor suivant , et que le
» Ministre des finances a transmis au Directeur général , le 30 frimaire. Cet
» avis porte qu'il n'y a pas lieu de prendre la décision demandée, pour rendre
» commun aux départemens de la Vendée , de Maine et Loire , ni à tout autre ,
» l'arrêté du 4 thermidor an 8 ; qu'il suffit que les principes y soient établis
» pour recevoir leur application partout où les clauses des actes caractérisent
» la réserve de la propriété au bailleur.

» Les motifs du Conseil d'état , développés dans le considérant, sont que :
» l'avis du 4 thermidor a eu pour objet principal de faire connaître qu'il n'y
» avait pas de nécessité de recourir au législateur pour fixer des principes
» sanctionnés déjà par les décrets de l'Assemblée constituante des 30 mai,
» 1ᵉʳ., 6 et 7 juin 1791 , confirmés par la loi du 9 brumaire an 6, rela-
» tivement à la tenure convenancière ou à domaine congéable , usités dans
» plusieurs départemens de la ci-devant Bretagne, lois d'après lesquelles les
» bailleurs d'immeubles concédés à ce titre ont été maintenus dans la pro-
» priété de ces biens ; que la tenure convenancière rentre dans la tenure du
» bail à complant, d'après les clauses duquel il est évident que ce bail ne
» transfère au preneur aucun droit de propriété sur les biens qui en sont
» l'objet ; que le preneur , ses héritiers et représentans ne possèdent qu'au
» même titre, et de la même manière que les fermiers , *sauf la durée de la
» jouissance ;* qu'ainsi, il résulte des lois citées et rappelées dans l'avis du 4
» thermidor , que *la législation sur cette matière est faite ; que dès-lors elle
« est applicable à tous les actes ou baux consentis dans les mêmes cas , et
» avec les mêmes caractères ,* QUELQUE NOM QUI AIT ÉTÉ DONNÉ A CES BAUX ,
» et dans quelques départemens que soient situés les biens ainsi donnés à
» bail.

» Il résulte de cet arrêté, 1°. que toutes les fois que les clauses des baux
» établissent la réserve de la propriété en faveur du bailleur , il doit y être
» maintenu , ainsi que dans la jouissance de la portion des fruits, fixée par le
» titre ;

» 2°. Que , *quelle que soit la dénomination introduite par les diverses cou-
» tumes ,* les actes qui réunissent les caractères des baux que les deux arrêtés
» du Conseil d'état ont eu pour objet , doivent recevoir leur exécution dans
» les départemens où ils sont en usage;

» 3°. Que ces principes s'appliquent aux redevances dues à la République ,
» comme à celles qui appartiennent à des particuliers.

» Les baux dont il s'agit consistent dans la cession des biens en rapport, ou
» de terreins destinés à être plantés, à la charge par les preneurs de faire tous
» les travaux de plantation et de culture, de fournir les engrais, et de con-
» duire au pressoir des bailleurs la portion de fruits que ceux-ci se sont
» réservés.

» Ces actes contiennent communément la réserve expresse de la propriété
» dans les mains des bailleurs, ou bien *elle leur est assurée par la coutume*, ou
» *elle dérive*, soit de l'acquit des contributions, soit *de la faculté d'expulser le*
» *détenteur*, soit implicitement *d'une clause qui gênerait ou interdirait la*
» *disposition des biens de la part du preneur.*

» Dans ces cas, la propriété étant réservée aux bailleurs, il y a lieu d'ap-
» pliquer les dispositions des arrêtés dont il s'agit.

» A cet effet, les Directeurs, après s'être concertés avec les Préfets,
» devront prescrire aux Employés supérieurs et aux Receveurs des domaines,
» dans leurs départemens respectifs, de faire la recherche de ces actes dans
» les dépôts publics ; ils les liront attentivement, et lorsqu'ils reconnaîtront,
» dans les actes concernant la République, que la propriété lui est demeurée,
» il en sera fait article sur les sommiers certains de chaque bureau : les
» Receveurs s'occuperont de suite de recouvrer pour le compte du trésor
» public, la portion de fruits qui aura été stipulée.

» .... La loi du 17 juillet 1793, portant suppression sans indemnité, des
» redevances seigneuriales et féodales, n'est point applicable aux baux à
» complant, ou baux à portion de fruits, dont les clauses caractérisent la
» réserve de la propriété au bailleur. »

Signé Duchatel.

Ainsi, la loi du 17 juillet 1793 n'est point applicable 1°. au
bail héréditaire d'origine germanique, *aucune partie de la
propriété foncière n'étant abandonnée au preneur* (*) *qui*

(*) « La seule différence qui existe entre lui et le fermier ordinaire est
qu'il a contracté pour lui et sa famille, que dès-lors le prix du bail ne peut
être ni augmenté ni diminué, et qu'il ne peut être expulsé, dès qu'il remplit
les conditions du bail.

» On reconnait particulièrement cette nature de baux à la quotité du prix

n'est que simple fermier ou propriétaire seulement des fruits croissant sur la superficie ;

2°. Aux baux à locatairie perpétuelle, par lesquels les preneurs n'ont acquis que la possession naturelle et utile, *les bailleurs*

---

stipulé proportionnellement au produit du fonds calculé à l'époque de la passation du bail.

» Quelquefois, dans ces actes , les receveurs ou tabellions ont cumulé des clauses ou dénominations particulières aux emphytéoses.

» Cette espèce de baux multipliée dans les départemens du Rhin avait encore des distinc ions. On app llait *colonge* un contrat par lequel un propriétaire répartissait entre plusieurs preneurs un corps de biens considérable , en se réservant un canon annuel modique, avec la faculté de faire juger les différends qui s'élèveraient entr'eux à raison de ces fonds par le bailleur , comme président, assisté des preneurs comme assesseurs. On nommait *tragerey*'on con'rat au porteur un bail fait par un gros propriétaire à plusieurs colons , avec institution parmi eux d'un chef chargé de recouvrer les canons et de lui en compter.

» Ces baux ont été souvent passés verbalement; la législation d'Alsace veut dans ce cas , par un principe consacré par nombre d'arrêts , que , lorsqu'il y a absence de baux simples , que la rente n'a jamais varié dans sa quotité , et qu'elle a été acquittée sans interruption sur ce pied pendant trente ans à un particulier , ou pendant quarante années à une communauté ou à l'église , la présomption de droit soit que le fonds grevé de la rente ait été originairement concédé par le propriétaire de la directe contre l'obligation perpétuelle du possesseur de l'acquitter. Cette possession se prouve par les quittances du canon et des impositions.

« En vain , confondant le domaine direct et le domaine utile , ceux qui tiennent à bail de cette nature de baux dits censitiques , prétendraient-ils être propriétaires incommutables ? La propriété appartient toujours à celui qui a concédé, ils n'ont que la jouissance du domaine utile , et tant seulement qu'ils remplissent les conditions auxquelles ils ont pu l'acquérir , et encore jusqu'à l'extinction de leur famille. » *Messieurs les Employés supérieurs de l'administration des domaines , rédacteurs des instructions décadaires.*

conservant toujours la propriété foncière et la possession civile.

« Le bail à locatairie perpétuelle diffère du contrat emphytéotique , en ce
» que, pour donner un fonds à titre d'emphytéose (*), il faut en avoir la pleine
» propriété , c'est-à-dire le posséder indépendamment de toute seigneurie
» directe ; au lieu que , pour bailler à titre de locatairie , il suffit d'avoir la
» dominité utile. *On ne regarde point ce contrat comme translatif de*
» *propriété.* » M. BOUTARIF.

» Le bail à locatairie perpétuelle diffère du bail à rente , en ce que le
» bailleur se réserve la propriété et la possession civile, et qu'il ne baille que
» la possession naturelle au preneur chargé du paiement de la rente , tant
» qu'il jouira. » M. FONMAUR.

Le preneur est spécialement tenu d'améliorer l'héritage. La coupe des bois de haute futaye lui est interdite. Il ne peut démembrer ni diviser les objets de sa concession ; et à défaut de paiement des contributions publiques , l'ancien gouvernement les faisait payer par le bailleur personnellement.

« Une locatairie perpétuelle n'annonce qu'une cession de la jouissance des
» fruits. » M. TRONCHET.

3°. A l'ascensement, mode d'engagement qui était très usité dans la ci-devant Lorraine.

(*) Quatre caractères réunis constituent l'emphytéose : 1°. Division de la propriété en
domaine direct et en domaine utile, translation du domaine utile entre les mains du
preneur , à condition d'améliorer le fonds, avec le droit de transmettre ce domaine à ses
héritiers et de le vendre en prévenant le bailleur , propriétaire du domaine direct ;

2°. Une redevance annuelle uniforme, sans aucune rémission , tant pour reconnaissance de la directe que pour la part réservée dans les fruits ;

3°. Droit de reprise en cas de vente , droit à payer par le nouvel acquéreur au propriétaire de la directe ;

4°. Droit de préférence compétent à ce dernier en cas de mutation.

Par l'emphytéose il y a aliénation temporaire de la propriété utile , *c'est-à-dire*
pendant le temps de la concession.

Ce temps a été ordinairement limité à 99 ans. L'emphytéose est de droit romain , et
il en a été passé dans plusieurs coutumes, tant pour la vie des preneurs que pour celle
de ses enfans , des enfans de ses enfans et un certain nombre d'années au-delà.

» L'ascensement ne transmettait qu'une possession précaire et révocable.
» Etranger à la féodalité, la redevance qui y était stipulée ne représentait
» que le produit des fruits. Ce terme dérive de *cense*, ferme donnée à long
» bail. » *Messieurs les Employés supérieurs de l'Administration des domaines.*

4°. Aux concessions de terres et bâtimens domaniaux faites par les rois, les apanagistes et les engagistes, *la propriété ayant toujours été réservée à la nation*, depuis qu'il a fallu joindre, pour la dépense publique, au produit des domaines celui d'impôts sur les propriétés particulières, parce qu'alors on a dû s'occuper de la théorie du droit de la nation sur les domaines de la couronne.

C'est de là que les inféodations, les acensemens de terres et bâtimens domaniaux n'ont jamais été de nature féodale, ni censuelle, c'est-à-dire, n'ont jamais été *perpetuæ concessiones;* et que les vassaux, les censitaires du domaine n'ont jamais été que des fermiers, des créanciers du Gouvernement, tandis que les vassaux, les censitaires des seigneurs ne possédaient pas ainsi à titre précaire, et qu'ils étaient tous au contraire de vrais propriétaires *fonciers*, des propriétaires fonciers incommutables.

« Le domaine de notre couronne ne peut être aliéné qu'en deux cas seulement, l'un pour l'apanage des princes de la maison de France, auquel cas il y a retour à notre couronne par leur décès, EN PAREIL CAS ET CONDITION QU'ÉTAIT LEDIT DOMAINE LORS DE LA CONCESSION DE L'APANAGE, nonobstant toute disposition, possession, acte exprès ou taisible fait ou intervenu pendant l'apanage ; l'autre, pour aliénation à deniers comptans pour la nécessité de la guerre, après lettres patentes pour ce décernées et publiées en nos parlemens, AUQUEL CAS IL Y A FACULTÉ DE RACHAT PERPÉTUEL. » *Art. I^r. de l'Ordonnance de* 1566.

« Les terres domaniales ne se pourront dorénavant aliéner par inféodation à vie, à longtemps, à perpétuité ou condition quelle que ce soit. » *Art. XVII de la même Ordonnance.*

Dans l'arrêt du Conseil du 14 janvier 1781, il est dit :

« S. M. borne à la durée de son règne les confirmations des aliénations faites, dans

quelque forme qu'ell es aient été faites , afin de ne permettre que ce qu'elle
peut maintenir, et afin que les principes d'équité qu'elle adopte ne portent
aucune atteinte aux droits du domaine de la couronne, dans quelque exception
et dans quelque rigueur qu'on les envisage ; le roi ayant à cœur que ce dépôt
précieux , remis entre ses mains , soit transmis à ses successeurs dans toute son
intégrité. »

« Le domaine public dans son intégrité et avec ses divers
» accroissemens appartient à la nation. TOUTE concession du
» domaine est essentiellement nulle ou révocable, *si elle a été*
» *faite sans le concours de la nation.* LA NATION CONSERVE
» SUR LES BIENS AINSI CONCÉDÉS LA MÊME AUTORITÉ ET LES
» MÊMES DROITS QUE SUR CEUX QUI SONT RESTÉS DANS SES
» MAINS. *Ce principe, qu'aucun laps de temps ne peut affai-*
» *blir , dont aucune formalité ne peut éluder l'effet, s'étend*
» *à tous les objets détachés du domaine national*, SANS
» AUCUNE EXCEPTION. Les ventes et aliénations des domaines
» postérieures à l'ordonnance de 1566 sont réputées *simples en-*
» *gagemens*, quoique la stipulation en ait été omise au contrat ,
» ou même qu'il contienne une disposition contraire. » *Texte
des lois des* 1er. *décembre* 1790 , 3 *septembre* 1792 , 10 *frimaire an* 2 , *et* 14 *ventôse an* 7.

La Convention nationale a spécialement et positivement déclaré, par l'art. XV de la loi du 10 frimaire an 2 , que les lois
des 17 juillet et 2 octobre 1793 ne sont point applicables aux
inféodations et acensemens des terres et bâtimens domaniaux
suivant le principe *qui dicit de uno , de altero negat.*

Même les véritables cens et droits seigneuriaux qui étaient
payés par les détenteurs n'ont pas été supprimés *à leur profit,*
mais bien à celui de la nation *propriétaire.*

Art. XI. *de la loi du* 10 *frimaire an* 2. « La Régie nationale fera constater
» par des experts, en présence des détenteurs ou eux duement appelés , l'état

» actuel, et l'estimation, D'APRÈS LE PRIX COURANT EN 1789, des domaines,
» bois, forêts et droits domaniaux. »

Art. XXXII. « Les détenteurs des droits incorporels *féodaux* aliénés con-
» fusément avec des droits *fonciers*, sont tenus d'en faire la déclaration pres-
» crite par l'article précédent, dans le même délai et sous les mêmes peines.

» Les experts procéderont de suite à la distinction et *évaluation* de ceux
« desdits droits qui ont été supprimés sans indemnité. »

Art. XIV de la loi du 14 ventôse an 7. « S'il y avait des baux existans en
» 1790, la valeur sera fixée sur le pied de la même année, et calculée à raison
» de vingt fois le revenu d'après lesdits baux.

» Les experts se conformeront au § III de la loi du 6 floréal an 4, dont
voici le texte :

» *Le prix du bail se compose de tout ce que le fermier s'est obligé de fournir,*
» *de faire ou d'acquitter, de quelque nature que soit l'obligation, dès qu'elle*
» *était onéreuse au fermier.*

» *Il faut aussi ajouter les impositions, charrois, corvées et toutes autres*
» *redevances, ainsi que* LES CENS ET DROITS FÉODAUX SUPPRIMÉS, qui étaient
» dus en 1790. »

Quelques personnes ont autrefois regardé le domaine comme un grand fief, il y avait de leur part la plus grande erreur ou la plus complette ignorance. L'idée d'un fief a toujours nécessairement supposé la subordination d'un feudataire à un suzerain.

Point de suzeraineté, point de fief. Quiconque n'avait point de seigneur, n'a jamais pu posséder à titre féodal.

Le sceptre de nos rois a été la source de tous les fiefs de la monarchie, la couronne leur centre, et la dignité royale le terme où tous les seigneurs rapportaient leurs hommages.

Et ce fut pour légitimer ainsi que pour protéger les percep- tions féodales et censuelles des seigneurs dans leurs terres, que les mêmes perceptions furent établies dans les domaines.

Mais on conserva toujours dans sa pureté la différence qui existait par la nature de la chose, entre les vassaux du roi et ceux des seigneurs.

Nous

Nous l'avons déjà dit : Les vassaux des seigneurs étaient tous des propriétaires, des propriétaires incommutables, tandis que les vassaux du domaine n'étaient que des fermiers, de simples détenteurs, des créanciers.

Répétons aussi que c'est par cette raison que les vassaux des seigneurs ont recueilli tout le bénéfice de la suppression de la féodalité, et que ce bénéfice, dans les domaines, en a augmenté la valeur au profit de la République. *Res prodest domino.*

Les lois des 17 juillet et 2 octobre 1793 ne sont pas non plus applicables, 1°. aux prestations imposées dans les concessions de fonds, sous la clause suivante ou une clause équivalente :

« *Convenu que, par défaut de la prestation, le bailleur et ses ayans cause* » *auront le droit de rentrer sans forme de procès ni ordre de justice, auquel* » *cas le bien leur retournera franc et libre pour en faire leur bon vouloir et* » *plaisir.* »

Dans ces concessions-là, « la redevance n'a point été imposée » à perpétuité au preneur, comme dans le bail à cens, et la » propriété devait rentrer entre les mains du bailleur dans les cas » prévus par le titre. » *Texte de la délibération du Conseil d'administration de l'Enregistrement et des Domaines, du 4 thermidor an* 11.

2°. Aux rentes dites *du tiers-raisin*, dans les départemens de la rive gauche du Rhin, le détenteur du fonds étant obligé de cultiver la vigne et de payer après la récolte le tiers du produit en nature, et le titre réservant ordinairement au bailleur une surveillance active sur l'exploitation de l'héritage, avec la faculté de reprendre la jouissance du fonds à défaut d'exécution des conditions sur la foi desquelles la cession en a été faite.

Le Ministre des finances a, le 15 thermidor an 10, assimilé le tiers-raisin aux rentes emphytéotiques perpétuelles, et autorisé

M. le Directeur général de la Caisse d'amortissement à employer au rachat de ces rentes les rescriptions du trésor public.

3°. A aucune des rentes dont les créanciers contribuaient aux vingtièmes que payait le fonds grevé, non à raison du montant annuel, mais à proportion de la part qu'elles faisaient dans le revenu du fonds.

Les vingtièmes qui se prenaient sur les revenus étaient retenus par les débiteurs, lorsqu'ils payaient les arrérages. Les débiteurs n'étaient que les agens des propriétaires des rentes. Ils payaient pour eux, et ils avaient l'action *negociorum gestorum* pour se faire rembourser.

L'art. VII de la loi du 1er. septembre 1790 porte que les débiteurs qui étaient autorisés à faire la retenue des impositions royales, feront la retenue à leurs créanciers, proportionnellement à la contribution foncière.

4°. Aux rentes de fieffe d'héritages, *la définition des baux à fieffe étant la même que celle des baux emphytéotiques, et le bailleur conservant un droit d'inspection sur la manière dont le preneur use de la fieffe qui n'est perpétuelle que tant que les conditions qui la constituent sont exactement observées.* (Voir pages 168 et 169.)

5°. Enfin, aux baux d'héritage à rente foncière, de l'essence desquels il a été que le bailleur se soit réservé un droit réel, charge perpétuelle inhérente à l'héritage, en quelques mains qu'il passe.

« Quiconque baille son héritage à rente est réputé conserver » la propriété de l'héritage jusqu'à la concurrence de la valeur » de la rente. » *Arrêt prononcé en robes rouges à Paris en* 1592.

« Le véritable caractère du bail à rente est de former, comme un partage

» du droit de propriété , entre le bailleur et le preneur ; le premier demeure
» propriétaire pour jouir de la rente comme du fruit de son propre fonds ;
» le second acquiert le droit de transmettre l'héritage à ses successeurs, de le
» vendre , de le donner, de l'aliéner avec la charge de la rente du bailleur. »
M. MERLIN.

La rente foncière est une obligation principale de l'héritage ;
c'est l'héritage qui en est le principal débiteur. Le possesseur de
l'héritage ne la paye que parce que l'héritage ne peut s'en acquitter que par le fait et le ministère de son possesseur. *Est
verò onus reale ratione fundi , sive fundi debitum.*

« Toutes les rentes foncières rachetables ou non-rachetables sont réputées
» immeubles , parce qu'elles sont attachées à des fonds d'héritages qui en sont
» chargés : elles s'appellent *foncières*, parce que c'est à cause du fonds que
» la rente est due ; elles représentent le fonds qui n'a été concédé qu'à cause
» de la rente. » M. RENUSSON.

Depuis que les rentes *représentatives de la propriété utile
des héritages* sont rachetables, les titres de ces rentes sont
devenus des contrats de vente dont l'acquéreur a la faculté de
convertir le prix en argent et de se libérer.

Portions privilégiées plus ou moins grandes dans le revenu
des terres et le loyer des bâtimens, elles sont une propriété
sacrée que le droit commun garantit à tous indistinctement.

Eh ! Si la suppression avait atteint quelques-unes de ces rentes ,
qu'en serait-il résulté ? Une seule chose : c'est que les rentes
auraient été dans le cas de n'être pas payées pendant le nombre
d'années à l'expiration desquelles il est stipulé que le bailleur
aura le droit de rentrer dans son héritage, à défaut du paiement
de la rente qui le représente.

« Ces années-là expirées, sous quel prétexte les preneurs
» demeureraient-ils en possession des biens ? La loi du 17 juillet

(250)

» 1793 ne contient pas un mot qui autorise une aussi bizarre
» prétention. » M. Merlin.

La rente est la cause de la possession du preneur. Or 1°. *cessante causâ, cessat effectus.* 2°. *Nemo potest sibi mutare causam possessionis.*

Le bail à rente est un contrat synallagmatique qui oblige également le bailleur et le preneur, et qui ne peut subsister en faveur de l'un, qu'il ne subsiste pareillement en faveur de l'autre. *Legem ex conventione accipiunt.*

« Tout contrat fait par une personne capable, qui ne blesse point les bonnes » mœurs, qui ne contrarie point le droit public, doit être exécuté. » M. Merlin.

Le preneur à rente n'a été mis en possession que sous son obligation formelle de payer la rente. S'il ne la paye pas, il encourt la commise. Le bailleur n'est pas obligé de maintenir la tradition qu'il a faite. *Habet actionem rei persecutoriam.* La loi du contrat condamne le preneur. Si le bailleur doit s'adresser à la justice, ce n'est que pour exercer légalement le droit de rentrer dans son bien, et parce que les voies de fait sont prohibées en France où nul ne peut se faire justice à soi-même.

La tradition de la chose en transfère la propriété; mais pour qu'elle opère, il faut que la condition sous laquelle elle a été faite s'accomplisse. *Nunquam traditio transfert dominium, si non venditio aut aliqua justa causa præcesserit propter quam sequeretur.*

Non, la propriété ne peut se perdre que par le fait du propriétaire lui-même. *Quod nostrum est, sine facto nostro nobis auferri non potest.* Si quelquefois la loi se permet d'en dépouiller le propriétaire malgré lui, ce n'est jamais que pour cause d'utilité publique et moyennant une juste indemnité.

Rendre rachetable une rente foncière qui ne l'était pas , voilà tout ce que la loi a pu faire, et aussi tout ce qu'elle a fait.

Une loi qui aurait exproprié les citoyens sans indemnité, eût par cela seul cessé d'être loi , *c'est-à-dire*, obligatoire. La première de toutes les lois n'est-elle pas que personne n'est tenu à faire l'impossible ? *Impossibilium nulla est obligatio.* Ce que la nature n'a pas permis de faire, ne peut pas être obliga-toire. *In id quod natura fieri non concedit , obligatio non consistit.*

« On aurait beau dire que la loi exige qu'on lui obéisse. La loi elle-même
» répond qu'il n'y a point de tribunal , point de juge, point de loi même qui
» puisse créér pour un homme une obligation qui excède ses forces. *Obliga-*
» *tiones quæ non propriis viribus consistunt , neque officio judicis, neque*
» *prœtoris imperio , neque legis potestate confirmantur.*

» Le législateur ne peut pas exiger de nous que nous nous élevions au-
» dessus des forces de l'homme.

» .... *La loi du* 17 *juillet* 1793 *a laissé les biens dans les mains dans*
« *lesquelles elle les a trouvés :* ELLE N'EN A POINT DÉPLACÉ LA PROPRIÉTÉ. »
M. MERLIN.

M. Merlin a dit plus loin : « Le bailleur d'un héritage qui s'y est
» réservé une rente foncière , n'a-t-il sur cet héritage qu'une hypothèque,
» qu'un privilége ? Il s'en faut de beaucoup qu'il soit réduit à une pareille
» condition.

» Tous les auteurs conviennent que la rente foncière est un droit vérita-
» blement réel , une portion intégrante de la propriété du fonds , une
» délibation de cette propriété. »

— Le 12 du même mois de pluviôse an 11 , le Tribunal de Cassation , au rapport de M. Cochart , et en adoptant les con-clusions de M. le procureur impérial , a reconnu et consacré *en principe*, que la rente foncière est une charge réelle , in-hérente au fonds sur lequel elle a été retenue et constituée par le bailleur *in traditione fundi*, et que l'acquéreur de l'immeuble qui en est grevé, devient personnellement débiteur, quand même il ne se serait point obligé à payer cette rente par une clause expresse du contrat, attendu que *res transit cum onere*.

— Le 26, à l'audience de la section des requêtes du Tribunal de cassation, après le rapport de M. Lombard-Quincieux, sur la requête de Jean-François Marqués et consorts, possesseurs de fonds dans la commune d'Ammerschwir, département du Haut-Rhin, demandeurs en cassation d'un jugement du Tribunal d'appel de Colmar, du 21 pluviôse an 10, qui les condamne à payer à M. Schawenbourg les arrérages d'une rente *dite* colongère, et à en continuer le paiement à l'avenir, M. Merlin a pris la parole et a dit :

« La maison de Deux-Ponts avait anciennement inféodé aux barons de Hastast les rentes qu'elle possédait à *Ammerschwir* ; et parmi ces rentes on remarquait une redevance qui consistait en 83 mesures 3 pots 2 chopines de vin, à prendre chaque année sur le produit des vignes du canton *Mayseyr*.

» La ligne masculine des barons de Hastast s'étant éteinte, ces rentes rentrèrent dans la main du suzerain, et à la fin du seizième siècle, la maison de Deux-Ponts en donna l'investiture à la maison de Schawenbourg qui les a toujours possédées comme fief jusqu'à l'abolition des fiefs. Elle en rendait foi et hommage à la maison de Deux-Ponts ; et il en était prélevé pour le prevost, le sergent et le greffier de la ville, neuf mesures.

Le renouvellement du 22 septembre 1706 porte : « Nous
» prevost. . . pardevant nous est comparu M. le baron. . . .
» de Schawenbourg. . . . lequel nous a exposé qu'eu égard à
» la vétusté des titres et à la perte qu'on court risque d'en
» faire, ainsi qu'au changement et partage des biens desquels
» il lui est dû des rentes en vin et en argent. . . . Nous avons
» fait comparaître les *censitaires*. . . . et les avons avertis de
» faire *sous leur serment*, ... la déclaration, etc. »

« Des assises étaient annuellement tenues pour la conservation des droits du baron de Schawenbourg.

» Le 4 thermidor an 5 , procès entre le cit. Schawenbourg et les débiteurs de la redevance.

» Par jugemens des 11 fructidor an 5 et 21 floréal an 6 , les débiteurs sont condamnés.

» ...... Nouvelle action devant le Tribunal civil de Colmar; jugement contradictoire du 18 pluviôse an 9 , qui considère que les rentes colongères sont essentiellement foncières , puisqu'elles proviennent d'une concession de fonds , faite par le propriétaire de la colonge ; si vrai que les *censitaires* tenaient annuellement des assises pour veiller à la conservation des droits du propriétaire de la *directe*.

» Appel , mais le 21 pluviôse an 10 jugement confirmatif. Il y est rappelé que , *par l'art. II de la loi du 17 juillet 1793 , les rentes purement foncières et non féodales sont exceptées de la suppression prononcée par l'article Ier. de la même loi ; que cette disposition est pure et simple; qu'elle n'exige pas , de la part du ci-devant seigneur ou possesseur de fief qui réclamerait la rente , la production du titre constitutif , et ne distingue pas entre la rente due de particulier à particulier , et celle qui serait demandée par un ci-devant seigneur ou possesseur de fief.*

» ...... Quel est l'objet des lois des 25 août 1792 et 17 juillet 1793 ? C'est d'affranchir les propriétaires de toute servitude , de toute prestation qui liait leurs propriétés au régime féodal. Ces lois veulent qu'à l'avenir ils tiennent leurs biens fonds ou réputés tels, en purs aleux ; ET ELLES NE VEULENT PAS AUTRE CHOSE.

» .... Par ces considérations , nous estimons qu'il y a lieu de rejeter la requête des demandeurs. »

Elle a été rejetée, « attendu que les rentes colongères ne portent par elles-mêmes aucun caractère de féodalité, et que les demandeurs en cassation n'ont pas justifié que la colongère qu'ils doivent ait un caractère véritable et certain de féodalité. »

— Tel était l'état des choses, lorsque des personnes qui regrettaient encore les lois de l'Assemblée constituante, attaquèrent de nouveau la distinction bien juste cependant , que les articles

Ier. et II de la loi du 17 juillet 1793 ont faite des rentes foncières féodales d'avec les rentes foncières non féodales, pour
supprimer sans indemnité les premières et conserver les secondes.

Elles disaient que toutes les charges d'une inféodation, d'un
bail à cens, ont fait partie du prix de l'inféodation, du bail à
cens, comme toutes les charges d'une vente font partie du prix
de cette vente :

Oubliant ou ne sachant pas que les principes et l'histoire
prouvent de concert que les rentes féodales, que les droits féodaux n'étaient dans leur origine, *de quelque nature qu'ils
puissent être*, que des rentes et des droits dûs à cause des
fonctions publiques qui étaient confiées en sous-ordre par le
prince à ses officiers; que, pour être devenus héréditaires, ces
mêmes rentes et droits n'ont pas perdu leur nature primitive
et originelle; que dès-lors ils n'ont jamais pu prendre le caractère d'une propriété, et sont restés à la disposition du Gouvernement qui a été le maître, *quand il l'a voulu*, d'en décharger
les possesseurs des terres, sans commettre la moindre injustice
envers les ci-devant seigneurs.

A cette époque, un mémoire fut présenté aux Consuls, dans
lequel on exposait que celles des rentes foncières que supprime
l'article Ier. de la loi du 17 juillet 1793, avaient été déclarées
rachetables par l'Assemblée constituante, et que leur suppression vexait les citoyens.

Le mémoire portait qu'AUCUNE LOI N'EXISTE QUI AUTORISE
LA DEMANDE EN PAIEMENT *des rentes auxquelles on pro-
posait de redonner l'existence, en les rendant remboursables
à quinze capitaux, si le remboursement avait lieu pendant
les années* 11 *et* 12.

Ces

Ces rentes-là , quoique qualifiées foncières, étaient donc évidemment étrangères au régime foncier , et hors du droit commun, hors des lois des 10 août et 8 septembre 1793 ; 8 pluviôse, 7 et 11 messidor an 2 ; 11 et 28 floréal an 3 ; 27 brumaire an 5, et 9 brumaire an 6 : Hors des décrets des 8 août, 7 et 11 septembre 1793 ; 3, 9, 12, 13 et 17 brumaire, 9, 12 et 14 frimaire, 6 germinal, 2 et 13 prairial an 2 : Hors également des arrêtés et des rapports du comité de législation de la Convention nationale : Hors aussi des avis du Conseil d'état des 4 nivôse et 4 thermidor an 8, et 21 ventôse an 10 : Enfin, hors des arrêtés du Gouvernement des 27 brumaire an 9, et 11 messidor an 10.

Elles étaient donc totalement féodales, ou elles avaient une affinité *intime* avec le régime féodal dont l'abolition a été provoquée par le vœu presque unanime de la nation.

Elles n'avaient donc été imposées et perceptibles que par des seigneurs sur des propriétaires qu'ils retenaient soit dans les liens féodaux , soit dans les liens censuels.

Les Consuls, dans leur respect pour la propriété et pour les réclamations des citoyens, renvoyèrent l'examen du mémoire à une commission composée de MM. les conseillers-d'état TREIL-HARD, REGNAULT-DE-ST.-JEAN-D'ANGELY , et DEFERMONT.

Du travail de la commission qui vérifia qu'il ne s'agissait que de prestations féodales qu'on cherchait à faire regarder foncières , et du rapport de la section de législation, est sorti l'avis suivant qui a été adopté par le Conseil d'état, dans sa séance du 30 pluviôse an 11.

K. k

Avis du Conseil d'état sur la suppression des PRESTATIONS *établies par des titres constitutifs de redevances seigneu-riales et droits féodaux , du* 3o *pluviôse an XI de la République.*

« Le Conseil d'état, d'après le renvoi du Gouvernement, et sur le rapport de la section de législation ;

» Vu les articles I et II de la loi du 17 juillet 1793, portant suppression des redevances ci-devant seigneuriales, droits féo-daux fixes et casuels, et qui n'exceptent de cette disposition que *les rentes ou prestations purement foncières et non féodales ;*

» L'article VI de la même loi, qui ordonne le brûlement des titres constitutifs ou récognitifs des droits supprimés par les articles I et II ;

» Le décret du 2 octobre 1793 , par lequel la Convention, *sur la proposition de séparer ce qui était purement foncier dans les actes portant concession primitive de fonds à titre d'inféodation ou d'acensement , et de proroger, en conséquence , à six mois le délai fixé pour le brûlement des titres féodaux mixtes,* passe à l'ordre du jour, motivé sur la loi du 17 juillet, relative aux droits féodaux ;

» Le décret du 7 ventôse an 2, par lequel la Convention, *sur la question proposée, si le rachat offert d'une rente qualifiée foncière et seigneuriale par le titre primitif de bail d'héritage, contenant en même temps un cens emportant lods et ventes,* déclare qu'il n'y a pas lieu à délibérer, *attendu qu'elle a dé-claré, par la loi du* 17 *juillet précédent, supprimer sans*

indemnité les rentes foncières qui avaient été créées, même (*)
PAR *concession de fonds , avec mélange de cens ou autre
signe de seigneurie ou féodalité;*

» Considérant que si les articles I et II de la loi du 17 juillet
1793 pouvaient laisser quelques doutes sur l'objet et l'intention
des législateurs, ces doutes ont été pleinement levés par le décret
d'ordre du jour du 2 octobre 1793; que le refus de proroger le délai
fixé pour le brûlement des *titres constitutifs et récognitifs de
seigneurie ,* et d'autoriser la séparation de ce qui pouvait être
purement foncier, annonce clairement que la Convention regardait tous les droits quelconques établis *par ces titres,* comme
supprimés *par une suite de leur mélange avec des cens ou
autres signes de féodalité;*

» Que le décret du 7 ventôse an 2, qui déclare qu'il n'y a pas
lieu à délibérer sur l'autorisation demandée par la régie nationale
pour recevoir un remboursement de rente foncière stipulée par
un acte mélangé de cens , aurait achevé de dissiper toute incertitude, s'il avait pu encore en exister;

» Que telle a été depuis l'opinion constante du Corps législatif;
qu'elle s'est manifestée en l'an 5 et en l'an 8 dans les discussions
sur les projets présentés à l'effet d'établir une distinction entre
les rentes et prestations créées par des actes constitutifs ou
récognitifs de seigneurie , pour soustraire à la suppression celles
QU'ON REGARDAIT comme purement foncières;

(*) Dans le *Bulletin des Lois ,* n°. 251 , qui contient l'insertion de cet avis,
on lit *pour ,* mais il y a là erreur de copiste. La Convention nationale, dans
le décret du 7 ventôse an 2, et le Comité de législation , dans son arrêté
de la proposition de ce décret , ont employé le mot PAR *dont le sens est tout
différent.*

» Attendu qu'il n'est pas possible de méconnaître des intentions aussi évidentes, et qu'il ne peut y avoir lieu à interpréter des dispositions qui ne sont nullement obscures ;

» EST D'AVIS que toutes prestations, de quelque nature qu'elles puissent être, établies par des titres constitutifs de redevances seigneuriales et droits féodaux supprimés par le décret du 17 juillet 1793, ont été pareillement supprimées, et que l'on ne pourrait admettre les demandes en paiement de ces prestations, SANS CHANGER LA LÉGISLATION. »

Pour extrait conforme au registre des délibérations,
Le Secrétaire général du Conseil d'État,
Signé J. G. LOCRÈ.

Le Conseil d'état a écarté *la question de savoir s'il ne conviendrait pas de statuer par une nouvelle loi ;* mais en l'écartant, il a voulu faire bien connaître que la suppression des redevances féodales et des prestations établies par les mêmes titres constitutifs ne vexe point les citoyens, ne blesse point la justice, ne touche point à la propriété, parce que les lois des 17 juillet et 2 octobre 1793, et le décret du 7 ventôse an 2, DANS TOUTE LEUR ÉTENDUE, ne consistent et ne doivent être entendus que dans le sens de l'opinion constante du Corps législatif, et qui s'est manifestée en l'an 5 et en l'an 8.

De plus, le Conseil d'état a désigné clairement les prestations qui sont abolies; ce sont celles dont on ne pourrait admettre les demandes en paiement, SANS CHANGER LA LÉGISLATION, prestations qui, par conséquent, ne sont point les rentes ni les droits que protégent les lois des 10 août et 8 septembre 1793; 8 pluviôse, 7 et 11 messidor an 2; 11 et 28 floréal an 3; 27 brumaire an 5 et 9 brumaire an 6 : Les décrets des 8 août, 7 et 11 septembre 1793; 3, 9, 12, 13 et 17 brumaire, 9, 12 et 14 frimaire, 6 germinal, 2 et 13 prairial an 2 : Les arrêtés et les rapports du comité de législation de la Convention nationale ; les avis du Conseil d'état lui-même, des 4 nivôse et 4 thermidor an 8 ; les arrêtés du Gouvernement des 27 brumaire an 9 et 11 messidor an 10; enfin, toutes les constitutions de la République.

— Le 19 vendémiaire an 12, à l'audience de la section des requêtes, un sieur Barbier a demandé la cassation du jugement du Tribunal de Douai, du 24 brumaire an 11, qui l'a condamné à payer les arrérages échus, et à acquitter à l'avenir une redevance *créée à titre de cens foncier et seigneurial portant relief, profits de lods et ventes avec les autres droits qui régissaient la seigneurie de Brimeux*, le 15 février 1787, par M. le maréchal de Soubise, *en sa qualité de seigneur des fonds acensés.*

La Cour, au rapport de M. Poriquet, et sur les conclusions de M. le procureur général impérial, après en avoir délibéré, a rejeté la demande du sieur Barbier, et l'a condamné à l'amende.

« Cette redevance, *a dit M. Merlin*, est le prix de la concession qui a été faite par le ci-devant seigneur de Brimeux. La possession de ce ci-devant Seigneur résultait d'une action en triage exercée en 1770 et fondée sur l'ordonnance de 1669 (*); la cause de cette possession et ses effets sont anéantis

---

(*) Cette ordonnance avait donné un nouveau mode d'exercer l'action en triage, et tiers denier.

Le triage a été de temps immémorial un moyen légal et reconnu tel par le législateur, de se faire adjuger une portion de biens communaux, même dans le cas où ils provenaient originairement de la concession du seigneur, à titre onéreux. Dans ce cas, par le triage, le seigneur échangeait contre la redevance que lui payait la Commune, le tiers des biens communaux. Si la Commune ne payait pas de redevance, le seigneur était censé s'être réservé la portion qu'il prenait, et ne faire que partager une chose qui était indivise entre la Commune et lui.

Le triage a été souvent confondu avec l'aménagement qui, de la part du seigneur propriétaire exclusif, consistait à faire restreindre l'usage des habitans à une partie des

par l'art. Ier. de la loi du 28 août 1792, sous la modification portée en les articles III et IV, qui concilient l'intérêt des tiers-acquéreurs ou détenteurs de bonne foi, et celui des communes réintégrées dans leurs droits ; enfin la loi

---

fonds usagers, opération à laquelle on a fini par substituer le cantonnement qui a converti l'usage des habitans en une propriété déterminée.

L'Assemblée constituante fit cesser le triage. L'Assemblée législative est allée plus loin : elle n'a maintenu comme titres légitimes d'acquisition, que les droits de triage et de tiers denier exercés avant 1669, et révoquant tous ceux qui ont été exercés depuis cette époque, elle a replacé les Communes et les ci-devant seigneurs dans la position où ils étaient en 1669. Elle a, par suite, autorisé les Communes à revendiquer les biens et droits qu'elles possédaient anciennement *animo domini*, et qu'elles justifieront avoir perdus par l'effet de la puissance féodale.

La condition de cette justification et de la preuve d'une ancienne possession atteste que la répression des abus de la puissance féodale a été le seul objet de la loi du 28 août 1792.

« Si la condition n'est pas remplie, les Communes ne sont pas dans le cas de la loi, la loi ne peut pas leur être appliquée, ou le jugement serait sujet à cassation.

» .... Pour qu'il y ait en cette matière fausse application de la loi, il n'est pas nécessaire qu'il soit prouvé que la Commune n'a pas possédé anciennement le bien qu'elle réclame ; non, la loi n'impose au ci-devant seigneur que la Commune cherche à évincer, aucune espèce de preuve ; il possède et cela lui suffit. C'est à la commune à prouver l'ancienne possession qu'elle articule et qui fait le fondement de sa réclamation ; si elle ne la prouve pas clairement, le jugement qui convertit en preuves les présomptions plus ou moins fortes qu'elle avance, fait par cela seul une fausse application de la loi. En deux mots, dès qu'il y a doute, la réclamation de la Commune doit être rejetée ; et si, au contraire, le jugement résout le doute en faveur de la Commune, c'est une raison péremptoire pour qu'il soit cassé. » M. MERLIN.

M. le procureur général impérial ajoute : « L'art. XII de la IVe. section de la loi du 10 juin 1793, déclare GÉNÉRALEMENT que les parties de *communaux* possédées ci-devant soit par des bénéficiers, soit par des monastères, soit par des émigrés, soit par le domaine, à quelque titre que ce fût, appartenaient à la nation, et que, comme telles, elles ne pouvaient appartenir aux Communes.

» Des réclamations se sont élevées contre cet article, et elles étaient fondées sur les abus qu'avaient pu faire de la puissance féodale non-seulement les bénéficiers, les monastères et les émigrés, mais même le domaine public dans les lieux où il exerçait la seigneurie directe ; et l'on avait représenté avec raison que la République ne devait pas, à cet égard, être mieux traitée que les ci-devant seigneurs particuliers.

» Sur ces réclamations, la Convention nationale décréta, LE 8 AOUT 1793, que par cet article XII, il n'est porté aucune atteinte aux droits qui résultent aux Communes des dispositions des lois des 25 et 28 août 1792, relatives aux droits féodaux et

du 17 juillet 1793 , dans l'esprit qui l'a dictée , ne diffère en aucune manière de celle du 28 août 1792.

» La Commune avait voulu expulser le sieur Barbier , mais il avait offert , le 13 avril 1793 , de lui payer la rente qu'il payait aux héritiers de M. de Soubise , lorsque la question de propriété serait jugée entr'eux et elle. Le Tribunal du district de Hesdin donna acte des offres et ordonna que les héritiers Soubise seraient mis en cause par la partie la plus diligente.

» Mais, postérieurement à la loi du 17 juillet 1793, Barbier, poursuivi par la Commune, a prétendu , devant la Cour d'appel de Douai , que cette loi a changé l'état des choses et supprimé la rente ; que, par conséquent, il ne doit plus rien.

» Accueillir une pareille prétention, ce serait consommer une iniquité révoltante , et calomnier le législateur.

» .... Si Barbier avait acquis directement de la Commune de Brimeux le pré des Aulnois, moyennant une redevance qualifiée *seigneuriale*, cette redevance ne serait pas supprimée .... Barbier peut-il donc être de meilleure condition pour avoir acquis du maréchal de Soubise ?

» .... La faveur que la loi du 28 août 1792 lui a faite en le confirmant dans son acquisition , ne peut s'étendre jusqu'à le décharger de la rente qui

---

au rétablissement des Communes dans les propriétés et droits dont elles ont été dépouillées PAR L'EFFET DE LA PUISSANCE FÉODALE. Voila bien la preuve que la répression des abus de la *puissance féodale* a été le seul objet de la loi du 28 août 1792 , et que l'on ne peut regarder comme abolis par cet article ni les titres , ni les jugemens , ni la possession , qui n'ont rien de commun avec les droits féodaux.

» Et c'est ce que la section civile de la Cour de cassation a constamment jugé de la manière la plus positive, en cassant tous les jugemens qui avaient étendu hors de leurs termes les dispositions de la loi du 28 août 1792. »

Ainsi s'est expliqué M. le procureur général impérial Merlin , à l'audience du 26 vendémiaire an 11 , dans laquelle , au rapport de M. Audier-Massillon, la Cour a de nouveau consacré que : « la loi du 28 août 1792 n'a eu pour objet que de réprimer les abus de la puissance féodale, et de rétablir les Communes dans les biens et droits dont elles avaient été dépouillées par les ci-devant seigneurs. Cette loi n'a anéanti les jugemens , accords ou transactions qui auraient statué sur des questions de propriété et d'usage , qu'autant qu'ils seraient intervenus entre les ci-devant seigneurs et les Communautés. La Cour , par le même arrêt, a proscrit l'extension de la loi du 28 août 1792, aux jugemens rendus en faveur du Domaine, comme une usurpation de l'autorité législative, et d'autant plus dangereuse qu'elle tendrait à anéantir le domaine public. »

forme le prix de cette acquisition. L'art. IV veut que , dans le cas où les biens auront été aliénés à titre de *bail à cens* , emphytéose , ou de tout autre bail à rente , les rentes stipulées , ainsi que les arrérages et le prix du rachat tournent au profit des Communes.

» ..... Ces rentes-là ne sont pas des redevances de la nature de celles dont la loi du 17 juillet 1793 a affranchi les propriétés sans indemnité. »

— Le 29 vendémiaire an 12, dans l'assemblée générale du Conseil d'état, l'affaire dont suit le détail , a été discutée et décidée.

Les Lazaristes de Paris, seigneurs du fief de Saint-Lazare, en donnèrent *à cens et rente* diverses portions, les 23 juillet et 31 décembre 1778.

Les possesseurs étaient, au commencement de l'an 10, au nombre de trente-deux, et ils ne payaient point à la République la rente qu'ils devaient aux Lazaristes , parce que des préposés du domaine qui avaient mal lu le décret du 7 ventôse an 2, appliquèrent à cette rente l'art. Ier. de la loi du 17 juillet 1793 , et l'annulèrent sur les sommiers de l'administration.

L'administration a fait rechercher si des lettres patentes dûment enregistrées avaient rendu l'aliénation irrévocable.

N'en ayant point trouvé, elle a requis l'éviction des possesseurs actuels, sauf leur recours contre leurs vendeurs.

L'éviction a été prononcée par un arrêté de M. le Préfet du département de la Seine.

Les possesseurs évincés ont réclamé, d'abord devant le Ministre des finances , ensuite devant le Conseil d'état.

Le sieur Driard , l'un d'eux, a représenté qu'il avait acquis des héritiers Diétrick , moyennant 40 mille francs, le 25 ventôse an 6 ; que son contrat a été transcrit, et qu'il n'a point rencontré d'inscription pour la République.

« La transcription aux hypothèques du contrat d'acquisition du cit. Driard ,
» sans

» sans inscription de la nation , n'a pu garantir l'acquéreur du vice radical
» du bail à rente de 1778 , dont il devait avant tout vérifier la régularité. La
« République a conservé la faculté de revendiquer ses droits à la propriété
» des biens arrentés. » *Texte de la réponse du conseil d'administration des
Domaines , du 30 fructidor an* 10.

*Extrait des registres des délibérations du gouvernement de
la République , du* 29 *vendémiaire an* 12.

A V I S.

« LE CONSEIL D'ÉTAT qui , d'après le renvoi du gouverne-
» ment , a entendu le rapport de la section des finances , sur
» celui du ministre de ce département , relatif à l'aliénation
» faite de divers terreins sis à Paris , dépendans de la ci-devant
» congrégation de Saint-Lazare ;

» Vu les actes des 23 juillet et 31 décembre 1778 (*) et 27
» août 1783 , consentis par les supérieurs et membres de la

(*) » Ces actes sont des baux *à titre de cens et de rente foncière* EN LA CEN-
» SIVE DE SAINT-LAZARE, faits moyennant , savoir : pour une maison ,
» 1,200 liv. de rente foncière , première prise et perçue après le CENS, et 8
» *deniers parisis de cens* par chacun an ;

» Pour le terrein déjà bâti , 800 liv. aussi de rente foncière , première
» prise et perçue après le CENS, et *six deniers parisis de cens* par chaque
» année ;

» Et pour le terrein sur lequel il n'y a aucune construction , 7,600 liv. de
» rente foncière , première prise et perçue après le CENS, et *six sous quatre*
» *deniers parisis de cens* , ce qui est à raison de 8 deniers parisis par arpent,
» et 23 liv. 15 sous de dîmes , etc..... Lesquels *cens* , *dîmes et rentes fon-*
» *cières* , lesdits sieur et dame Guérin promettent , etc....

» Lesdits *seigneurs* bailleurs font remise des lods et ventes pour cette
» fois seulement, et sans tirer à conséquence pour les mutations qui pourront
» avoir lieu par la suite. »

L l

» maison de Saint-Lazare de Paris, au profit de Jean-Roch
» Guérin et son épouse ;

» Les actes de sous-aliénation consentis par ledit Guérin au
» profit de divers particuliers et de reventes faites par ceux-ci
» au profit des détenteurs actuels ;

» Considérant que l'aliénation faite par les ci-devant Laza-
» ristes, desdits terreins, a été revêtue des formes qui en
» assuraient la légitimité, à l'exception de celle des lettres
» patentes dûment enregistrées qui seules pouvaient la rendre
» irrévocable ;

» Que, d'un côté, la jouissance de ces terreins a été légitime
» de la part des détenteurs jusqu'au moment où l'administration
» des domaines s'en est remise en possession au nom de la
» République ;

» Que, d'un autre côté, les constructions qui ont été faites sur
» ces terreins par les premiers ou seconds acquéreurs l'ont été
» de bonne foi, et que si la République est autorisée à les mettre
» sous sa main, comme inséparables du fonds, ce ne peut être
» qu'à la charge de tenir compte auxdits détenteurs, de la
» valeur de ces constructions.

» Que, dans cette circonstance, et la République étant dans
» le cas de ne reprendre cette propriété que pour l'aliéner, il
» est autant de son intérêt que de celui des détenteurs de s'en
» tenir aux clauses de l'aliénation faite par la corporation du
» chef de laquelle elle exerce le droit, sauf la fixation d'un
» délai pour le remboursement du principal de cette aliénation ;

» Considérant, à cet égard, que *les redevances convenues*
» *dans les actes susdatés*, QUELQUE FORME QUI Y AIT ÉTÉ
» DONNÉE A LA STIPULATION, *ne sont que les intérêts du*
» *capital, et non une rente qui puisse se confondre avec la*

» *dîme et le cens imposés par les mêmes actes , ou participer*
» *de leur nature* ;

» Qu'il s'en suit de là que la suppression des rentes et pres-
» tations mêlées de féodalité ne peut s'appliquer aux redevances
» payables en vertu de ces actes, et que LES ARRÉRAGES DE
» CES REDEVANCES ONT MAL A PROPOS CESSÉ D'ÊTRE SERVIS ;

» EST D'AVIS, 1°. que l'Administration des domaines doit
» être chargée de suivre le recouvrement des arrérages qui ont
» couru jusqu'au moment de la mise en possession, lesdits ar-
» rérages étant les intérêts du prix principal stipulé par les
» actes des 23 juillet et 31 décembre 1778 , pour l'aliénation
» des terreins désignés aux dits actes, le tout exigible des divers
» acquéreurs dénommés en l'acte du 27 août 1783 , ou de leurs
» ayans cause, suivant les proportions déterminées dans ce
» dernier acte;

» 2°. Qu'il y a lieu de déclarer lesdits terreins , ensemble
» les constructions dont ils sont chargés , réunis au domaine
» national, à faute par les acquéreurs d'avoir fait revêtir leurs
» titres d'acquisition de lettres-patentes sur ce requises ;

» 3°. Qu'il convient cependant de procurer aux détenteurs
» un moyen d'échapper à cette éviction , en suppléant à ce
» qui a manqué pour assurer la propriété de leurs titres ;

» 4°. Qu'à cet effet, ils devraient être admis, d'ici au 1er.
» nivôse prochain, à faire au secrétariat de la préfecture du
» département de la Seine leurs soumissions d'effectuer dans le
» terme de cinq ans, et en cinq paiemens égaux , le rembourse-
» ment du capital au denier 20 des redevances *avec les arré-*
» *rages jusqu'au remboursement ;*

» 5°. Qu'il y aura lieu, après la clôture desdites soumissions,

» de proposer un projet de loi tendant à valider , *à l'égard de*
» *ceux qui les auront faites* , l'aliénation portée aux actes
» des 23 juillet et 31 décembre 1778 et 27 août 1783 , A LA
» CHARGE PAR EUX DE REMPLIR LES CLAUSES DESDITES
» SOUMISSIONS.

Pour extrait conforme ,

Le secrétaire-général du Conseil d'Etat,

Signé J. G. LOCRÉ.

Approuvé à Saint-Cloud , le 5 brumaire an 12.

Le premier Consul , *Signé* BONAPARTE.

Par le premier Consul , le secrétaire d'Etat,

Signé H. B. MARET.

Pour copie conforme ,

Le ministre des finances , *Signé* GAUDIN.

Pour copie conforme ,

Le conseiller-d'état, directeur général de l'administration
de l'enregistrement et des domaines ,

Signé DUCHATEL.

La loi a été rendue, le 29 ventôse an 12, n°. 3728. Elle est
au Bulletin des Lois, n°. 356.

L'avis du Conseil d'état, du 29 vendémiaire an 12, approuvé
par le Gouvernement le 5 brumaire suivant, et la loi *conforme*
du 29 ventôse de la même année, proclament de nouveau ce
que l'Assemblée législative et la Convention nationale ont proclamé dans les lois des 25 août 1792, 17 juillet et 2 octobre
1793 , que les rentes créées pour concession du domaine utile
des biens appartenans aux seigneurs ne sont pas des rentes qui
puissent se confondre avec les rentes et prestations récognitives
du domaine direct , imposées par les mêmes actes , ou participer
de leur nature ;

Et qu'il suit de là que la suppression des rentes et prestations mêlées de féodalité ne peut s'appliquer aux redevances de la première espèce, payables en vertu de ces actes, et que si les arrérages de quelques-unes d'elles ont cessé d'être servis, ils ont mal à propos cessé de l'être.

— Les 10 brumaire et 5 nivôse an 12, la Cour de cassation, de l'avis de M. Merlin, a jugé que la loi du 17 juillet 1793 n'a aboli les rentes foncières créées avec mélange de féodalité, que dans le seul cas de la concession PERPÉTUELLE des fonds, et où les concessionnaires en seraient devenus propriétaires INCOMMUTABLES avant le 4 août 1789; que *quant aux concessions domaniales*, quelle que fût la qualification donnée au contrat, le contrat ne renfermait jamais qu'un simple engagement, incapable de transférer la propriété.

« Un premier point bien constant, *a dit M. Merlin*, c'est que la loi du 17 juillet 1793 n'a voulu, en supprimant les rentes seigneuriales, qu'affranchir les propriétaires des charges féodales ou censuelles dont ils étaient grevés; c'est qu'elle n'a supprimé les redevances féodales que dans le cas où elles auraient été créées par de *véritables* inféodations ou accensemens.

» Cela est si vrai, que, par la loi du 9 brumaire an 6, les propriétaires de rentes convenancières ont été maintenus dans le droit de les percevoir, quoique créées avec mélange de féodalité.

» Or, en aliénant les terres domaniales, les rois n'en cédaient réellement que la jouissance.

» Les ventes et aliénations de domaines depuis 1566 ne sont que de simples *engagemens*, quoique le contrat puisse contenir une disposition contraire.

» L'engagiste n'est pas propriétaire. Il ne peut même pas être assimilé à un usufruitier. Ce n'est qu'un créancier de l'état auquel le gouvernement a délégué la jouissance d'un domaine pour l'intérêt de son argent. La faculté de rachat réservée au prince n'est autre chose que la faculté qui appartient au débiteur de retirer son gage en remboursant ce qu'il a reçu. *Pignoris causa dominium non mutat.* »

Ou les aliénations du domaine ont été faites conformément

à l'ordonnance, ou elles doivent leur existence à une infraction de cette loi fondamentale.

S'agit-il d'aliénations faites légitimement et conformément à l'ordonnance ? L'acquéreur a connu dans tous les temps le caractère de sa possession. Sa qualité de possesseur précaire a été toujours présente à ses yeux ; il n'a pu en transmettre une autre à ses successeurs.

Est-il question d'aliénations faites malgré les dispositions de l'ordonnance de 1566 ? La possession de la part du détenteur est alors vicieuse sous tous les rapports ; elle provient d'un titre nul dans son principe : et quelle faveur une infraction à la loi peut-elle mériter ? La plus longue jouissance est incapable de légitimer une possession dont le titre est contraire à la loi.

Enfin « toute distinction entre les grands et petits domaines » a été rejetée. C'est à la chose qu'on s'est attaché, sans s'em- » barrasser des qualifications. » *Rapport de M. Regnier au Conseil des anciens, sur la loi du 14 ventôse an 7.*

— 3 *frimaire an* 12. Son excellence le Ministre de l'intérieur a fait le rapport suivant au Gouvernement.

« .... Quatre parties de rentes dues sur la terre et *seigneurie* de Massifrotte, cédées à l'administration des domaines, ont été découvertes par la commission administrative des hospices de Thouars, et réclamées en vertu de la loi du 4 ventôse an 9.

» Un procès a été entamé à ce sujet entre cette administration et les propriétaires actuels de cette terre.

» La question principale à décider est de savoir si ces rentes sont de qualité foncière et non entachées de féodalité, *c'est-à-dire* représentatives de fonds, ou seulement de droits de dîme.

» Ces rentes consistent, 1°. en 100 boisseaux de seigle, et 12 sols à la ci-devant abbaye de Chambon ; 2°. 72 boisseaux à la cure de Geveton ; 3°. 8 boisseaux à la cure de Coulange ; 4°. 50 liv. à la chapelle de Massifrotte.

» Les parties voulant éviter l'événement toujours incertain d'un procès, ont jugé plus prudent de s'arranger à l'amiable.

» D'un côté, les débiteurs des rentes se sont engagés à les reconnaître comme pures foncières, et à en délivrer un titre nouvel devant notaire, au profit de l'hospice de Thouars.

» De l'autre côté, cet établissement a restreint sa demande en arrérages à dix années seulement.

» Tel est le résultat d'une transaction passée par le comité consultatif au nom de l'hospice, avec le cit. de l'Zaneau, l'un des débiteurs desdites rentes, chargé de la procuration de ses autres co-débiteurs.

» Quant à la question relative à la *nature* de ces rentes, on voit, par un extrait en forme de l'inventaire général des droits et revenus appartenans à l'abbaye de Chambon, que la plus considérable des quatre parties de rentes, et qui lui était due sur la seigneurie de Massifrotte, était de nature foncière.

» Le Sous-Préfet de l'arrondissement et le Préfet ayant émis leur vœu pour que cette transaction soit approuvée, je ne vois aucun inconvénient à ce qu'il soit rempli. »   *Signé* CHAPTAL.

Dans sa séance du 16 frimaire an 12, le Conseil d'état a adopté le projet de décret que son Excellence avait joint à son rapport.

Le 18, ce projet a été approuvé par le Gouvernement, et converti en décret qui a été inséré au Bulletin des Lois, n°. 331. (*n°*. 3448.)

— L'hospice de Poligny, département du Jura, a vainement tenté d'amener à une semblable transaction les débiteurs des rentes dues à l'abbaye de Vaux.

Ici les titres *constitutifs* existaient. L'administration des domaines, à laquelle ils ont été soumis, a délibéré que les redevances qu'ils établissaient devaient être déclarées éteintes et supprimées en vertu de la loi du 17 juillet 1793.

L'opinion du Domaine ayant été partagée par le Ministre des

finances , son Excellence a proposé au Gouvernement l'arrêté qu'il a pris le 30 frimaire an 12, et dont suit la teneur :

Bulletin des lois , n°. 332. (N°. 3467.)

« Le Gouvernement de la République, *sur le rapport du Ministre des finances ,*

» Vu les titres consentis depuis l'an 1654 jusqu'en 1670, par le prieur de la ci-devant abbaye de Vaux, au profit de divers habitans de la commune de Poligny , département du Jura, portant acensement en leur faveur de différens terreins à remettre en nature de vignes, et contenant , outre la stipulation d'une redevance en portion de fruits, la charge d'un cens annuel, perpétuel et irrédimable , emportant lods et ventes, et autres profits féodaux ;

» Vu les arrêtés du Préfet du département du Jura, des 12 nivôse et 14 pluviôse an 10, par lesquels l'hospice de Poligny est envoyé en possession des redevances assignées sur lesdites vignes ;

» Le Conseil d'état entendu, arrête :

Art. Ier. » Les redevances à portion de fruits, mêlées de cens, portées aux titres d'arrentemens des vignes du territoire de Poligny, au profit des ci-devant prieurs et religieux de Vaux, sont déclarées éteintes et supprimées en vertu de la loi du 17 juillet 1793.

Art. II. » Les arrêtés du préfet du département du Jura, des 12 nivôse et 14 pluviôse an 10 , qui envoient l'hospice de Poligny en possession de ces mêmes redevances, sont annulés.

Art. III. » Toutes poursuites et procédures faites par suite
desdits

desdits arrêtés pour exiger lesdites redevances , demeureront comme non avenues.

Art. IV. » Le Ministre des finances est chargé de l'exécution du présent arrêté qui sera inséré au Bulletin des Lois. »

— Le 19 nivôse an 12, à l'audience de la section des requêtes, un sieur Lartigue a exposé que Jean - Nicolas de la Lande, seigneur baron d'Olce, *magercq, des caveries de Goualard* et autres lieux, lui avait, le 29 mai 1776, délaissé un moulin et une métairie, *à titre de* FIEF NOBLE , *cens* ou *rente* DIRECTE.... IMPRESCRIPTIBLE , moyennant 1°. 56 mesures de froment et autres droits dûs sur ledit moulin , à l'évêché de Dax; 2°. 300 liv., 2 paires de chapons et un gâteau de fiefs nobles, cens ou rente directe imprescriptible . . . . payables en la maison noble de magercq ; « 3°. *sous renonciation de*
» *pouvoir acaser ou sous-acaser.... ni rien faire au préju-*
» *dice dudit seigneur ; au contraire , entretenir le tout de*
» *manière que les susdits fiefs puissent y être commodément*
» *pris et perçus, sans qu'il puisse les déguerpir. Comme aussi*
» *reconnait être tenu de plaider, tant en demandant, que défen-*
» *dant, pour raison dudit moulin et métairie , devant la caverie*
» *de Goualard ; en cas d'aliénation , en faire présentation*
» *audit seigneur , avant que la possession puisse être donnée à*
» *l'acquéreur; de porter , reconnaître lesdits objets affiévés , et*
» *aussi à chaque mutation de seigneur , ou d'emphytéote , à*
» *ses frais et dépens en fournir expédition audit seigneur; à*
» *icelui porter tout honneur et respect et lui rendre tous*
» *autres droits et devoirs seigneuriaux prescrits , et sous*
» *les peines portées par la coutume locale et telles autres*
» *que de droit ; »*

M m

Que l'évêque de Dax avait obtenu, le 3 février 1790, à la chancellerie du parlement de Bordeaux, des lettres dites *debitis terrier*, contenant « *qu'il lui est dû des cens, rentes, lods et* » *ventes, et autres droits et devoirs seigneuriaux que ses* » *tenanciers refusent de lui porter et reconnaître ; à raison* » *de quoi il entend mettre les fiefs sous sa main ;* »

Que ces lettres avaient été signifiées, le 22 septembre, avec le bail à cens du 29 mai 1776 ;

Que la régie des domaines n'a point poursuivi les fins de cette signification (*) ;

Mais qu'il a été assigné, le 5 prairial an 10, par la commission administrative des hospices de Dax, en vertu de la loi du 4 ventose an 9, devant le Tribunal civil de la même ville.

Que, le 11 thermidor suivant, ce Tribunal l'a condamné à payer ; sur le motif, « que, dans le fait, le contrat du 29 mai 1776 dé- « clare la rente des cinquante-six mesures de froment, simplement *rente*, sans » aucune autre dénomination ; que, dans le droit, une rente dont on ne peut » prouver l'origine et la cause qui est fort ancienne, et qui est due en grains » sur des fonds de terre, est réputée foncière, comme le remarque Chopin, » sur la coutume de Paris, *liv. 3, tit. 2, n°. 12* ; qu'ainsi, la rente dont » s'agit doit être réputée foncière ; qu'enfin, le père du défendeur s'est obligé » à l'acquitter dans le contrat de 1776, qui est pour lui le titre primordial » d'inféodation, et que sa prétention de ne plus payer est contraire à l'art. II » de la loi du 17 juillet 1793 ; »

Et que, le 11 pluviôse an 11, le Tribunal d'appel de Pau a confirmé ce jugement.

(*) Parce qu'elle attendait que le triage des titres fût fait, et que le dossier lui fût remis.

Après le rapport fait par M. Oudot (*), M. Merlin s'est levé et a dit :

« La partie de la ci-devant Gascogne qui forme aujourd'hui l'arrondissement de Dax, a toujours été considérée comme un pays de franc-alleu naturel ; et dans ces sortes de contrées, la présomption étant toujours contre la féodalité, on ne pouvait réputer seigneuriales les redevances assises sur les biens-fonds, que lorsqu'elles étaient prouvées telles. C'est ce que le Tribunal de Cassation a décidé, le 3 pluviôse an 10, au rapport de M. Boyer, et sur nos conclusions, en confirmant un jugement du Tribunal civil de l'arrondissement de Strasbourg.

« C'est aussi une vérité constante, que la loi du 17 juillet n'a pas aboli les redevances de concession de fonds, qui, par les actes de concession même, ont été qualifiées *seigneuriales*, mais qui, dans la réalité, n'ont reçu par ces actes aucun caractère féodal.

» .... Elles sont donc purement foncières, elles ne sont donc pas supprimées par la loi du 17 juillet 1793, les redevances que Jean-Nicolas de Lalande s'est réservées par l'acte du 29 mai 1776, quoique, par cet acte, elles emportent le retrait féodal et tous les autres droits et devoirs seigneuriaux.

» Et l'on voudrait que la rente de cinquante-six mesures de froment fût abolie ! L'on voudrait que l'accessoire fût aboli, tandis que le principal ne l'est pas ! Il est impossible de rien imaginer de plus incohérent.

» Mais allons plus loin. Supposons pour un moment que Jean-Nicolas de Lalande, seigneur direct du moulin et de la métairie, a réellement fait à Lartigue un bail à cens *seigneurial*, et que les redevances qu'il s'est réservées ont été anéanties par la loi du 17 juillet 1793 ; sera-ce une raison pour regarder également comme anéantie la rente des cinquante - six mesures de froment ? Bien loin de là, car cette rente existait longtemps avant le prétendu bail à cens du 29 mai 1776. Jean-Nicolas de Lalande a bien chargé son concessionnaire de la payer à l'évêché de Dax, mais c'est parce qu'il en était lui-même grevé, à raison de son moulin de Saint-Pée. *Il n'était même pas nécessaire qu'il l'en chargeât expressément, par cela seul qu'elle formait une*

(**) Ancien membre du comité de législation, ancien membre du Conseil des cinq cents.

dette réelle du moulin ; il était impossible que Lartigue devînt propriétaire du moulin , sans devenir en même temps sujet à la rente de l'évêque de Dax.

» Et vous savez que le Conseil d'état a déclaré par son avis du 30 pluviôse an 11 que la loi du 17 juillet 1793 n'abolit que les rentes foncières qui ont été ÉTABLIES par des titres constitutifs de redevances seigneuriales.

» Par ces considérations , nous estimons qu'il y a lieu de rejeter la requête du demandeur. »

La Cour, après en avoir délibéré, a rejeté la demande en cassation et condamné le sieur Lartigue à l'amende, « attendu » que la loi du 17 juillet 1793 n'anéantit que les prestations » ÉTABLIES par titres en redevances *seigneuriales*, attendu qu'il » résulte des faits et des circonstances de l'affaire que les rentes » dont il est question n'ont pas pu être *légalement* constituées » féodales. »

— Le 7 ventôse an 12, à l'audience de la section civile, M. Merlin a dit :

« Un jugement du Tribunal d'appel de Montpellier, du 13 pluviôse an 10, vous est dénoncé , comme ayant violé les lois des 25 août 1792 et 17 juillet 1793 , ou du moins l'article XXXVIII du titre II de la loi du 28 mars 1790 , concernant la réduction proportionnelle des rentes foncières originairement créées pour concession d'objets dont la suppression du régime féodal a entraîné l'anéantissement.

» Il s'agit de 450 liv. de *rente foncière et seigneuriale* transportée, le 19 septembre 1760 , par le seigneur de St.-Côme , et créée , le 20 août 1696 , par l'acte de la cession du droit de moulin *banal* DE SA SEIGNEURIE avec les bâtimens et terreins en dépendans, par forme de locatairie perpétuelle, de trois en trois ans, neuf en neuf , et vingt-neuf en vingt-neuf ans , afin d'éviter prescription de possession.

» Cette dernière clause n'empêche pas que le bail ne transfère au preneur le droit de jouir *à perpétuité* des objets concédés ; mais elle met le concessionnaire dans la position d'un fermier qui ne peut prescrire contre son bailleur.

» La redevance doit-elle être rangée dans la classe des prestations seigneuriales ? Non.

» D'abord ,Jean Salesses en prenant à rente le moulin *banal* de la seigneurie de St.-Côme , n'aurait pu devenir le censitaire du bailleur , que dans le cas où celui-ci eût ou retenu la foi sur le moulin et dépendances, ou stipulé que la rente lui tiendrait lieu de *cens*. Le seigneur n'ayant fait ni l'un ni l'autre , Jean Salesses a possédé le moulin *banal* sous la mouvance immédiate du suzerain de son bailleur ; il est devenu le co-vassal de celui-ci. Il n'y a eu entre son bailleur et lui aucune relation de féodalité.

» ..... Le Tribunal d'appel de Montpellier a donc très-bien jugé , en déclarant que la rente n'était pas abolie.

» Mais a-t-il également bien jugé en n'admettant pas les conclusions subsidiaires en réduction de la rente ? Non , car il est constant que dans le bail de 1696 se trouvait compris un droit de banalité qui a été supprimé par les décrets du 4 août 1789 , et que l'art. XXXVIII du titre II de la loi du 28 mars 1790 a dérogé aux dispositions du droit romain , consignées dans le § IV du titre *de locatione* aux instituts...... »

La Cour a jugé que la rente était conservée par l'art. II de la loi du 17 juillet 1793, mais qu'elle était susceptible d'être réduite aux termes de l'article XXXVIII du titre II de la loi du 28 mars 1790 , qui forme un droit nouveau embrassant indistinctement toutes espèces de baux à rente, et dont les dispositions ne sauraient être modifiées ni restreintes , soit par les *principes* du droit romain , soit par ceux de toute autre législation antérieure à la suppression de la féodalité.

—Le 16 ventôse an 12 , les sieur et dame Décarondelet, ci-devant seigneurs haut-justiciers des territoires de la Hestre et de Haine-Saint-Pierre, dans le Haynaut, demandèrent la confirmation du jugement du Tribunal d'appel de Bruxelles qui les maintenait dans *la totalité* d'un droit d'*entre-cens* sur l'exploitation des mines de charbon, tant dans l'étendue de leurs fiefs que dans celle des fiefs de Redemont et autres.

Mais la Cour , de l'avis de M. Merlin , a considéré que « si une partie de l'entre-cens est légitime et justement accordée, en conséquence des abandonnemens faits par les sieur et dame Décarondelet, il n'en reste pas moins vrai que mal-à-propos la totalité leur a été conservée , puisqu'une partie de ce droit a une origine féodale ;

Que du principe que la suppression des droits féodaux ne doit profiter qu'aux propriétaires de la superficie, il ne résulte point que les sieur et dame Décarondelet aient droit à la *totalité* de l'entre-cens par eux réclamé, alors qu'ils avouent qu'ils ne sont propriétaires que d'une partie du terrein de la Hestre et de Haine-Saint-Pierre ;

Que le droit de fouiller la mine et de s'approprier ce qui serait extrait dans l'étendue d'une haute-justice, était un attribut de la haute-justice, un privilége exclusivement attaché à la qualité de seigneur haut-justicier ;

Que la redevance d'*entre-cens* dérivant de ce droit, n'avait point pour cause la concession primitive d'un fonds, d'une propriété, mais seulement l'exercice simple d'une faculté attribuée à la seigneurie haute-justicière ;

Que du moment que la haute-justice a été retirée des mains des ci-devant seigneurs, le droit de fouiller la mine et celui d'*entre-cens* qui le représente ont dû nécessairement cesser ;

Que les dispositions des lois de 1789, 1792 et 1793 sur l'abolition des droits seigneuriaux sont positives à cet égard ;

Qu'il n'y a pas de parité entre ce droit d'*entre-cens* et les terres vaines et vagues, et les biens vacans, qui demeurent irrévocablement acquis aux ci-devant seigneurs, suivant l'art. VIII de la loi du 13 — 20 avril 1791 ;

Qu'en effet, il s'agit, dans cet article, d'immeubles , de corps certains qui ont passé en entier dans le domaine absolu des ci-devant seigneurs, sans conserver le moindre rapport avec le titre féodal dont ils procèdent ;

Qu'il n'en est pas ainsi du droit en vertu duquel l'exploitation des mines s'étendait successivement sur les fonds souterreins, sans que la loi, dans aucun cas, rendit le seigneur propriétaire du fonds productif, c'est-à-dire, de la mine;

Et que si un semblable droit était laissé aux ci-devant seigneurs, il en résulterait que la haute-justice, après avoir été solennellement anéantie, vivrait encore dans ses attributs et ses effets. »

—Le 17 floréal an 12, à la section civile, au rapport de M. Rousseau, et sur les conclusions de M. le procureur général impérial, M. le préfet du département du Nord et le sieur Thobois ont obtenu la cassation d'un jugement du Tribunal d'appel de Douai, du 9 fructidor an 10, qui, *dans l'absence du titre constitutif*, avait réputé seigneurial et déclaré aboli un droit de terrage qui se percevait sous les noms de *commun fief* et de *terrage de Saint-Gery*, consistant en neuf gerbes de chacun cent de bled, avoines et autres grains croissans sur les héritages, et qui était tenu du roi, à cause de son comté de Hainaut, suivant les baux de la ferme de Rieux en 1547 sous Charles-Quint, et un aveu et dénombrement fourni au bureau des finances de Lille, et reçu par un jugement de ce Tribunal du 17 mai 1754.

» Le Hainaut était bien constamment un pays non - allodial, *a dit M. Merlin;* mais s'ensuit-il que le terrage doit être regardé comme originairement seigneurial, de ce que le titre constitutif n'est pas représenté ?

» Non, attendu que le terrage n'est pas, de sa nature, un droit seigneurial. Il ne l'est ni par le droit commun, ni par les dispositions générales de Hainaut. On ne peut donc le considérer que comme une prestation purement foncière, tant qu'il n'est pas prouvé avoir un caractère certain de féodalité.

» .... Lorsqu'il est douteux si une dette a été contractée ou si elle l'a été valablement, la cause du prétendu débiteur est la plus favorable, et il doit être absous; mais quand il est certain que la dette a existé, et qu'il s'agit de savoir si elle est éteinte , c'est au débiteur qui en allègue l'extinction , à la prouver ; et s'il ne prouve pas le fait duquel il en fait dériver l'extinction prétendue , il doit être condamné : *Reus excipiendo fit actor.* Le débiteur d'une redevance qui n'est pas féodale *par elle-même* , doit être traité comme le serait un débiteur qui soutiendrait avoir éteint sa dette par un paiement dont il ne rapporterait pas la quittance.

» .... Thobois possédait le terrage comme fief , il en faisait hommage au roi-comte de Hainaut ; mais le terrage est - il pour cela féodal dans le sens qu'attachent à ce mot les lois de 1789 , 1790 , 1791 , 1792 et 1793 ? Non. La Cour l'a jugé le 26 pluviôse an 11 , contre les sieurs Marqués en faveur de M. de Schawenbourg qui tenait une colonge en fief du duché de Deux-Ponts.

» Il est effectivement clair qu'*un seigneur , en aliénant à fief ou à cens , des rentes non féodales , n'en a point changé la nature par rapport aux redevables.* Si la rente n'était pas déjà dans sa main la reconnaissance de sa supériorité , de sa puissance féodale , la rente n'a point perdu son premier caractère en passant dans le commerce. *Res non mutatur.*

» De même , si la rente était prouvée féodale ou censuelle , elle serait abolie par la loi du 17 juillet 1793 , au préjudice de l'aliénation du seigneur , tout comme elle l'eût été au préjudice du seigneur lui-même , s'il ne l'eût pas aliénée. »

On lit dans l'arrêt de la Cour : « Que s'il est des cas où le
» terrage ou champart possédé par le seigneur direct des fonds
» qui y sont assujettis, est réputé seigneurial, il est au moins
» certain que, par le droit commun, il est considéré comme
» une prestation purement foncière et non seigneuriale, si le
» contraire n'est pas prouvé par titre ou établi par le statut
» local ; que la coutume de Hainaut, loin de déroger à cet égard
» au droit commun, regarde le terrage comme *matière de pro-*
» *priété* ; qu'il résulte des dispositions de cette coutume, qu'il
» est sujet à prescription , et que les droits seigneuriaux sont
» imprescriptibles ; d'où il suit qu'en général, le terrage y est
» considéré comme un droit foncier ; que les lois nouvelles n'ont
» point détruit cette présomption ; que cette présomption légale
» n'est

» n'est pas effacée par la circonstance que le sieur Thobois tenait
» ce droit en fief du ci-devant roi ; que ce n'est que passivement
» qu'il tenait en fief le terrage, comme il aurait tenu tous
» autres fonds ou droits immobiliers ; et que lorsque l'art. XVII
» de la loi du 25 août 1792 parle des possesseurs de fiefs, il ne
» peut s'entendre sainement que des possesseurs de fiefs domi-
» nans, et non des propriétaires des fiefs servans. »

— Le 24 vendémiaire an 13, à la section civile, quarante habitans de Blanzat en Auvergne, ont poursuivi la cassation de deux arrêts de la Cour d'appel de Riom, des 8 nivôse et 25 ventôse an 11, qui les condamnent à payer au ci-devant seigneur haut-justicier de leur Commune un droit de *percière* ou champart, et à en continuer le paiement à l'avenir, suivant deux reconnaissances notariées, du 10 mai 1772, *signifiées le 3 vendémiaire an 7.*

Par l'un de ces actes, quinze habitans confessent *tenir, porter* et *posséder* de M. Simon, baron de Tubœuf de Blanzat, une vigne située dans la *justice de Blanzat, mouvante de la censive dudit seigneur,* moyennant une percière à la huitième portion des fruits croissans en ladite vigne.

Par l'autre acte, vingt-cinq habitans déclarent posséder un ténement de terres, charmes et rochers, *mouvans de la directe de Blanzat,* grevé d'une percière à la cinquième et sixième partie des fruits croissans dans ledit héritage.

Ces deux percières sont dites portables au cuvage du seigneur de Blanzat, après avoir toutefois averti ledit seigneur ou ses préposés, pour faire le compte des fruits et le partage d'iceux.

Les détenteurs *promettent de bien entretenir et cultiver lesdits héritages, en bons pères de famille ; faute de quoi, et en cas de non-culture pendant trois années consécutives,*

N n

il sera loisible audit seigneur, ses hoirs ou ayans cause, SEIGNEURS ET BARONS DUDIT BLANZAT, *de se mettre en possession desdits héritages, sans aucune forme ni figure de procès.*

M. Merlin a dit : « La question ne peut, *à défaut des titres primitifs,* être résolue que par la distinction entre les pays de franc-alleu et les pays non allodiaux.

» Quoique les déclarations du 10 mai 1772 ne relatent pas la teneur ni même la date des titres primitifs, il est toujours vrai qu'elles contiennent l'aveu du droit et la confession de la dette. Un arrêt du parlement de Grenoble, du 19 novembre 1661, de l'avis de toutes les chambres, a jugé qu'*une seule reconnaissance, non relative à aucune autre, peut servir de titre valable pour exiger les redevances portées par cette reconnaissance.*

» Les débiteurs prétendent que les deux percières doivent être présumées seigneuriales, par cela seul que le titre primitif n'en est pas rapporté. Ils invoquent l'article V de la loi du 25 août 1792 et l'art. IV de la loi du 11 floréal an 3.

» Que portent donc ces deux textes ? Le premier abolit tous les droits féodaux et censuels, toutes les redevances seigneuriales qui ne seront pas justifiés par titres primordiaux avoir *pour cause* une concession de fonds ; mais il n'abolit ces droits, qu'autant qu'ils sont féodaux ou censuels ; il n'abolit ces redevances, qu'autant qu'elles sont réellement seigneuriales. Il n'abolit donc pas les droits purement fonciers, les redevances purement foncières, et dès qu'on ne peut pas leur appliquer l'abolition qu'il prononce, bien évidemment on ne peut pas non plus leur appliquer la clause par laquelle il n'excepte de cette abolition que le cas de la preuve qu'il exige. En un mot, il ne dispose que pour les droits reconnus féodaux ou censuels, que pour les redevances seigneuriales ; et vouloir argumenter de sa disposition relativement aux droits fonciers, aux redevances foncières, c'est vouloir résoudre la question par la question même.

» A l'égard de l'article IV de la loi du 11 floréal an 3, il faut, pour le bien apprécier, le comparer avec le préambule et avec les autres dispositions de la loi. Le préambule annonce que le législateur n'est occupé que de mesures financières, qu'il n'a en vue que les intérêts du trésor public, et que ce n'est pas pour régler les droits des particuliers entr'eux, qu'il va disposer.

» Viennent ensuite trois articles qui sortent de la sphère du droit commun qui , à l'époque de la confection de cette loi , régissait les rentes foncières dues de particuliers à particuliers. Tout, à cet égard, est de droit nouveau , et ce droit nouveau n'est introduit que pour garantir le trésor public des surprises que l'on pourrait faire au liquidateur. Non-seulement il n'y a là rien qui puisse être appliqué aux rentes foncières dues de particuliers à particuliers; mais ce que la loi prescrit à l'égard des rentes foncières dues par la République, prouve que, même pour celle-ci, il n'est pas nécessaire de rapporter le titre constitutif.

» .... N'en est-il pas autrement lorsque la rente consiste dans un droit de champart ou percière et que ce droit est réclamé par un ci-devant seigneur ?

» .... Le champart n'est pas seigneurial par lui-même. Les lois romaines parlent du champart comme d'un droit purement foncier , et la loi du 25 août 1792 reconnaît, article XVII , qu'il existe des *champarts qui ne tiennent point à la féodalité.*

» .... Ou le champart se percevait dans un pays soumis à la maxime *nulle terre sans seigneur ,* ou il se percevait dans un pays régi par celle *nul seigneur sans titre.*

» Au premier cas , c'est au ci-devant seigneur qui le réclame sur fonds situés dans son ancienne seigneurie, à prouver la foncialité.

» Au second cas , la féodalité n'étant point présumée , c'est au débiteur à en faire la preuve , s'il veut faire déclarer la redevance abolie comme féodale ou entachée de féodalité.

» .... L'arrêt de la Cour , du 3 pluviôse an 10 , combiné avec le décret *qui a été rendu , le 6 messidor an 2 , pour un pays non - allodial,* justifie parfaitement la distinction entre les pays allodiaux et les pays non-allodiaux.

» D'après cela , notre premier soin , dans la cause actuelle, doit être d'examiner si la coutume d'Auvergne était ou non-allodiale.

» La coutume de Paris faisait aussi mention des francs-alleux ; et comme celle d'Auvergne, elle ne s'expliquait pas sur la classe dans laquelle devait être rangé un bien qu'aucun titre ne qualifiait ni d'alleu , ni de censive, ni de fief. Cependant on n'a jamais prétendu que la coutume de Paris fût allodiale, dans ce sens qu'on y tînt pour maxime *nul seigneur sans titre.*

» La coutume de Bourbonnais ne s'explique pas plus clairement sur l'allodialité que celle d'Auvergne ; elle se contente de dire , art. 392 , qu'il y a trois sortes d'héritages, les *fiefs , les francs-alleux* et *les rotures.* Cependant il n'est pas possible de conserver le moindre doute sur l'allodialité naturelle du ci-devant Bourbonnais.

» D'où vient donc, sur l'allodialité, une différence aussi frappante entre la coutume de Paris et celle du Bourbonnais, tandis que l'une et l'autre se contentent de reconnaître l'existence des francs-alleux dans leurs territoires respectifs ? Elle vient uniquement de la possession qui, dans la première, a toujours été en faveur des seigneurs contre les propriétaires.

» La coutume du ci-devant duché de Bourgogne ne parle des francs-alleux que comme celle d'Auvergne, comme celle de Bourbonnais, comme celle de Paris ; elle en suppose l'existence, sans décider si, dans le doute, les biens doivent être présumés tels. Mais, comme en Bourbonnais, on a toujours tenu dans la ci-devant Bourgogne que l'allodialité y est de droit, et cette jurisprudence a été sanctionnée par un arrêt de règlement du conseil, du 4 juillet 1693, fondé tant sur la possession du pays, que sur les lois romaines, qui, à défaut du texte de la coutume, formaient son code supplémentaire.

» Or, cette double raison s'applique également à la ci-devant province d'Auvergne.

» Les commentateurs de la coutume disent que : — « *Tout héritage, de sa* » *première nature, est franc et allodial. La coutume maintient en cette* » *liberté naturelle les héritages situés dans son district, pour charger de la* » *preuve du contraire ceux qui prétendent des fiefs, des cens et autres servi-* » *tudes. Sous le bénéfice de la coutume, celui qui tient un héritage enclos ou* » *environné d'autres héritages asservis à certaines redevances, peut alléguer* » *franchise et liberté des servitudes et charges foncières auxquelles les autres* » *héritages sont assujettis, de sorte qu'on ne peut pas tirer à conséquence et* » *juger de la condition d'un fonds limitrophe par celle des autres héritages* » *qui le confinent, d'autant que, par la division et la distinction des posses-* » *sions, chacun est laissé en la liberté de charger son fonds et de le tenir franc.* » *Le seigneur qui prétend cens, directe, fief ou autres charges, doit montrer* » *titre et droit constitué ; autrement le bien ou héritage demeurera franc,* » *quitte et allodial ; et il ne suffit pas de dire pour le seigneur, que l'héritage* » *est situé dans sa seigneurie et justice, car cela ne sert d'aucune preuve* » *s'il ne constate autrement du droit.* «

» .... Les actes de l'ancien gouvernement mettent le sceau à l'allodialité de la ci-devant province d'Auvergne. Un édit du mois de décembre 1641 avait obligé tous les possesseurs de francs-alleux situés dans des pays où l'allodialité n'était point de droit, à obtenir du roi des lettres de confirmation, et à lui payer une finance. Eh bien ! l'édit n'a point été mis en exécution dans l'Auvergne.

» .... Mais les demandeurs opposent le fait, qu'en Auvergne, comme dans les pays non-allodiaux, les seigneurs jouissaient du droit de deshérence, de celui de confiscation, de celui de s'approprier les biens vacans et de celui de triage sur les biens communaux. Mais ces droits ne tenaient ni à la mouvance féodale, ni à la directe censuelle. Ils dépendaient uniquement de la justice ; aussi n'y avait-il pas un seul des pays allodiaux où ils ne fussent en pleine vigueur.

» .... Disons donc que si la cause actuelle n'offre pas de titres particuliers qui, plaçant le seigneur de Blanzat dans un cas d'exception, justifient que les héritages grevés à son profit d'un droit de champart, relevaient de lui en fief ou en censives, ces héritages seront présumés avoir formé dans sa main de véritables alleux, avant qu'il en fît la concession moyennant ce droit.

» .... L'art. 31 de la coutume porte, que celui *qui acquiert cens ou rente sur héritage, quitte et allodial, il acquiert la directe seigneurie, posé que de la directe ne soit fait aucune mention.*

» Mais qu'est-ce qu'entend la coutume, dans cet article, par les mots *directe seigneurie* ? Entend-elle la DIRECTE SEIGNEURIE FÉODALE ? ou bien n'entend-elle que le *dominium directum*, qui, aux termes du droit romain, est toujours retenu par le bailleur de l'emphytéose, et en reconnaissance de laquelle le concessionnaire de l'alleu qui fait la matière de ce contrat, lui doit payer une redevance annuelle emportant à chaque mutation un droit de lods, *landimium* ?

» Dans la coutume d'Auvergne, les mots *directe seigneurie* ne peuvent s'entendre que de la DIRECTE SEIGNEURIE EMPHYTÉOTIQUE, c'est ce qui résulte nécessairement du principe si bien démontré par M. Henrion, et consacré par les lois les plus formelles, notamment par l'édit d'août 1692 et la déclaration du 2 janvier 1769, que *le propriétaire d'un franc-alleu n'a jamais pu le concéder en fief ni en censive, et que, quelque clause qu'il ait employée à cet effet, la redevance qu'il a retenue ne peut jamais former dans sa main qu'une rente emphytéotique.* C'est aussi ce que reconnaît Chabrol sur la coutume d'Auvergne, tome 2, page 889 : — « *Il y a*, dit-il, *un grand* » *nombre de cens épars, qui ne relèvent d'aucun seigneur ; la raison en est que* » *les propriétaires allodiaux ont la liberté de les concéder à cens, et la Cou-*

» *tume porte , en l'art. 2 du titre 31 , que la première rente imposée sur un*
» *fonds allodial emporte la directe seigneurie. Il est évident que le cens im-*
» *posé sur de pareils héritages ne peut pas être d'une qualité différente que*
» *ces héritages mêmes. Ce cens n'est qu'un franc-alleu roturier comme l'héritage.*
» *Le franc-alleu d'Auvergne n'est point d'une nature différente de celui du*
» *Dauphiné , où , d'après le règlement du 16 décembre 1649, le fief n'est jamais*
» *présumé , les fonds et héritages sont allodiaux de leur nature , et s'il arrive*
» *qu'ils soient albergés , il n'est point de doute que le cens ne retienne la*
» *franchise du fonds qui le doit. »*

» L'énonciation ne se réfère qu'au domaine foncier , et elle n'est que l'ex-pression du droit commun du pays.

» La Coutume parle des rentes en général comme des cens , et de sa disposition il résulte que tout particulier à qui il est dû une rente sur un héritage déterminé, est, par cela seul et jusqu'à la preuve du contraire, réputé avoir la *seigneurie directe* de cet héritage ; c'est déjà sans doute une bien forte raison de croire que ces mots *seigneurie directe* n'ont pas , dans l'article cité, le sens que leur attribuent les demandeurs ; car s'il en était ainsi, il y aurait en Auvergne autant de seigneurs proprement dits , que de créanciers de rentes foncières , idée absurde , et conséquemment fausse.

» Ensuite l'article cité s'applique aussi bien aux rentes constituées en argent , qu'aux rentes créées par bail d'héritages. « *L'on ne peut désavouer ,*
» dit Chabrol, tome 3 , page 644 , *qu'il n'ait été d'usage d'acquérir* A PRIX
» D'ARGENT *des cens en directe , sur des héritages qui appartenaient déjà au*
» *détenteur : c'était la forme de contracter , et elle n'était pas improuvée.* »
Assurément on ne persuadera à personne que l'intention de la Coutume ait été d'assimiler à un seigneur véritable , d'ériger en propriétaire de fief , celui qui , moyennant une somme d'argent délivrée au possesseur d'un fonds , avait acquis sur ce fonds une rente en argent ou en denrées ; et c'est encore une preuve bien claire que , dans l'article dont il s'agit, la Coutume n'a pas entendu dans le sens que lui prêtent les demandeurs, les termes *directe seigneurie.*

» Ces termes désignent la *directe seigneurie emphytéotique qui n'a point été comprise dans l'abolition du régime féodal.*

» Or, les rentes récognitives de la directe seigneurie purement emphytéotique subsistent encore aujourd'hui dans toute leur étendue. C'est ce qui a été jugé par l'arrêt de la Cour , du 26 pluviôse an 11.

» .... Par ces considérations, nous estimons qu'il y a lieu de rejeter la demande en cassation, et de condamner les demandeurs à l'amende. »

Arrêt conforme rendu le même jour, sur délibéré, au rapport de M. Ruperon : — « Attendu que les juges d'appel n'ont » violé aucune loi, en décidant qu'une seule reconnaissance » suffisait pour établir une rente ; — attendu (sur le moyen » pris du fond de l'affaire) que la coutume d'Auvergne était » purement allodiale, ainsi que cela résulte de la combinaison » de plusieurs de ses articles et de la jurisprudence constante » du pays ; que, par conséquent, toutes les redevances dues sur » les biens situés dans le ressort de cette coutume qui était » soumise à la maxime, *nul seigneur sans titre*, étaient de » leur nature réputées purement foncières, à moins que le » contraire ne fût positivement stipulé par acte valable ; qu'il » est d'autant moins permis de supposer qu'en Auvergne les » redevances connues sous le nom de *percières* étaient exceptées » de cette conséquence générale résultante de l'allodialité, que, » de l'aveu des débiteurs, il n'en est pas dit un mot dans les » divers titres de la coutume qui concernent les droits féodaux » et seigneuriaux, et qui en font une longue énumération ; que » *l'art. V de la loi du 25 août 1792 n'oblige que les pro-* » *priétaires des droits féodaux ou censuels à représenter le* » *titre primitif* ; que l'article XVII dispose que les rentes et » champarts purement fonciers ne sont point compris dans la » disposition de l'article V ; que si ce même article XVII » ajoute, *et autres redevances qui ne tiennent point à la féo-* » *dalité et qui sont dues par des particuliers à des parti-* » *culiers non seigneurs ni possesseurs de fiefs*, on ne saurait » induire de ces dernières expressions, non-seulement que le » législateur ait dit, mais encore qu'il ait entendu dire que

» désormais et par dérogation aux lois antérieures, toutes les
» rentes purement foncières, lorsqu'elles se trouveront dues à
» des ci-devant seigneurs ou possesseurs de fiefs, seront pré-
» sumées féodales, et obligeront les propriétaires à représenter
» le titre primitif ; enfin, que, par aucune des clauses des actes
» produits au procès, il n'est établi que les deux percières dont
» il s'agit eussent un caractère féodal. »

— *Le 7 frimaire an* 13. « La Cour, vu la loi du 15 mars
» 1790, tit. II, art. XXIV, et l'art. V. de celle du 25 août
» 1792, et attendu qu'après avoir supprimé sans indemnité,
» par son article XXIV, toutes les banalités, la première de
» ces lois a déclaré rachetables celles établies par une convention
» entre une commune et un particulier non seigneur ; que si
» l'art. V de la loi du 25 août 1792 paraît supprimer sans
» indemnité toutes les banalités déclarées rachetables par
» l'article XXIV ci-dessus cité, il est évident que cet art. V
» n'a réellement entendu supprimer de ces banalités que celles
» seigneuriales dont parlent les numéros 2 et 3 de l'art. XXV,
» et non celles du n°. 1er., puisque CET ART. V NE PRONONCE
» DE SUPPRESSION SANS INDEMNITÉ, QUE D'OBJETS VRAIMENT
» SEIGNEURIAUX. »

— Le 17 nivôse an 13, l'administration des Domaines a
demandé la cassation d'un jugement qui avait appliqué l'art. Ier.
de la loi du 17 juillet 1793 à une arrière-cense de cinq quintaux
de froment et de deux quintaux et une quarte de noyaux, à
laquelle était assujetti un ténement de trois éminées de terre à
Saint-Romans, envers le ci-devant prieuré du lieu, par le même
titre qui donnait droit de 2 sols 3 deniers de *plaît, à changement
de seigneur et de possesseur.*

Le

Le titre constitutif n'était pas représenté. La contrainte décernée, le 9 messidor an 10, contre le détenteur du ténement des trois éminées était basée sur une reconnaissance unique et à la date du 11 octobre 1764.

» La Cour, au rapport de M. Bailly, de l'avis de M. le pro-
» cureur général impérial Merlin, — Vu l'art. XVII de la loi
» du 25 août 1792 et les articles Ier. et II de celle du 17 juillet
» 1793, — Considérant que le titre de création de la rente
» aujourd'hui contentieuse ne paraissant pas, il faut avoir
» recours aux *présomptions*, dont la première, et la seule ad-
» missible en cette matière, est qu'une rente est foncière, toutes
» les fois que le contraire n'est pas prouvé; — Considérant que
» dans l'espèce, loin qu'il ait été prouvé que la rente qui fait
» l'objet de la contrainte décernée le 9 messidor an 10, fût
» féodale, la reconnaissance passée le 11 octobre 1764 indique
» qu'elle est foncière, en ce que la dénomination d'arrière-cense
» qu'elle lui a donnée exprime une rente foncière, par opposi-
» tion au mot *cens*, qui désigne *d'ordinaire* une rente seigneu-
» riale; — De tout quoi il résulte que l'arrière-cense, de laquelle
» il s'agit, loin d'être supprimée sans indemnité par l'art. Ier.
» de la loi du 17 juillet 1793, a été maintenue par l'article II de
» cette loi et par l'article XVII de celle du 25 août 1792 ; —
» Casse, etc.... »

—Le 4 germinal an 13, la Cour, sur le rapport de M. Bailly, de l'avis de M. Thuriot, substitut du procureur général impérial, — Vu les décrets de la nuit du 4 août 1789, la loi du 9 septembre suivant, le décret du 26 mai 1793 et la loi du Ier. frimaire an 2; — Vu notamment les articles VI et VIII de la loi du 17 juillet 1793 et l'article Ier. de celle du 9 brumaire an 2, a considéré 1°. qu'aucune de ces lois n'a défendu de poursuivre le paiement de dépends adjugés

O o

par jugemens en dernier ressort, en matière féodale, avant la suppression du régime féodal; — Que ces lois ont pu justement supprimer *les arrérages non payés de droits féodaux*, parce que *ces arrérages étaient aussi de nature féodale*, et cependant laisser subsister des dépends qui , une fois adjugés en dernier ressort, quoique sur contestation dont la matière principale était féodale, n'avaient en soi rien qui eût la plus légère teinte de féodalité; 2°. Que LA LOI DU 17 JUILLET 1793 N'A ORDONNÉ LE BRULEMENT QUE DES TITRES ET JUGEMENS SUR LESQUELS ON POURRAIT ASSEOIR DES DEMANDES DE DROITS SUPPRIMÉS SANS INDEMNITÉ ; que *cela résulte évidemment de ses articles VI et VIII , qui ne parlent que de titres constitutifs ou récognitifs de ces droits, et de jugemens et arréts portant reconnaissance de ces mêmes droits ou les renseignant ,* et qu'IL SERAIT ABSURDE D'ÉTENDRE DES DISPOSITIONS AUSSI CIRCONSCRITES.

— Le 11 du même mois, la même Cour a confirmé un arrêt de la cour d'appel de Colmar, statuant que la ci-devant baronnie de Nambskeim étant une terre allodiale, le propriétaire n'était pas tenu de rapporter le titre primitif pour être payé des redevances qui lui sont dues par des habitans de Nambskeim , sur biens situés dans l'étendue de sa ci-devant seigneurie.

Nota. Dans la reconnaissance de 1737 , les redevances étaient appellées *cens*, et canon , dans celle de 1765.

— Par acte du 7 octobre 1774 , le prieur de Vernoux avait transmis , à titre d'inféodation , au sieur Millot une prairie, pour en jouir en fief franc et noble, moyennant une rente annuelle de 300 liv.

L'administration centrale de l'Ardèche a demandé la nullité

de cet acte, comme contenant aliénation d'un bien ecclésiastique, prohibée par les lois.

Le sieur Millot a soutenu que cette demande était non-recevable, sur le fondement que le bail d'inféodation de 1774 était
un titre constitutif de féodalité , et qu'en conséquence , il ne
pouvait autoriser l'action en nullité.

La Cour d'appel de Nismes a proscrit ce soutien , par son
arrêt du 27 prairial an 12.

Et, *le 8 prairial an* 13 , la Cour de cassation, de l'avis de M.
Merlin, procureur général impérial, a rejeté le pourvoi, « attendu
» que l'acte de 1774 pouvait être produit en justice, sans
» contrevenir à la loi du 17 juillet 1793, puisque, par les lois
» postérieures des 8 pluviôse an 2 et 11 messidor suivant, il fut
» statué que *même* les titres féodaux dont le brûlement avait
» été ordonné, seraient déposés dans les greffes des municipa-
» lités, et que les gardiens de ces dépôts étaient autorisés à
» délivrer des copies de ces actes à ceux qui seraient dans le
» cas d'en faire usage. »

— 6 *fructidor an* 13. Le Conseil d'état a rejeté un projet
présenté par le Ministre des finances, concernant les rentes foncières prétendues entachées de féodalité , et il a motivé le
rejet sur ce que LES LOIS ET LES AVIS DU CONSEIL D'ÉTAT
ONT DÉTERMINÉ LES CAS OU LES RENTES SONT SUPPRIMÉES
OU NON, et que C'EST AUX TRIBUNAUX A EN FAIRE L'APPLI-
CATION.

— 21 *brumaire an* 14. « La Cour, de l'avis de M. le
» procureur général impérial ....., attendu 1°. qu'il s'agit
» d'un *sur-cens* créé par le détenteur d'un héritage qui le tenait
» à la charge d'un cens envers le seigneur de cet héritage,

» et qu'on ne peut confondre une pareille redevance, *quelque*
» *qualification qu'on lui ait donnée*, avec celles réellement
» seigneuriales et féodales, LES SEULES QUE LES LOIS AIENT
» ENTENDU SUPPRIMER..... ; » 2°. que le détenteur (*) n'a-
» vait pas le pouvoir de conférer à ces héritages une préémi-
» nence féodale qu'ils n'avaient pas...... ; qu'ainsi la Cour
» d'appel de Riom, en ordonnant le paiement de la redevance
» des huit quartons de froment, loin de contrevenir aux lois
» et à la coutume, s'est parfaitement conformée à leur esprit,
» REJETTE, etc..... »

— 10 *nivôse an* 14. « La Cour, après un long délibéré en la
» chambre du Conseil, et *à l'unanimité*, vu les art. III, IV et
» XIII de la loi du 28 août 1792, et les art. X et XI, sect. IV,
» de celle du 10 juin 1793, relatives aux biens communaux ;
» l'art. XVII de celle du 25 août 1792, et les articles Ier. et II
» de celle du 17 juillet 1793, concernant les droits féodaux;
» attendu qu'il résulte de l'ensemble de ces dispositions,
» que l'esprit général des lois abolitives de la féodalité n'a
» point été de troubler les possessions paisibles et particulières
» fondées sur des acquisitions légitimes, mais seulement de
» réprimer vis-à-vis des ci-devant seigneurs les abus et les
» usurpations de la puissance féodale ; que les lois des 25 août
» 1792 et 17 juillet 1793 n'ont donc entendu supprimer que
» les prestations *féodales ou mélangées de féodalité*, qui, lors

---

(*) *M. Huguet a délaissé , le 7 septembre* 1756 *, une pièce de terre et un
petit pré, à la charge de huit quartons de froment de cens et directe seigneurie
que cens emporte, usage de chevalier , tier denier de lods et ventes , etc.*

*Le pré était déjà grevé d'un cens seigneurial envers le seigneur direct qui
n'était pas M. Huguet.*

» de la publication de ces lois , étaient encore dues à des ci-
» devant seigneurs , et non aux redevances qui , au moment
» de la suppression, ne tenaient plus à la féodalité, et que,
» par conséquent, les lois abolitives de celles-là ne sont pas appli-
» cables à celles-ci ; attendu qu'il est certain 1°. que le droit
» de quart dont il s'agit a été aliéné au profit de Sezée (*),
» par contrat du 8 juillet 1788 , fait régulièrement et de bonne
» foi ; 2°. que, par cette aliénation, le droit de quart a été dé-
» taché du fief, et n'est passé dans la main de Sezée que pour
» sa partie purement foncière , puisque , par le contrat d'aliéna-
» tion même , le vendeur s'était réservé le fief et le droit de
» censive sur les héritages grevés de ce droit de quart ; d'où il
» suit que les lois des 25 août 1792 et 17 juillet 1793 n'ont
» porté aucune atteinte à la redevance dont il s'agit, et qu'en
» déclarant cette redevance supprimée sans indemnité, la Cour
» d'Orléans a fait une fausse application de ces lois ; CASSE, etc. »

— 5 *février* 1806. La Cour, de l'avis de M. Merlin, pro-
» cureur général impérial . . . ; attendu que MM. Lebrun (**)
» n'ont point été réellement seigneurs des terreins à eux con-
» cédés, la seigneurie à laquelle ils avaient droit, n'ayant

(*) *Les seigneurs de la Guignardière ont vendu au sieur Sezée une redevance connue* en Touraine *sous le nom de droit de quart , sur plusieurs arpens de vignes dans l'enclave de leur fief, en se réservant le fief et le droit de censif.*

(**) *Par contrat du* 9 mai 1783, *MM. Lebrun avaient sous-inféodé* 24 *vergées de terreins dépendans de la forêt de Brix, à la charge ,* 1°. *de les tenir rotu-rièrement* de l'un des fiefs qu'ils étaient en droit de faire ériger , *sujettes envers ledit fief à relief , treizième etc. . . . . . , et enfin à tous droits et devoirs féodaux;* 2°. *de payer* 146 *liv.* 10 *s. en argent et* 24 *pots de froment, de cens,* rente foncière et seigneuriale.

» jamais été autorisée par le roi ; que, quelles que soient les
» clauses du bail qualifié bail à cens en 1783, les rentes et
» redevances y stipulées n'ont formé ni pu former un droit
» véritablement seigneurial, et que le décret du 29 mai 1791,
» en confirmant les baux à cens et inféodations du domaine
» de Brix, a confirmé ces actes dans l'état et le caractère
» qu'ils avaient ; d'où il suit que les lois abolitives du régime
» féodal ne sont pas applicables aux rentes et redevances dont il
» s'agit ;.... REJETTE, etc. »

— L'évêque de Bâle avait inféodé, le 20 décembre 1775,
pour le preneur et ses descendans, EN FIEF MALE MOUVANT DE
LUI ÉVÊQUE ET DE L'ÉVÊCHÉ DE BALE, un verger situé à
Glovelier, pays de Porentruy, où régnait la maxime, *nul
seigneur sans titre*.

L'acte impose *la cense* de 3 sols bâlois et d'un chapon,
sans pouvoir en laisser échoir 3 arrérages, *à peine d'être privé
de ce fief*. Il contient les clauses suivantes :

« Le preneur ni ses successeurs ne pourront et ne devront engager, vendre,
» changer, hypothéquer, obliger, *aliéner*, en manière que ce soit, ledit fief
» ou méliorance d'icelui, sans notre *permission* ;

» Toutes et quantes fois la main changera, soit par notre décès ou celui
» du retenant, ils seront alors tenus, dans six semaines immédiatement sui-
» vantes, de reprendre ledit fief de nous, et de payer, pour la reprise,
» autant que la *cense* annuelle; comme aussi de donner un *porteur de fief* à nous
» agréable...... et généralement, ils feront ce qu'un bon et féal retenant est
» tenu et doit faire ; et le cas advenant qu'ils contreviendraient auxdites con-
» ditions et réserves, alors le fief sera échu en *commise* à nous, pour le
» retirer à nous, *le reprêter* de nouveau, ou en disposer selon notre bon
» vouloir et plaisir, comme de notre propre, etc.... »

L'administration du domaine a levé sentence au tribunal de

Delémont, contre le débiteur. Celui-ci s'est pourvu en Cassation, mais son pourvoi a été rejeté le 10 février 1806.

» La Cour ayant considéré que la nature d'un acte se détermine
» par la convention qu'il renferme réellement, et non par la dé-
» nomination que les parties lui ont donnée; que, d'après la
» jurisprudence du pays de Porentruy, il n'est dans l'acte dont
» il s'agit, aucune clause qui ne puisse s'adapter à un bail pure-
» ment emphytéotique; qu'il est constaté par un acte de noto-
» riété de la cour féodale de Porentruy, du 17 mars 1729,
» que, suivant le style de la cour féodale: *feuda improprie dicta,*
» *item, fiefs, ou pièces et morceaux de fiefs,* sont des conces-
» sions qui, *dans le fait,* ne sont que de pures emphytéoses, *purè*
» *emphyteutica . . . . ;* considérant qu'il n'y a, d'ailleurs, dans le
» contrat passé entre les parties aucune stipulation de laquelle
» on puisse induire l'existence d'un bail à fief ou à cens SEIGNEU-
» RIAL; que le contrat n'est pas un bail *à fief,* selon les prin-
» cipes du droit allemand; que ce contrat n'est pas non plus un
» bail à *cens seigneurial,* et que le pays de Porentruy ayant
» toujours été de franc - alleu, il suit que la directe retenue par
» l'évêque de Bâle n'était pas noble, mais purement roturière,
» et qu'elle constituait une emphytéose et non un cens sei-
» gneurial. »

— 19 *février* 1806. « La Cour, ... vu les articles
» XVII du décret du 25 août 1792 et II de la loi du 17
» juillet 1793. . . . . , attendu que la nature d'une rede-
» vance est indépendante de toute qualification, et se dé-
» termine par la substance même de l'acte constitutif; que
» LA LOI N'A ABOLI QUE LES REDEVANCES QUI APPARTE-
» NAIENT *réellement* A LA FÉODALITÉ, ET NON CELLES QUI,
» ÉTANT LE PRIX D'UNE CONCESSION DE FONDS, AURAIENT

» ÉTÉ, DANS LES ACTES DE CONCESSION, QUALIFIÉES *de cens*
» *ou de rentes seigneuriales* , OU CRÉÉES *avec mélange de*
» *droits réputés féodaux* , MAIS NE POUVAIENT RECEVOIR
» DE CES ACTES AUCUN CARACTÈRE DE FÉODALITÉ ; attendu
» que les demandeurs ont soutenu, et qu'il n'a pas été méconnu
» que leur auteur, en faveur de qui les rentes dont il s'agit ont
» été constituées en 1695 et 1696, n'était pas seigneur du
» territoire grevé des rentes, ce territoire dépendant de la
» seigneurie du pape, alors souverain du Comtat ; qu'ainsi, le
» bailleur du fonds (*) n'avait pas imprimé à ces rentes aucun
» caractère féodal, et qu'elles ne pouvaient être considérées que
» comme purement foncières.... »

— Le sieur Archambault, débiteur de 8 deniers de cens et
de 4 bichets 3/4 de froment de rente, au droit de l'évêque de
Nevers, sur un four banal et une pièce de terre, suivant titre
de concession du 30 mars 1785, avait obtenu, le 21 brumaire
an 14, un arrêté de M. le Préfet du département de la Nièvre,
qui lui appliquait l'art. Ier. de la loi du 17 juillet 1793 , et le
confirmait dans sa concession.

Cet arrêté, sur la demande de l'Administration des domaines,
et le rapport de S. E. le ministre des finances, a été annulé par

---

(*) *M. de Brancas* , *seigneur de plusieurs lieux, a concédé plusieurs éminées
de terre , moyennant une cense par éminée , et il s'était de plus réservé sur
chacune des éminées* la directe et majeure seigneurie , droit d'enlauzer et
investir , retenir par droit de prélation et avantage , donner et prendre par
commise et autres droits , prérogatives et prééminences au droit seigneurial
contenues et comprises.

La cense n'avait été ni payée ni demandée depuis 1787, *lorsque les représentans de Brancas ont levé des lettres de contraintes au Tribunal civil
d'Avignon* , *le* 23 *pluviôse an* 10.

S. M.

S. M. l'empereur et roi, son Conseil d'état entendu, le 28 février 1806 , ainsi que la concession du 30 mars 1785 , cette concession s'étant trouvée non-revêtue d'une des formalités prescrites aux gens de mainmorte pour l'aliénation de leurs biens, (l'homologation du parlement.)

Par le décret impérial du 28 février 1806, le Gouvernement a donné une nouvelle preuve irréfragable que la loi du 17 juillet 1793 n'est point pour les débiteurs *non-propriétaires* des biens qui étaient grevés de rentes féodales, un titre à la propriété de ces biens-là ; que la loi n'a aucunement déplacé la propriété ; que quiconque n'était pas propriétaire incommutable au 4 août 1789 , ne l'est point devenu par les lois suppressives de la féodalité, et que pour savoir si les détenteurs des biens en étaient les propriétaires, c'est d'après les anciennes lois qu'ils doivent être jugés.

— Les habitans de la commune de Polck payaient diverses rentes à l'abbaye de Saint-Mathieu de Trèves.

Appellés à paiement par l'Administration des domaines, ils ont refusé, prétendant que ces rentes étaient féodales.

Contrainte.

Opposition, et au lieu de se présenter devant les tribunaux , les débiteurs se sont adressés à M. le préfet du département de Rhin et Moselle , qui les a déchargés des rentes.

Mais,

DÉCRET IMPÉRIAL *du* 23 *mai* 1806.

NAPOLÉON, empereur des Français, roi d'Italie, protecteur de la confédération du Rhin , sur le rapport de notre ministre des finances ,

Considérant que, lorsqu'il y a contestation sur le fond d'un

P P

droit, les tribunaux sont seuls compétens pour statuer sur les oppositions aux contraintes décernées ou demandes formées par l'Administration des domaines en paiement de rentes ou prestations; qu'ainsi, c'est incompétemment que le Préfet de Rhin et Moselle a statué sur l'opposition des habitans de la commune de Polck aux poursuites exercées contre eux par le receveur de l'enregistrement de Munster;

Notre Conseil d'état entendu, nous avons décrété et décrétons ce qui suit :

Art. Iᵉʳ. L'arrêté du Préfet du département de Rhin et Moselle, en date du 7 pluviôse an 12, est annulé.

Art. II. Les parties intéressées se pourvoiront devant les tribunaux compétens pour faire statuer sur leurs prétentions respectives.

Art. III. Notre Ministre des finances est chargé de l'exécution du présent décret.

— 2 *mars* 1807. « La Cour de cassation, sur les conclusions de
» M. Jourde, substitut de M. le procureur général impérial, a
» jugé que, sous la dénomination de ci-devant *seigneurial* et de
» *foncier*, la loi de juillet 1793 ne désigne évidemment que
» ce qui était seigneurial ou foncier dans l'ancien régime, et
» se trouvait tel lors de la première des lois contre la féodalité,
» c'est-à-dire au 4 août 1789, et que l'art. II de la loi du 17
» juillet 1793 excepte, 1°. les rentes qui ont été en tout temps
» foncières; 2°. celles qui, originairement mélangées de féodalité,
» mais qui, arroturées sous l'ancien régime, sont par là de-
» venues purement foncières, et l'étaient réellement lors de la
» révolution. »

— Il était dû 50 liv. de rente dénommée *foncière* au chapitre de Gerberoi en Picardie, pour l'échange des droits de trois fiefs dans le territoire de Sougeans, suivant acte du 10 juillet 1739.

MM. les Administrateurs des hospices et le Tribunal de première instance , trompés par la dénomination , ont cru que cette rente, quoique uniquement représentative de droits purement féodaux, n'était pas abolie.

La Cour d'appel d'Amiens et la Cour suprême , par leurs arrêts des 15 avril 1806 et 15 avril 1807 , ont appliqué à cette rente l'art. XXXVIII du titre II de la loi du 28 mars 1790, portant que, *quand les actes ne comprennent que des droits abolis , les preneurs sont déchargés des rentes* , attendu que, dans l'espèce, il était constant que le ci-devant seigneur de Sougeans n'avait reçu que des droits depuis abolis comme seigneuriaux.

— L'abbaye de Saint-Benigne de Dijon percevait 2 septiers de vin à Gevrey , immédiatement après la vendange , suivant un bail à cens du 30 avril 1664.

Cette redevance était demeurée inconnue , et ayant été découverte, les débiteurs l'ont obéie ; mais M. le Receveur des Domaines ayant évalué les années arriérées, comme si le vin était dû livrable à Dijon, *c'est-à-dire ,* envaisselé et soutiré , ils ont demandé la diminution de la valeur du tonneau et de la différence du vin soutiré à celui qui ne l'était point.

Le 17 décembre 1806, M. le Directeur au département de la Côte-d'Or a consulté l'Administration des Domaines , estimant bien que la demande était fondée, mais ne croyant pas pouvoir l'accueillir sans une autorisation expresse.

L'objet de la consultation a disparu devant une question préalable qui s'est élevée dans les bureaux de l'Administration, où la rente des deux septiers de vin a été jugée *redevance créée à titre féodal*, et où ensuite on a agité la question de savoir si, dans *l'espèce, les débiteurs se soumettant librement à payer sous la seule réduction qu'ils réclamaient, l'Administration devait se refuser à recevoir ?*

Quoique l'affirmative fût la conséquence nécessaire de la féodalité *jugée* de la redevance des 2 septiers de vin, l'Administration a désiré une décision du Gouvernement, et M. le directeur général l'a provoquée, en écrivant en ces termes à son excellence le Ministre des finances :

« . . . . *La redevance stipulée par le bail du* 30 *avril* 1664
» *a évidemment* TOUS LES CARACTÈRES *de la féodalité ;*
» *elle paraît donc dans le cas d'être supprimée sans indem-*
» *nité. Elle n'est cependant pas considérée ainsi dans le*
» *département de la Côte-d'Or, sur le motif que les religieux*
» *de l'abbaye de St.-Benigne n'étaient pas seigneurs dans le*
» *lieu ou ne possédaient pas le fonds noblement.* . . . . .
» *Mais ce motif a été abrogé par l'avis du Conseil d'état*
» *du* 13 *messidor an* 13 *, et je ne pense pas que l'on doive*
» *s'arrêter à la circonstance de la soumission des débiteurs.*
» CELA NÉANMOINS RESTE A DÉCIDER. . . . . »

Signé DUCHATEL.

Dans le rapport que son excellence en a fait à Sa Majesté, elle a dit :

« . . . . *La circonstance que les redevables se sont soumis*
» *volontairement à servir la redevance des 2 septiers de vin,*
» *ne peut être un motif pour déterminer à autoriser l'Ad-*
» *ministration des Domaines à la recevoir. Il y a lieu de*
» *croire que si les redevables avaient eu connaissance de*

» *l'avis du* 13 *messidor an* 13, *ils l'auraient opposé à la*
» *demande du Receveur des Domaines.*

    » *J'ai l'honneur, en conséquence, de proposer à votre*
» *Majesté le projet de décret ci-joint.* »

Signé GAUDIN.

Bulletin des Lois, n°. 144, (n°. 2338.) DÉCRET IMPÉRIAL qui supprime sans indemnité des redevances provenant de concessions faites *à titre féodal,* par une abbaye de Dijon.

De notre camp impérial de Finckenstein, le 23 *avril* 1807.

NAPOLÉON, EMPEREUR DES FRANÇAIS, ROI D'ITALIE, PRO-TECTEUR DE LA CONFÉDÉRATION DU RHIN ;

Sur le rapport de notre Ministre des finances, expositif qu'il était dû aux religieux de la ci-devant abbaye de Saint-Bénigne de Dijon diverses redevances provenant de concessions faites par eux de terreins plantés en vignes; que ces concessions ont été faites à titre de CENS annuel et perpétuel, EMPORTANT LODS ET VENTES, RETENUES ET TOUS AUTRES DROITS CENSAUX ET SEI-GNEURIAUX, quoique l'abbaye de St-Benigne ne possédât pas lesdits terreins à titre de fief, et qu'elle n'y eût aucun droit de seigneurie; que les préposés de l'administration des domaines qui représente lesdits religieux, ont réclamé, entr'autres, des héri-tiers Philippon le paiement des arrérages de ces redevances; que lesdits héritiers Philippon, sans contester la rente en elle-même, ont demandé seulement une réduction, SUR QUOI l'Adminis-tration des domaines a cru devoir en référer au Ministre, d'après le motif que l'avis de notre Conseil d'état, du 13 messidor an 13, approuvé par nous, a décidé que, *lorsque le titre cons-titutif de la redevance ne présentait aucune ambiguité,* celui auquel ce titre est opposé ne pouvait pas être admis à soutenir qu'il n'avait pas de seigneurie;

Vu les lois relatives a la suppression des droits féodaux, et l'avis du 13 messidor an 13, approuvé par nous; ensemble les observations du Conseiller d'état, Directeur-général de l'Administration des domaines et de l'enregistrement, et les pièces y jointes;

Considérant que les redevances dont il s'agit sont entachées de féodalité par leur mélange avec les droits de lods et ventes et autres supprimés par les lois;

Que, d'après l'avis du 13 messidor an 13, approuvé par nous, il n'y a pas lieu à examiner si lesdits religieux possédaient les fonds à titre de seigneurie;

Notre Conseil d'état entendu,

Nous avons décrété et décrétons ce qui suit :

Art. Ier. La redevance due par les héritiers de Jean et Jacques Philippon aux ci-devant religieux de l'abbaye de St.-Benigne de Dijon, en vertu du bail à cens, consenti au profit de leur auteur le 30 avril 1664, de quatre ouvrées 2/3 de vignes, sises au lieu de Gevrey, est déclarée supprimée sans indemnité, ainsi que toutes celles de même nature qui auraient pu être stipulées en faveur de ladite abbaye.

Art. II. Notre ministre des finances est chargé de l'exécution du présent décret.

Le décret impérial du 23 avril 1807, demandé par l'Administration des Domaines, présenté par son excellence le Ministre des finances, ne suffisait pas dans l'intérêt de la loi, d'après le référé de l'Administration et le rapport de son Excellence : le

Gouvernement a ordonné l'insertion de l'avis du 13 messidor
an 13 au Bulletin des Lois.

Cet avis rejette un projet de décret impérial, qui avait été
présenté par son excellence le Ministre des finances, sur la proposition de M. le Directeur général des Domaines, et qui
leur avait évidemment été surpris.

On va en juger.

Voici le projet :

« NAPOLÉON, Empereur des Français, roi d'Italie, protecteur de la Confédération du Rhin,

» Sur le rapport de notre Ministre des finances, relatif à une réclamation
» des habitans de la commune d'Arbois, département du Jura, contre les
» poursuites exercées par le domaine à leur égard pour le paiement des *rede-*
» *vances* à portion de fruits, *stipulées avec des signes de féodalité*, et à la
» demande de ces habitans, tendante à ce qu'on leur applique un Arrêté du
» Gouvernement du 30 frimaire an 12, qui a déclaré des redevances à portion
» de fruits mêlées de cens et portées aux titres d'arrentement des vignes du
» territoire de Poligny au profit des ci-devant prieurs de l'abbaye de Vaux,
» éteintes et supprimées en vertu de la loi du 17 juillet 1793;

» Vu les pièces à l'appui de ces demande et réclamation, ensemble l'avis
de l'Administration générale des domaines ;

» Considérant qu'il est de principe que les redevances *entachées de féodalité*
ne sont supprimées que quand elles ont été créées par des seigneurs et possesseurs de fiefs, et que celles *établies par des ci devant roturiers* auxquels la
stipulation de droits féodaux ne pouvait profiter, n'ont pu être atteintes
par les lois sur la suppression du régime féodal ;

» Considérant que ce principe *reconnu par plusieurs tribunaux, et notamment par le Tribunal de cassation*, est applicable aux redevances dues par les
habitans d'Arbois, *attendu que les curé et familiers d'Arbois qui les ont
stipulées originairement etaient de simples propriétaires non seigneurs ;*

» Le Conseil d'État entendu, décrétons ce qui suit :

A R T I C L E   P R E M I E R.

» La réclamation des habitans de la commune d'Arbois, département du

Jura , contre les poursuites exercées à leur égard par l'Administration des domaines pour le paiement de *redevances* à portion de fruits , *stipulées avec des signes de féodalité* par des particuliers non-seigneurs de fiefs , et la demande de ces habitans tendante à faire supprimer ces rentes comme féodales , sont rejetées.

» En conséquence, ils seront tenus de continuer le service annuel desdites redevances , sauf à eux à en exercer le rachat d'après le mode prescrit par la loi du 29 décembre 1790.

A r t. I I.

Le Ministre des finances est chargé de l'exécution du présent décret. »

Les habitans d'Arbois ont combattu ce projet avec un avantage qui n'a été disputé ni dans le fait ni dans le droit ; ils ont prouvé devant le Conseil d'état, 1°. que les poursuites contre lesquelles ils réclamaient n'avaient pas été exercées par l'Administration des domaines , mais par celle de l'hospice civil de leur ville ; 2°. que les curé et familiers d'Arbois n'étaient pas de simples propriétaires, des ci-devant roturiers ; qu'ils étaient bien des possesseurs de fief et du fief dans la mouvance duquel étaient les héritages chargés des rentes demandées, et que LA STIPULATION DES DROITS FÉODAUX LEUR AVAIT PROFITÉ ; 3°. qu'il n'a jamais été de principe reconnu par les tribunaux, et notamment par la Cour de cassation (*), que les redevances *entachées de féodalité* ne sont supprimées que quand elles

---

(*) La rente foncière qualifiée féodale que les tribunaux et la Cour de cassation déclarent non abolie , est une rente qui, *en fait*, et d'après le titre , a été reconnue n'avoir point été créée à titre féodal, n'avoir pas été représentative d'une directe seigneuriale et n'avoir point emporté les droits seigneuriaux, ni la saisie féodale , ni les retenues, ni l'amende.

Nulle analogie entre cette rente et celles *entachées de féodalité, mêlées de cens portant lods , loi , amende et seigneurie* , sur lesquelles l'avis du 13 messidor an 13 a été donné.

o nt

ont été créées par des seigneurs et des possesseurs de fief ;
4°. que l'on ne peut être admis à soutenir qu'on n'avait point
de seigneurie, quand on a fait acte de seigneurie, et quand on
agit en vertu de cet acte.

Leur mémoire porte :

» L'Administration de l'hospice civil d'Arbois, sollicitée par son zèle pour
les pauvres, a fouillé dans les archives, en exécution de la loi du 4 ventôse
an 9 ; elle a dressé un état de diverses rentes qu'elle a jugées être de la nature
de celles affectées par cette loi aux besoins des hospices ; et le 6 messidor
an 10, elle a obtenu du préfet du département du Jura un arrêté de
transfert.

» L'Administration de l'hospice, en vertu de cet arrêté, a fait faire commandement de payer les années échues des rentes énoncées dans deux reconnaissances notariées, en date des 15 mars 1762 et 22 novembre 1766
(ci-dessous relatées n°s. 7 et 10.)

» Mais ces rentes sont du nombre de celles dont la suppression est prononcée
par l'art. Ier. de la loi du 17 juillet 1793. Ce sont des redevances seigneuriales,
des redevances que l'Administration des domaines et le Ministre des finances
ont unanimement jugées avoir été *mêlées de cens et stipulées avec des signes
de féodalité.*

» La prétention que les prieur et familiers d'Arbois étaient des roturiers,
qu'ils ont pris mal à propos la qualité de seigneurs, est inadmissible,
d'après les titres qui nous ont été signifiés, TITRES QUI NE PRÉSENTENT
AUCUNE AMBIGUITÉ.

» Eh ! si les curé et familiers d'Arbois n'avaient pas été seigneurs du fonds,
ils eussent donc donné de l'extension à leur directe ? Mais LES REDEVANCES,
pour avoir été CRÉÉES PAR L'USURPATION DE LA SEIGNEURIE, n'en seraient
pas moins des redevances féodales évidemment comprises dans la suppression.

« L'arrêté qui envoie l'Administration de l'hospice civil d'Arbois en possession des redevances dont il s'agit, ressemble parfaitement à ceux du Préfet du
même département, pris en faveur de l'hospice de Poligny, des 12 nivôse et
14 pluviôse an 10. Comme ces derniers arrêtés ont été annulés par l'arrêté
du Gouvernement du 3o frimaire an 12, il est impossible que celui du 6

messidor an 10 puisse avoir son exécution, et qu'il ne soit pas pareillement annulé.

» La Cour de cassation juge bien que les rentes ne sont ni féodales ni entachées de féodalité par leur qualification, mais elle n'a point jugé qu'une rente *reconnue* féodale ou entachée de féodalité ne soit point supprimée.

» Or ici l'Administration des Domaines et le Ministre ont reconnu que nos rentes sont entachées de féodalité. Il est donc vrai, même dans la jurisprudence qu'on nous oppose, qu'elles ont été comprises dans la suppression... »

À ce mémoire seize pièces justificatives étaient jointes.

N°. 7 *desdites pièces.* « SEIGNEURIE *du prieuré de St.-Justa d'Arbois.* Par acte du 15 mars 1762, Simon Coiteux reconnait tenir et posséder de la *directe seigneurie et censive* du prieuré de St. - Justa d'Arbois six ouvrées de vignes, chargées du cens annuel emportant lods, etc..... envers ledit prieuré.

» N°. 9. SEIGNEURIE *des familiers d'Arbois.* Par acte du 31 octobre 1713, Marcaire vend à Saillard (*un des habitans réclamans*) six ouvrées de vignes, territoire d'Arbois, chargées du cens et du tiers des fruits envers les familiers de l'église paroissiale de St.-Justa d'Arbois.

» *A la suite de l'expédition, est le consentement des seigneurs,* LES FAMILIERS D'ARBOIS.

» N°. 10. Par acte du 29 novembre 1766, Zacquemard, Patrognet et autres y dénommés reconnaissent tenir et posséder, chacun pour leur portion, de la *directe seigneurie et censive* des vénérables prêtres familiers de l'église paroissiale d'Arbois, une pièce de vignes, etc. »

Quittons les faits particuliers, raisonnons dans l'hypothèse de leur exactitude.

Le soutien que l'on aurait pris mal à propos la qualité de seigneur, quand on convient que la redevance que l'on avait imposée est entachée de féodalité, n'aboutirait qu'à convaincre son auteur d'imposture et d'usurpation. *Confitentem haberemus reum.*

L'idée seule d'un semblable soutien révolte. *Non audiatur allegans turpitudinem suam.*

La morale publique, d'accord avec la loi, demandait l'avis du 13 messidor an 13 et le décret impérial du 23 avril 1807.

Certes, si des rentes mélangées de féodalité dans leur principe se trouvent n'avoir pas été comprises dans la suppression prononcée par les lois de la République, attendu qu'elles étaient arroturées avant cette suppression, CE NE SONT POINT CELLES CRÉÉES PAR USURPATION DE SEIGNEURIE.

De telles rentes ont, dans tous les temps, porté en elles-mêmes le titre de leur proscription. *Semper ubique leges et magistratus talibus obstant.* D'ARGENTRÉ.

Sous l'ancien Gouvernement, les chambres des comptes, les administrateurs des domaines, les parlemens, les bureaux des finances et tous les seigneurs dominans veillaient sans cesse pour empêcher et annuler les prestations créées à titre féodal ou censuel, 1°. hors des fiefs et des censives; 2°. hors des termes de la coutume; 3°. de la part de quiconque n'avait pas la qualité de seigneur.

Même, dans son fief, un seigneur n'en pouvait constituer que dans les cas déterminés, et selon les formes voulues par la loi.

Autrement, la loi méprisée effaçait du contrat l'imposition du cens *seigneurial* et de toutes prestations féodales ou entachées de féodalité, *de quelque nature qu'elles fussent :* elle les confisquait au profit du seigneur dominant.

Cependant, des infractions à la loi, des usurpations de seigneurie, sont restées secrètes et impunies, témoins celles commises par les religieux de Saint—Bénigne et les familiers d'Arbois, qui ont joui des avantages d'une seigneurie, d'une possession noble que l'Administration des domaines a découvert qu'ils n'avaient pas. Cela est venu de ce que les acquéreurs de biens non-allodiaux ne dénonçaient pas leurs vendeurs.

La dénonciation, en effet, n'aurait point amélioré leur sort : ils n'eussent changé que de maîtres. S'ils avaient cessé d'être censitaires, ils seraient devenus vassaux, et, de plus, sujets envers le roi au droit de franc-fief, à moins qu'ils n'en fussent exempts.

Mais comment ces infractions à la loi, ces extensions, ces usurpations de seigneurie resteraient-elles impunies aujourd'hui ? Comment l'abus de la féodalité lui survivrait-il ?

Le domaine direct *féodal* et le domaine direct *censuel*, qui avaient été légalement établis, sont supprimés ; comment ceux dont l'établissement fut un délit public, seraient-ils exceptés de la suppression ?

La loi du 17 juillet 1793 n'a pas dit : « Je ne supprime que les » rentes féodales ou censuelles, que les rentes mélangées de féodalité, *créées* » *par les ci-devant seigneurs*, et non celles qui se trouveraient avoir été éta- » blies par des ci-devant roturiers, par des individus qui auraient pris mal- » à-propos la qualité de seigneurs. »

La loi a dit : « Je supprime généralement toutes les rentes féodales » ou censuelles, et toutes celles entachées de féodalité. »

Peu importe donc par qui aient été constituées les rentes. Reconnaître qu'elles sont féodales ou mélangées de féodalité, c'est juger qu'elles ont été supprimées par la loi du 17 juillet 1793.

« L'avis du 3o pluviôse an 11 a eu en vue les redevances » qui étaient seigneuriales, et les droits qui étaient féodaux ou » censuels par leur nature. » *Texte de la délibération du Conseil d'administration des Domaines, du 21 floréal an 12.*

Cette vérité est constante : elle résulte de la législation sur laquelle l'avis du 3o pluviôse an 11 est fondé. Le Conseil d'état, dans son nouvel avis du 29 vendémiaire an 12, *en assemblée générale*, le Gouvernement, dans son approbation du 5 brumaire suivant, et le Corps législatif, dans la loi du 29 ventôse de la même année, en ont donné un exemple démonstratif que l'on doit toujours avoir sous les yeux et présent à l'esprit, quand on juge, *en fait*, une rente ancienne.

« Les rentes féodales, quelle que soit leur dénomination, sont celles qui, » accessoires à la représentation de la valeur du fonds, ne sont que la recon- » naissance de la directe *seigneuriale*.

» Les rentes purement foncières sont celles qui représentent le prix ou » plutôt l'intérêt du prix de la valeur du fonds. Ces dernières n'ont rien de » féodal. Noble ou roturier, le propriétaire a pu stipuler à son gré le prix du » bien qu'il a concédé, et le nom de la clause par lui stipulée n'a jamais pu en » dénaturer l'objet. » *MM. les employés supérieurs de l'Administration des domaines, rédacteurs des instructions décadaires.*

La rente mélangée de féodalité est celle qui participe de la nature du cens *seigneurial* et qui peut se confondre avec lui. *Avis du 29 vendémiaire an 12 et loi du 29 ventôse suivant.* Voyez pages 262 à 264.

Le cens seigneurial et la rente mélangée de féodalité étaient des droits de la classe de ceux qu'on nommait *droits naturels des seigneuries* parce qu'ils dérivaient de leur nature. Ils en étaient la reconnaissance de la part des débiteurs ; ils portaient LODS, *hœc jura dominicalia quœ non debebantur, nisi domino ;* LOI, *ne alium quem voluerit dominus, sibi acquireret vassalum ;* AMENDE, *hœc pœna magis respiciens contemptum domini quàm defectum solutionis ; et* SEIGNEURIE, *hoc dominium directum, seu feudale, seu censuale.*

Bulletin des Lois, n°. 152, (N°. 2568.) Extrait du registre des délibérations du Conseil d'Etat, du 13 messidor an XIII.

AVIS sur une question relative à des redevances FÉODALES *créées par des individus se qualifiant seigneurs.*

« LE CONSEIL D'ÉTAT, sur le renvoi qui lui a été fait par

Sa Majesté Impériale, d'un rapport du Ministre des finances, et d'un projet de décret tendant à déclarer maintenues des RE-DEVANCES à portion de fruits MÊLÉES DE CENS PORTANT LODS, LOI, AMENDE, ET SEIGNEURIE, dues par les habitans de la commune d'Arbois, en vertu de titres d'acensement consentis par des individus que l'on prétend avoir pris mal à propos la qualité de seigneurs ;

» Considérant que, LORSQUE LE TITRE CONSTITUTIF DE LA REDEVANCE NE PRÉSENTE AUCUNE AMBIGUITÉ, celui auquel ce titre est opposé ne peut pas être admis à soutenir qu'il n'avait pas de seigneurie ;

» Considérant que toutes les dispositions législatives et, en dernier lieu, l'avis du Conseil d'état du 3o pluviôse an XI ont consacré la suppression de toutes prestations, de quelque nature qu'elles puissent être, établies par des titres constitutifs de redevances seigneuriales et droits féodaux supprimés par le décret du 17 juillet 1793 ;

» EST D'AVIS qu'il n'y a pas lieu d'adopter le projet présenté par le ministre. »

Pour extrait conforme :

Le secrétaire général du Conseil d'état,

Signé J. G. LOCRÉ.

Certifié conforme :

A Fontainebleau, le 28 messidor an XIII.

Le secrétaire d'état,   *Signé* Hugues B. MARET.

L'avis du 13 messidor an 13 décide cette question : *Les rentes féodales,* CELLES RECONNUES AVOIR ÉVIDEMMENT TOUS LES CARACTÈRES DE LA FÉODALITÉ, *mais créées par des individus se qualifiant seigneurs, sont-elles abolies ?*

L'affirmative est écrite dans l'article Ier. de la loi du 17 juillet
1793 ; mais dès que le Conseil d'état a eu à le rappeler, il n'a pas
voulu le faire, sans rappeler en même temps qu'IL FAUT QUE
LE TITRE NE PRÉSENTE AUCUNE AMBIGUITÉ.

Par cette précaution, qui atteste la sagesse et toute la prévoyante justice du Gouvernement, la rédaction de l'avis du 13
messidor an 13 et celle du décret du 23 avril 1807 ne laissent
passage à aucun abus.

Aussi, le 7 juillet 1807, la Cour de cassation, de l'avis de M.
le procureur général impérial Merlin, et après un délibéré en
la chambre du Conseil, a reconnu et jugé que l'avis du 13 messidor an 13 et le décret impérial du 23 avril 1807, qui déclarent
abolie toute rente créée avec mélange de féodalité, ne s'appliquent
point aux rentes dans lesquelles la séparation de ce qui était
purement foncier a été faite *avant l'abolition du régime féodal*,
par la vente de la portion foncière à des tiers, de la part du
seigneur, sous la réserve de la portion féodale ou censuelle ;

« Vu les articles III, IV, XIII de la loi du 28 août 1792, et les art. X
» et XI, section IV, de celle du 10 juin 1793, l'art. XV de la loi du 25
» août 1792, et les art. Ier. et II de celle du 17 juillet 1793 ; —— ATTENDU
» qu'il résulte de l'ensemble de ces dispositions, que l'esprit général des lois
» abolitives de la féodalité n'a point été de troubler les possessions paisibles
» et particulières fondées sur des acquisitions légitimes, mais *seulement* de
» réprimer, vis-à-vis des ci-devant seigneurs, LES ABUS ET LES USURPATIONS
» de la puissance féodale ; que les lois des 25 août 1792 et 17 juillet 1793
» n'ont donc compris dans la suppression des prestations féodales que les
» rentes mélangées de féodalité, qui, lors de la publication de ces lois, étaient
» encore dues à des ci-devant seigneurs, et non les redevances qui, mélangées
« de féodalité dans le principe, ne l'étaient plus au moment de la publication
» des lois nouvelles, et que, par conséquent, les lois portant abolition de celles-
» là ne sont point applicables à celles-ci. »

Voici dans quelle espèce a été rendu l'arrêt du 7 juillet 1807, qui est en tout conforme à celui du 10 nivôse an 14. (*Voir pages* 290 *et* 291.)

Les abbés de Charroux, dans le ci-devant Poitou, percevaient, en leur qualité de seigneurs du fief de *la baronnerie*, un droit de terrage *noble* consistant en la douzième partie des fruits, sur deux ténemens dans la mouvance de leur fief.

On sépara, lors des anciennes ventes ecclésiastiques, ce qui était purement foncier d'avec ce qui était noble et féodal dans ce droit de terrage, et on vendit la partie foncière qui a passé successivement dans plusieurs mains.

En 1793, le terrage foncier appartenait aux sieurs *Malapert* et *Blanchet.*

Les débiteurs interprétant selon leur intérêt personnel les décrets des 2 octobre 1793 et 7 ventôse an 2, n'ont plus voulu payer.

Procès, les sieurs Malapert et Blanchet ayant soutenu que leur droit de terrage était purement foncier, tel qu'il avait été aliéné par les abbés de Charroux.

Les juges d'appel de Poitiers ont confondu la prestation purement féodale avec la prestation foncière mêlée de féodalité, et ils ont déclaré le droit de terrage dont il s'agit, aboli, « AT-
» TENDU que ce droit était noble dans son origine; que l'alié-
» nation qui en avait été faite n'avait rien changé à la position
» des débiteurs, ni à la nature du droit, et que par conséquent
» il n'avait pas perdu le caractère de féodalité qui lui avait été
» imprimé. »

Sans doute, si la rente vendue avait été purement seigneuriale,
« si dans la main du seigneur la rente était, de la part des rede-
» vables, récognitive de sa supériorité, de sa puissance féodale,
» la rente n'a pas perdu ce caractère en passant dans le com-
» merce, dans la main d'un particulier ; par conséquent, les
» redevables

» redevables ont toujours continué de la payer en reconnaissance
» de cette supériorité : et par une conséquence ultérieure , elle a
» été abolie par la loi du 17 juillet 1793, au préjudice de l'alié-
» nataire du seigneur , comme elle l'eût été au préjudice du
» seigneur lui-même , s'il ne l'eût pas aliénée. » M. MERLIN.
Voyez page 278.

Mais le terrage dont il s'agit était une de ces redevances
qu'on nomme *redevances foncières mêlées de féodalité.*

Il était dû sans séparation dans l'origine, et pour raison de
la seigneurie, et pour raison du domaine foncier.

Sans doute l'aliénation n'a rien changé à la position des débiteurs, ni à la nature du droit ; c'est-à-dire, sans doute, par
l'aliénation, le droit , *quant à sa partie féodale* , n'a pas perdu
le caractère de féodalité qui lui avait été imprimé dans sa
création, tout comme la partie foncière est restée ce qu'elle était.

Mais la séparation de la partie foncière d'avec la partie
féodale a été faite dans un temps où elle était permise au seigneur
par la loi.

D'où il suit que l'interprétation des décrets des 2 octobre
1793 et 7 ventôse an 2 a été fausse.

Les rentes qui étaient encore mixtes en 1789, ne sont supprimées que parce que la loi nouvelle a pris les choses dans l'état où
elles étaient à sa publication, et que toutes les coutumes, toutes
les lois anciennes ont été abrogées. *Voyez aussi pages* 91 *à* 97.

Les sieurs Malapert et Blanchet se sont donc avec raison
pourvus en cassation du jugement de Poitiers, pour fausse
application de l'article Ier. de la loi du 17 juillet 1793.

Et en effet ce jugement a été cassé , « ATTENDU que le terrage de-
» mandé , bien que mélangé de féodalité dans son origine, n'avait été aliéné par
» le seigneur qu'avec la réserve de sa directe , et que , par cette aliénation , le

» droit de terrage dont il s'agit n'a jamais été entre les mains de l'acquéreur
» qu'une rente purement foncière; d'où il suit que les lois de 1792 et 1793 ne
» lui ont porté aucune atteinte, et qu'en le déclarant supprimé par ces mêmes
» lois, la Cour d'appel de Poitiers en a fait une fausse application. »

— Les lois et les actes du Gouvernement n'établissent que les principes généraux. Le point de savoir si telles rentes sont dues, est du ressort des tribunaux qui jugent sur le vu des titres et le dire des parties.

18 *août* 1807. (Bulletin des Lois, n°. 156.) Le Conseil d'état, en exécution du renvoi ordonné par S. M. l'Empereur et Roi;

Vu les articles XIII, XV et XIX de la loi du 28 mars 1790, portant que les droits de hallage sont supprimés sans indemnité; que cependant ceux desdits droits qui auraient été concédés pour dédommagement de frais de construction, sont exceptés de cette suppression, et que les bâtimens des halles continueront d'appartenir à leurs propriétaires;

Vu la loi du 25 août 1792, qui a supprimé tous les droits seigneuriaux, tant féodaux que censuels, ainsi que tous les abonnemens, pensions ou prestations quelconques qui les représentaient, à moins qu'ils ne fussent justifiés avoir eu pour cause une concession primitive de fonds, et a déclaré, par l'art. VIII, ces derniers droits rachetables;

Vu la loi du 17 juillet 1793, qui a supprimé toutes redevances et tous droits, même ceux qui avaient été conservés par le décret du 25 août 1792, à l'exception des rentes ou prestations purement foncières et non féodales;

Vu un mémoire du préfet du département de la Charente, dans lequel il est dit que les bancs des halles de la plupart des communes avaient été aliénés par les propriétaires du bâtiment à des particuliers, moyennant une redevance annuelle, et que les preneurs ont cessé de servir cette rente, sous prétexte qu'elle a été supprimée par la loi du 28 mars 1790 ;

Considérant que cette loi n'a prononcé la suppression que des droits féodaux et de ceux de hallage qui étaient perçus à raison de l'apport ou du dépôt de marchandises dans les halles ; qu'elle a maintenu ceux mentionnés dans l'article XIII, qui, *dans l'origine*, avaient été établis pour frais de construction, et qu'il n'a point été dérogé à cette disposition par les lois subséquentes,

Est d'avis que *les rentes pour concession de bancs sous les halles ne sont pas féodales par elles-mêmes ;*

Que *la question de savoir si elles sont dues dans les cas particuliers, est du ressort des tribunaux qui jugeront sur le vu des titres et le dire des parties*, et que les communes doivent être autorisées à poursuivre les débiteurs.

Le même jour, S. M. l'Empereur et Roi a également donné son approbation à un autre avis du Conseil d'état, dans lequel on lit ce qui suit :

Même Bulletin des Lois, n°. 156. *Extrait des minutes de la secrétairerie d'Etat, du 18 août 1807.*

Le Conseil d'état, après avoir entendu la section de législation, est d'avis que la loi n'est autre chose qu'une règle commune aux citoyens : elle établit les principes généraux sur lesquels reposent leurs droits politiques et civils. Le point de savoir si la règle est violée dans l'application au droit d'un particulier, est une simple question de fait ; il s'agit alors d'exécuter la règle, et non d'en créer une nouvelle.

La société a intérêt à ce que le principe ne soit changé que par la même autorité qui l'a établi : l'intérêt social n'est point blessé par l'erreur ni même par l'injustice dans la décision du fait particulier ; c'est un préjudice individuel. LES LOIS LES PLUS SAGES ET LES PLUS CLAIRES N'EMPÊCHERONT JAMAIS QU'IL N'Y AIT DES ERREURS OU DES INJUSTICES DANS LEUR APPLICATION. On a toujours regardé comme une garantie politique que la même autorité qui fait la loi ne soit pas chargée de l'exécuter.

Il est d'ailleurs impossible que la loi intervienne alors avec sûreté et avec dignité.

Avec sûreté, parce que la question de fait dépend, le plus souvent, de connaissances locales, et que LE CORPS LÉGISLATIF N'EST POINT ORGANISÉ POUR ÉCLAIRCIR ET POUR JUGER DES QUESTIONS DE FAIT ;

La dignité de ce corps en est blessée, parce qu'on transforme les législateurs en simples juges.... »

Pour extrait conforme :

Le Secrétaire général du Conseil d'état,

Signé J. G. LOCRÉ.

APPROUVÉ, au palais de St.-Cloud, le 18 août 1807,

Signé NAPOLÉON.

Par l'Empereur,

Le secrétaire d'Etat,   *Signé* HUGUES B. MARET.

Certifié conforme :

Le Grand-Juge Ministre de la justice,

Signé REGNIER.

FIN DU PREMIER LIVRE.

De l'Imprimerie des Postes et Messageries, rue de Cléry, N°. 9.